P-A. MATHIEU REL. 1968

Mémoires Des Autres

PAR

La Comtesse DASH

★★★★

Souvenirs Anecdotiques

SUR

le Règne

DE

Louis-Philippe

Publiés par CLÉMENT ROCHEL

PARIS
A LA LIBRAIRIE ILLUSTRÉE
8, RUE SAINT-JOSEPH, 8

Tous droits réservés.

MÉMOIRES
DES AUTRES

PAR

LA COMTESSE DASH

****

LE RÈGNE DE LOUIS-PHILIPPE (1830-1848)

—

PARIS
A LA LIBRAIRIE ILLUSTRÉE
8, RUE SAINT-JOSEPH, 8

—

Tous droits réservés.

MÉMOIRES
DES AUTRES

✶✶✶✶

SOUVENIRS ANECDOTIQUES

SUR

LE RÈGNE DE LOUIS-PHILIPPE (1830-1848)

MÉMOIRES DES AUTRES

****

SOUVENIRS ANECDOTIQUES SUR
LE RÈGNE DE LOUIS-PHILIPPE
(1830-1848)

CHAPITRE PREMIER

Elle le détache tout à fait d'elle. — Elle l'abandonne. — Il se marie. — Elle meurt. — La marquise ne montre pas sa lettre. — Son fils apprend tout après elle. — Il ne leur pardonne ni à l'une ni à l'autre. — Autre dévouement. — Une honnête femme. — Elle aime. — Différence d'argent. — Elle marie son amant et reste son ange gardien. — Deux mariages que j'ai faits. — M. de Montbrison. — Sa grand'mère, la baronne d'Oberkirch. — Ses mémoires. — Comment il rencontre sa femme. — Ils s'unissent. — Ils m'en remercient. — Autre union due au hasard. — Les malles faites, on les défait. — On se voit, on s'épouse. — M. de Foy et Mme de Saint-Marc.

Le marquis arriva au bal des premiers, afin de ne pas perdre une minute de la présence aimée. Il vit entrer Madame de *** dans une toilette splendide, et belle d'une beauté qu'il ne lui connaissait pas. Son regard avait une expression amère; son sourire était ironique et provoquant. Au lieu de le chercher, comme elle en avait l'habitude, elle l'évita et s'en alla jusqu'au fond des salons, où elle réunit un cercle et se mit à coqueter. Elle avait un aspect effrayant. Il ne lui

1. Le volume des MÉMOIRES DES AUTRES, qui précède celui-ci, a pour titre : *Souvenirs anecdotiques sur Charles X. — La Révolution de Juillet.*

IV.

connaissait pas cette sorte de haine générale, frappant à tort et à travers, sur tout le monde.

Il trouva moyen de s'approcher d'elle cependant, et lui demanda tout bas ce qu'elle avait :

— Moi ! je suis très heureuse !

Et, sur le champ, elle appela un jeune diplomate russe, qui depuis longtemps lui faisait la cour et dont le marquis était particulièrement jaloux. Elle dansa avec lui, attira l'attention et s'afficha, complètement, pour la première fois de sa vie.

Le pauvre amoureux était stupéfait et désespéré. Trop bien élevé pour se plaindre, après avoir vainement essayé plusieurs fois d'obtenir un mot ou un regard, il rentra chez lui, pour écrire une longue lettre, où il mit tout son cœur.

Ce changement subit en vingt-quatre heures, ne pouvait se comprendre. Il envoya porter sa lettre.

Madame était rentrée à cinq heures du matin. Elle dormait et avait défendu sa porte.

Il fallut souffrir, mais aussi comme une fois l'heure sonnée, il renvoya vite chez elle ! La réponse était courte, assez sèche.

Jamais étonnement ne fut pareil à celui du marquis. Il croyait connaître parfaitement la comtesse ; elle se révélait à lui sous une face entièrement nouvelle. Il n'eut jamais soupçonné son cœur d'une résolution semblable, et voulut encore se persuader que c'était un caprice, une épreuve, que sais-je ! Rien de sérieux du moins. Il se rendit chez elle à l'heure ordinaire, à celle où elle le recevait seul. Son rival de la veille y était avant lui, et le salon se trouvait plein de jeunes gens et de jeunes femmes organisant une comédie, qu'on devait jouer dans une des maisons les plus brillantes de Paris.

On alla ensuite dîner au cabaret en pique-nique ; on voulut l'entraîner ; il s'y refusa ; il n'aurait pas pu se contenir.

Il en fut ainsi les jours suivants. La malheureuse

femme le torturait pour le détacher d'elle, et voyait, avec un effroi involontaire, qu'elle y parviendrait de la sorte, car il commençait à ne plus l'estimer.

Elle frappa le dernier coup. Elle lui écrivit qu'elle ne l'aimait plus, qu'elle reprenait sa liberté et lui rendait la sienne. Puis, quelques jours après, elle prévint sa mère qu'elle avait rempli sa promesse, qu'il était temps d'agir, et que, peut-être, sa douleur le lui livrerait.

La marquise en effet s'empara de ce cœur brisé, mit du baume sur ses blessures, ou du moins crut en mettre par sa tendresse; elle commença par le plaindre beaucoup, puis elle lui parla de vengeance, lui nomma Mademoiselle *** et tacha de lui persuader que son infidèle se repentirait quand elle le verrait si bien partagé et si heureux.

— Il sera trop tard, ajouta-t-elle; elle souffrira à son tour.

— Eh bien, ma mère, s'écria-t-il, je ne veux pas qu'elle souffre, je veux qu'elle m'aime!

Je tiens le mot de la marquise : elle ne le comprenait pas; elle n'avait jamais aimé. Il s'abandonna complètement à sa mère, insouciant de tout, du moment où il avait perdu cette idole de sa vie. Elle le maria.

Certes, la jeune femme était bien faite pour lui faire tout oublier; il n'en fut rien : au lieu de se guérir, il changea de caractère, et ses meilleurs amis ne le reconnaissaient pas. Il ne rendit pas la jeune marquise malheureuse, mais il ne put l'aimer comme elle méritait de l'être et se jeta à corps perdu dans l'ambition.

Pendant ce temps, la pauvre comtesse dépérissait de chagrin. Elle avait aussi brusquement quitté le monde qu'elle s'y était jetée; sa santé lui servit de prétexte, et ce n'en était pas un, car elle tomba dans le marasme, dans la consomption. On l'envoya à Cannes, et elle y mourut.

J'ai vu la lettre qu'elle écrivit à la marquise de son lit d'agonie. C'était un chef-d'œuvre. Elle la laissait libre de tout révéler à son fils, si cela pouvait le consoler ou arracher de son cœur l'amertume ou le fiel. Elle mourait en l'aimant plus que jamais; son désespoir la tuait; son dernier soupir c'était pour lui. Pourtant, elle se résignait à succomber maudite par lui, si la connaissance de son dévouement devait rendre ses regrets plus vifs. Elle l'attendrait dans l'autre vie pour se justifier.

La marquise se tut; et elle fit bien, ainsi que la suite le prouva. Après sa mort, son fils trouva cette lettre qu'elle avait négligé de brûler, à dessein peut-être, s'en rapportant au hasard de ce qui pourrait en arriver. Le cœur humain est bizarre... Le marquis ne pardonna jamais ni à sa mère, ni à sa maîtresse. Elles lui avaient volé son bonheur, disait-il, et ce dévouement sublime de la comtesse ne prit jamais pour lui d'autre nom.

Cette affaire fut connue de plusieurs personnes : je l'ai entendue discuter, et les hommes étaient généralement de l'avis de l'ingrat. C'est là, je crois, une question d'amour-propre; ils ne veulent pas être quittés. Ils seraient eux-mêmes incapables d'une action de ce genre; ils ne délaisseraient pas une femme tant qu'ils en sont épris, fut-ce pour assurer son avenir.

Puisque je suis à exalter les dévouements féminins, j'en veux faire connaître un autre qui me touche de plus près, car j'ai assisté à ce drame de cœur et j'en ai suivi les péripéties.

J'avais connu en province une femme adorable, une de ces femmes à qui il ne manque que des ailes pour être un ange. Celle-ci était belle comme une madone. Mariée très jeune à un homme beaucoup plus âgé qu'elle, et tout à fait éloigné de sa nature d'élite, elle concentra toute la tendresse de son cœur brûlant sur deux filles qu'elle avait, espérant ainsi tromper ses affections, et se garantir d'une chute que ses principes repoussaient.

Le hasard lui fit connaître un jeune homme fort

remarquable. Elle avait alors trente-sept ans et se croyait sauvée des passions. On ne lui eut point donné son âge. Le jeune homme était malheureux, appartenait à une excellente famille ruinée par les révolutions successives; il avait grande envie de parvenir et cherchait un emploi où il put faire connaître les talents dont la nature et l'éducation l'avaient doué.

Elle commença par s'intéresser à lui. Il était poète : son imagination et son cœur ardent devaient le conduire à la passion par la reconnaissance. Il devint éperdument amoureux; elle combattit son amour, en lui répétant sans cesse qu'elle serait sa mère. Il ne voulut pas l'entendre et s'éprit plus violemment encore, par les obstacles qu'elle lui opposait.

Elle le crut, et, pour la première fois de sa vie, céda à un entraînement dont elle n'était pas la maîtresse. On sait quelle est la puissance de ces sentiments tardifs, éclos dans une nature telle que celle-là surtout. Ce fut une adoration, mais comme elle ne pouvait oublier en quelques jours les principes de son existence entière, ce fut aussi pour elle un supplice. Elle passait les jours et les nuits dans une alternative d'ivresse et de désespoir. Elle se déchirait l'âme par ses remords et par la crainte immense de se voir oubliée, à cause de ces années fatales qui la séparaient de lui.

Elle n'était pas de celles que la douleur détourne du bien; au contraire, elle aimait ardemment et sans la moindre parcelle d'égoïsme. Elle ne vit dans cet amour qu'un moyen de rendre heureux celui que la fortune deshéritait de ses faveurs; elle se répéta qu'elle ne pouvait, qu'elle ne devait pas attacher cette jeunesse à la sienne qui allait finir; elle voulut être, pour son bien-aimé, un ange, une mère, et, par une abnégation dont bien peu d'entre nous seraient capables, elle lui chercha une femme telle qu'elle la rêvait pour lui.

C'était une jeune fille, belle, intelligente, riche, parfaitement élevée, un grand cœur et une vertu solide; et, lorsqu'elle l'eût trouvée, elle exigea de lui d'approuver ses vues. Ce fut la seule récompense qu'elle ambitionna. Il eut bien de la peine à y consentir; elle dut employer toute la violence morale possible et lui jura que, dut-elle en mourir, elle se brouillerait avec lui, s'il ne consentait pas.

Le mariage se fit; elle présida aux emplettes, à tous les préparatifs, mais ne se sentit pas la force d'assister à la cérémonie. La veille, je la mis en voiture pour Paris. Les exigeances provinciales ne lui auraient pas fait grâce d'un oremus.

Depuis lors, elle est restée la providence de ce ménage, en ce sens qu'il n'a pas eu une petite tempête qu'elle n'ait apaisée, pas un chagrin qu'elle n'ait soulagé, pas un bonheur dont elle n'ait joui. Sa santé s'est soutenue; elle vit encore, bien qu'on ne l'ait guère vu rire depuis son holocauste. Elle ne va plus dans le monde et se consacre entièrement à sa famille, à ses amis. C'est une sainte, c'est l'image de la bonté et de la charité sur la terre.

Puisque je parle de mariage, je veux raconter comment j'ai rempli l'office de M. de Foy, deux fois en ma vie. J'ai eu la main heureuse, et craignant qu'il n'en fut pas toujours ainsi, je n'ai pas voulu recommencer. Ces deux fois, le hasard a tout amené, et les circonstances furent assez bizarres : on a bien raison de dire que les mariages sont écrits. Mais quel livre que celui-là ! Le diable en tourne souvent les pages; il s'amuse à les barbouiller; il les chiffonne, les arrache, et y écrit de singulières histoires.

Ce n'est point ici le cas; les fiancés de ma façon n'en ont eu que de belles et de bonnes.

C'est justement vers l'époque où je suis parvenue que je connus chez la baronne de ***, de Ste-M***, un très aimable homme, de beaucoup d'esprit, ayant d'excellentes manières, très bien placé dans le monde et jouant la comédie comme au théâtre français. Il s'appelait Léonce de Montbrison; depuis il est devenu comte.

Il appartient à une excellente famille; sa mère était M{}^{lle} d'Oberkirch d'une des premières maisons d'Alsace, alliée aux Waldner de Frendstein, aux Berckheim, enfin à toute la seigneurie du pays. Il est le petit-fils de la baronne d'Oberkirch, qui fut élevée avec S. M. l'Impératrice de Russie, femme de Paul I{}^{er}, princesse de Wurtemberg Montbéliard. Elle a laissé de très intéressants mémoires, que M. de Montbrison publia il y a une quinzaine d'années.

Je le vis pendant ma jeunesse dans presque tous les salons; nous jouâmes plusieurs fois la comédie ensemble; il vint chez moi, et je le comptai bientôt au nombre de mes amis.

Un jour, en 1835, je reçus sa visite; ma mère était présente. Il nous parla de son isolement, de son désir de rencontrer une jeune personne, capable de le rendre heureux, et de se retirer du service, où il était alors. Ma mère lui répondit qu'elle croyait avoir, parmi ses amies, justement la femme qu'il lui fallait. C'était une anglaise, belle, charmante, d'infiniment d'esprit, douée des qualités les plus rares, avec une jolie fortune, ce qui ne gâtait rien.

Elle était sa voisine de campagne depuis plusieurs années; elle en pouvait donc répondre en sûreté de conscience. Malheureusement, la chose lui semblait fort difficile pour le moment. La jeune fille et sa mère se trouvaient bien à Paris, mais elles devaient en repartir le lendemain de très bonne heure. Ma mère elle-même avait le projet de retourner chez elle; les négociations allaient donc manquer par leur base, ou tout au moins menaçaient de traîner.

M. de Montbrison pressa, pria : le portrait de la belle anglaise l'avait séduit; ma mère promit d'essayer, d'obtenir un retard.

Ces dames et elle demeuraient dans le même hôtel; elle apprit en rentrant que les choses marcheraient toutes seules sous ce rapport : une affaire nouvelle avait surgi qui retenait encore la mère et la fille pour quelques jours.

La présentation fut faite chez moi et au théâtre. Ma mère retourna à Courtiras; je fus donc seule chargée de l'affaire et je la conduisis à bonne fin. M. de Montbrison et Mlle Elisabeth J... furent unis.

Depuis lors, ils m'en ont tous les deux remerciée bien des fois. Mme de Montbrison est une des femmes les plus distinguées que je connaisse. Elle possède tous les talents; elle est musicienne consommée, poète, et parle toutes les langues et, surtout, elle a un grand et noble cœur, auquel je puis mieux que personne rendre toute la justice qui lui est due, après une aussi longue amitié.

Mes autres fiancés ont été unis plus singulièrement.

Une personne de ma connaissance dit devant moi, pendant l'été de 1836, qu'elle avait à marier un jeune homme de trente ans, un Allemand ayant un majorat assez considérable, et une fortune personnelle très sortable; il voulait épouser une jeune fille jolie, de bonne naissance et ne lui demandait qu'une très modique dot.

Cet homme rare tenait plus au mérite qu'à la fortune.

Je pensai tout de suite à Mlle D. de S. M. ma jeune amie; elle était alors à la campagne et ne devait plus revenir que pour l'hiver. Je priai la dame de me garder son jeune homme jusque-là; j'ajoutai que j'avais son idéal et que, s'il avait la patience d'attendre, il en serait bien récompensé. Elle m'assura qu'elle le préviendrait, et nous n'y songeâmes plus.

Mlle D... et sa mère arrivèrent à l'époque convenue; elles passèrent trois ou quatre mois ici; j'oubliai totalement le mariage et je n'en dis rien. La veille de leur départ — elles retournaient en Champagne où elles avaient une terre — j'allai les prendre à leur hôtel pour dîner ensemble au cabaret et leur faire mes adieux. La jeune fille allait et venait par la chambre et fermait les malles; je la regardais :

— Ah! m'écriai-je, comme elle est belle!

Elle l'était beaucoup en effet.

— Oui, me répondit sa mère, il est dommage qu'elle ne se marie pas.

L'idée de l'Allemand m'arriva soudain comme une inspiration.

— Mon Dieu! repris-je, est-il possible que j'aie oublié cela!

Je leur racontai ce qu'on vient de lire. En revenant de dîner, je m'arrêtai chez la dame intermédiaire. Je demandai si le jeune homme était toujours libre; on me répondit qu'il avait cherché sans rencontrer et que, maintenant, il attendait l'effet de mes promesses.

Je descendis transportée; il fut arrêté qu'on resterait et qu'on tenterait l'aventure. Dès que M. de S... eut vu ma beauté, il en devint amoureux; en quelques semaines le mariage se termina, et ils ont vécu comme dans les contes de fées, parfaitement heureux et avec beaucoup d'enfants.

Ceci fit croire à quelques badauds, en dépit de l'orthographe du nom, de l'adresse, et de bien d'autres raisons encore, que j'étais Mme de Saint-Marc, qui faisait des annonces dans les journaux et qui tenait bureau d'hyménée.

Il m'arriva même à ce sujet une drôle d'aventure, que je puis bien rapporter en ne révélant pas les noms.

Je reçus un soir, une lettre dont voici le sens :

« Demain il viendra chez vous une jeune personne et sa mère, elles veulent vous demander votre intervention; je dois être sur vos registres, vous me connaissez, mettez-nous en rapport et comptez sur une reconnaissance éternelle. J'arrive ce soir même de mon pays; je dépose ce mot à votre porte; je n'ose pas entrer mais, demain matin, je vous en supplie, recevez-moi avant qu'elles n'aient pu arriver jusqu'à vous. Vous connaissez ma famille, mais j'ai encore quelques détails à vous donner. »

La signature m'était en effet très connue; je n'y comprenais absolument rien. J'eus beau chercher le mot de l'énigme, je ne le trouvai point et je m'endormis. Le lendemain, dès dix heures, on m'annonçait le provincial. Il me raconta pour qui l'on m'avait prise. J'en ris beaucoup et je m'amusai de son erreur. Le pis est que les femmes vinrent aussi et me firent une algarade, sur ce qu'une personne de leur ville s'était mariée par mon entremise et n'était pas heureuse.

« Je suis venue à vous néanmoins, parce que je vous connais. J'espère que vous nous soignerez mieux et puis j'aime mieux faire gagner la remise à vous qu'à une autre. »

Je crus que je ne parviendrais pas à les désabuser. Je les envoyai chez mon homonyme, et je ne sais ce qui en advint; je ne les ai pas revues depuis. Mme de Saint-Marc a, me dit-on, la main heureuse autant que moi. Ceci n'est pas une réclame au moins.

CHAPITRE II

Une petite histoire drôlette. — Quatre filles délaissées. — Les quatre chats-huants. — Deux soupirants. — Leurs portraits. — Un billet doux. — L'oiseau de Minerve et l'oiseau de Vénus. — Leçon du cornac. — Langage à la Vert-Vert. — État de la France. — *La Tour de Nesle*. — Georges. — L'enterrement du général Lamarque. — La prison aux finances. — Conduite par un planton. — Révolte. — Différents bruits. — La troupe et la garde nationale. — Saint-Méry. — Deux frères. — Un officier d'artillerie. — Une Théroigne de Méricourt. — Une seconde en 48. — Visite des républicains. — Ce qu'il dit. — Ce qu'ils sont. — L'artilleur disparaît. — Présomptions sur ce qu'il est devenu.

Je veux vous dire une petite anecdote, assez drôlette, et qui peindra bien l'époque. Hélas! elle s'est passée entre trois personnages, deux hommes et une femme. La femme seule est encore de ce monde, les deux hommes, aussi jeunes qu'elle lorsque cela se passa, ont disparu tous les deux.

Une jeune femme, à la mode alors, se trouvant un soir au bal, vit sur une banquette quatre sœurs, dont les aînées étaient un peu montées en graine. Filles d'une prude, elles avaient pris ses manières et se tenaient droites comme des pieux, en silence, attendant les chalands, qui ne se présentaient pas, non seulement pour la contredanse, mais surtout pour la figure infiniment plus importante du mariage.

Elles se ressemblaient beaucoup, et tenaient de leur mère un nez aquilin assez prononcé, qui pouvait bien passer pour un bec.

La jeune fille riait à un cercle d'adorateurs ; un d'eux avisa cette brochette de Jeanne d'Arc regardant d'un œil d'envie ce superflu d'hommages, elles qui n'avaient pas même le nécessaire. Il dit à la déesse de les examiner, et lui demanda son avis.

— Je trouve, répondit-elle, qu'elles ressemblent à quatre chats-huants.

Là-dessus elle éclata de rire.

— Ah ! continua-t-elle, leurs pareils ont passé ce matin sur le boulevard, et je me suis arrêtée pour les voir. Ils étaient rangés comme cela, serrés l'un contre l'autre sur une table, et ils faisaient au commandement l'exercice avec un ballon. Oh ! les drôles de têtes !

Cela dit, elle n'y pensa plus.

Parmi ses soupirants, il s'en trouvait deux fort dissemblables, particulièrement jaloux l'un de l'autre et cherchant à se supplanter. Le premier était un comte, un des beaux hommes de Paris, riche, élégant, d'un goût douteux, valsant à ravir, mais bête comme ses pieds. Il avait les plus beaux gilets d'or possibles, il allait beaucoup aux courses ; on parlait de lui, on le remarquait, on l'aimait même, parce qu'il était excellent ; mais hors de la valse, il n'amusait personne et la jeune dame ne le supportait que là.

L'autre était un marquis, petit, laid, sans tournure, pas riche, pas élégant, mais spirituel autant que malin. Cet esprit là lui valut plus d'une bonne fortune bien plus qu'à l'autre sa beauté, sa valse et ses gilets d'or. Il mangeait *assez bien* le prochain qu'il n'aimait pas, mais pour ses amis, il était plein d'affection et très serviable.

Le comte était présent au discours sur les hiboux ; le marquis n'y était pas. Le lendemain, dans l'après-midi, il faisait une visite à la dame et, comme de coutume, il éreintait sa bête noire. Bien qu'ils ne fussent pas plus heureux l'un que l'autre, il ne pouvait souffrir qu'une femme d'esprit tolérât la cour d'un imbécile.

Juste au plus beau du panégyrique, un domestique entra, une lettre à la main ; elle était apportée par un homme qui avait aussi une grande cage avec de gros oiseaux dedans. Il ne voulait les remettre qu'à madame elle-même. Elle s'empressa de briser le cachet, et elle lut :

« J'ai rencontré ce matin le joli escadron de vos troupes légères ; permettez-moi de les envoyer chez vous. Vous les commanderez, et, entre vos mains, l'oiseau de Minerve deviendra l'oiseau de Vénus.

« Comte de ***. »

Quel éclat de rire répondit à ce poulet ! Elle ne put s'empêcher de le montrer au marquis, et jamais pauvre patient ne fut plus houspillé que l'auteur du madrigal. Il l'avait certainement médité depuis la veille, et devait être très content de son œuvre.

L'oiseau de Minerve et l'oiseau de Vénus ! Voilà de ces phrases qui, entre les mains d'un adversaire tel que le marquis, tuent un homme sans lui donner la possibilité de ressusciter jamais.

Ce n'était pas tout. L'auvergnat professeur et cornac des chats-huants demandait à entrer ; il avait des instructions à donner pour ses élèves, et il fallait apprendre la manière de s'en servir. La dame était d'avis de les renvoyer sans cérémonie ; mais le marquis voulait sa représentation complète. Il supplia qu'on admît les troupes légères, et il eut la permission de les introduire.

Le précepteur entra en tirant la jambe pour saluer. Sale, infect, parlant le français de Saint-Flour ou du Mont-Cenis, maculant les tapis, bien qu'il marchât comme sur des œufs.

Il posa les oiseaux de Minerve sur une table, après

les avoir sortis de leur cage, et commença le speech nécessaire au déploiement de leurs talents.

— Ces oiseaux, dit-il en charabias, que ce sont des oiseaux de nuit, qu'ils n'y voient presque pas le jour. Ils ont pourtant de l'intelligence, mais si on ne sait pas leur parler on n'en obtiendra rien. Allez un peu leur z-y dire simplement: portez armes! présentez armes! Ils ne bougeront pas plus que des soliveaux. Mais chatouillez-leur le bec avec une badine, et puis lancez-leur bien : b..., portez armes! f..., présentez armes! Tenez, les voyez-vous? les voilà en train. Vous pouvez leur apprendre tout ce qui vous plaira : révérence parler, en commençant toujours par B... et par F..., sans ça, *bernique!*

Vous jugez si les deux témoins de cette scène devaient rire!

Après s'être bien amusés de Minerve et de ses oiseaux, on les renvoya en faisant dire qu'on ne les avait pas demandés et qu'on n'en voulait point.

— Madame, ils sont payés, répétait le vendeur.

— Eh bien! cherchez votre pratique et rendez-lui son argent ou les hiboux, quant à moi je n'en veux point.

Il fut obligé de les remporter.

Le pauvre comte n'était pas au bout de ses peines. Minerve et Vénus coururent si bien, que le nom lui en resta et qu'il en fut assassiné pendant plus de deux ans ; il est vrai qu'il était entre bonnes mains.

Je passai cet été à Paris ; il fut assez accidenté pour que je me le rappelle.

Tout était bouleversé encore ; on n'avait pas repris la vie habituelle. Les effrayés l'étaient beaucoup. On craignait l'effervescence de Paris, qui avait montré ce qu'il savait faire. Ce gouvernement de l'émeute aurait bien voulu profiter de l'émeute, sans que cette arme pût tourner contre lui. Il avait lâché sa bête féroce à son profit; elle ne voulait plus reculer dans sa cage et le menaçait.

On donnait alors *la Tour de Nesle*. C'était la grande nouveauté ; Mlle Georges et Bocage étaient superbes dans ce drame. Je ne crois pas qu'on puisse rien voir de plus beau comme femme que Georges lorsqu'elle paraissait, couchée dans son lit. Sa position dissimulait sa taille ; on voyait sa tête admirable, l'attache merveilleuse de son cou, sa main et son avant-bras de déesse : c'était la perfection.

Georges a été certainement la plus belle femme du siècle. Mlle Mars m'a raconté que, dans sa jeunesse, lorsqu'elle sortait en voiture découverte, des passants arrêtaient ses chevaux et la suppliaient de lever son voile et de se montrer. On la regardait en extase. Nous en avons vu les restes, et ils étaient splendides. Son profil ne se déforma jamais.

Je reviendrai un peu plus tard sur la *Tour de Nesle*, maintenant c'est des journées de Juin qu'il s'agit.

Le jour de l'enterrement du général Lamarque, j'étais allée au ministère des finances pour affaires. J'y restai assez longtemps ; quand je voulus sortir, je trouvai la rue fermée par des troupes ; on me conseilla de prendre patience et d'attendre que le service fût fini. On avait déployé de grandes forces, sous prétexte de faire honneur au défunt, mais en réalité pour se défendre.

Le bruit commençait à l'autre bout de Paris ; de ce côté-là on cherchait à maintenir la tranquillité et on empêchait les communications.

J'attendis trois heures. La patience m'échappa en voyant que cela ne prenait pas de fin, et je me décidai à me risquer. Aussitôt que je mis le pied dans la rue, un soldat croisa son fusil en me disant :

— On ne passe pas !

J'expliquai très poliment que je voulais rentrer chez moi, où ma famille serait inquiète de mon absence ; on me conduisit à un officier qui m'écouta patiemment ; ensuite, on m'amena au colonel. Celui-ci me fit répéter mes noms et prénoms et qualités, et finit par me donner une ordonnance pour me ramener sur le boulevard et me mettre dans une voiture. Je traversai toute seule la rue de la Paix, escortée par mon troupier qui transmettait l'ordre.

Ceci me rassurait d'autant moins que j'entendais les militaires causer entre eux de ce qui se passait au quartier Saint-Martin. C'était déjà commencé.

Je brûlais d'envie d'être chez moi ; malgré ma bravoure, je n'aimais pas me trouver seule au milieu de Paris révolutionné. La voiture put encore circuler, après deux ou trois inspections ; je n'ai pas compris pourquoi l'on refusait de me laisser aller à pied de la rue de la Paix à la Chaussée-d'Antin.

Le cortège était passé depuis bien des heures ; je l'avais vu du ministère ; j'avais même vu le retour, lorsque les jeunes gens firent rebrousser chemin au cercueil et lui firent faire le tour de la colonne ; ensuite, il continua vers la Bastille, et il était déjà loin lorsqu'on me permit de sortir.

Nous sûmes tout de suite ce qui se passait là-bas ; il ne s'agissait rien moins que de proclamer la République et de jeter Louis-Philippe à bas. On raconta que, dans les faubourgs, il y avait eu un grand enthousiasme à cet égard. Je certifie que dans mes quartiers, il n'en était pas ainsi. Il y régnait une stupeur universelle ; la garde nationale s'était rendue à ce malheureux rappel que, dans les temps d'effervescence, on entend à chaque instant dans les rues de Paris. Les hommes qui n'avaient pas obéi à l'ordre se promenaient devant leurs boutiques fermées, prêts à les défendre, parlant bas et semblant consternés. Beaucoup disaient :

— Ah ! si nous avions su !...

Ils se repentaient déjà et, selon l'expression triviale mais énergique de ma cuisinière, ils voyaient qu'ils avaient changé leur cheval borgne contre un aveugle.

Nous entendîmes des coups de fusil, puis le canon ; personne ne dormit ; on ne savait ce qui allait survenir. Il circulait toutes sortes de bruits. On prétendait que l'armée tournait vers la République ; qu'on avait arboré le drapeau rouge, que l'Ecole Polytechnique s'était mise à la tête de l'insurrection, que l'artillerie de la garde nationale était passée du côté des insurgés ; ces deux dernières nouvelles n'étonnaient personne : l'esprit de l'école et celui des artilleurs étaient très connus.

On était bien las, je vous assure, parmi les gens tranquilles et les commerçants, de ces perpétuelles prises d'armes ; on commençait beaucoup à regarder en arrière ; on avait peur de l'avenir, et si les carlistes avaient su profiter de ces dispositions, s'ils les avaient habilement combinées avec la Vendée, ils avaient en ce moment presque autant de chances qu'ils en eussent eu après 48. Il ne fallait que de la hardiesse, et ils en ont toujours manqué. En ces occasions-là, la bravoure ne suffit pas : il faut des casse-cous, que rien n'arrête. On n'arrive pas autrement ; voilà pourquoi ils n'arriveront sans doute jamais.

L'armée, quoi qu'on en ait dit, resta ferme ; la garde nationale aussi ; Louis-Philippe et ses fils se montrèrent avec courage ; ils parcoururent les boulevards, dans un moment où, certes, il y avait du danger : ils n'étaient point entourés d'amis. L'échauffourée fut étouffée promptement ; les malheureux jeunes gens se retranchèrent dans les petites rues autour de Saint-Méry. Vous avez lu, et tout le monde a dévoré, ces pages des *Misérables*, où Hugo raconte en détail cette défense qu'on ne peut s'empêcher d'admirer et de plaindre, à quelque parti qu'on appartienne.

Je sais un épisode de ces journées, qui se rattache à un autre, bien différent. Je les raconterai tous deux, sans nommer qui que ce soit. Il est des personnes encore vivantes, qui seraient certainement désolées, en apprenant ainsi la cause des tristes événements dont elles n'ont déploré que les effets.

Une famille de gentilshommes pauvres, avec qui ma famille était liée, avait deux fils au service, lors de 1830. L'un, l'aîné, dans la garde royale, combattit pendant les journées, alla conduire la famille royale à Cherbourg, et donna sa démission. Nous le retrouverons tout à l'heure.

L'autre, élève de l'Ecole Polytechnique, adopta les principes de ses camarades et oublia ceux de sa famille. Il se brouilla avec les siens ; le père et la mère ne voulurent plus le voir, parce qu'il conserva son grade et arbora la cocarde tricolore. Les deux frères, sans se rien dire, sans se faire un reproche, cessèrent toutes relations ensemble. Ils tremblaient de se rencontrer un jour en ennemis, car ils s'aimaient tendrement.

Pour les désigner, appelons-les : l'un Pierre et l'autre Paul.

Le républicain était un homme superbe ; il avait les passions vives et l'intelligence très développée ; il avait de l'avenir ; sans nos tristes désordres, il eût fourni une longue et belle carrière. Dans une de ses garnisons, il avait séduit la femme d'un avocat ; il s'en était fait suivre ; elle entretenait, chez lui, ce qu'elle appelait le feu sacré. Cette femme, que j'ai eu occasion de voir quelquefois, me faisait peur, bien qu'elle fut très belle.

J'en ai connu une autre, en 48, à peu près dans la même situation, et qui me représentait aussi cette odieuse héroïne, Théroigne de Méricourt. C'était la même beauté, la même exaltation, la même témérité. Elles auraient toutes deux représenté admirablement la Déesse de la Liberté sur les barricades, un drapeau rouge d'une main, un sabre de l'autre, et le bonnet phrygien sur la tête.

Je voyais les deux frères, mais l'un venait le matin et l'autre le soir ; je m'étais arrangée de façon à ce qu'ils ne se rencontrassent pas. J'aimais beaucoup leur mère ; et je la tenais au courant de la santé du fils égaré, à l'insu de son mari, qui ne voulait pas qu'on prononçât son nom.

Quelques jours avant les journées de Juin, Paul m'annonça, avec assez d'embarras, qu'il quittait le service. Le gouvernement ne marchait pas selon ses vues ; d'ailleurs, il avait toujours été républicain, et il ne voulait plus aider un roi qui frappait sur ses amis. Je trouvai dans son regard et dans ses paroles quelque chose de sinistre, et je ne doutai pas qu'il méditât quelque levée de bouclier.

Je lui en fis l'observation.

— Assurément, me répondit-il, je ne resterai pas oisif si l'on se bat ; je ne reprends pas ma liberté pour autre chose. Promettez-moi, je vous en prie, si le cas échéait, de dire à mes parents que je les aime et les vénère. Je respecte leurs opinions ; ils les tiennent de leurs aïeux, et dans leur vieux petit castel ils n'ont pas pu s'instruire. Mais moi j'ai beaucoup appris ; il faut que le siècle marche ; le progrès nous entraîne ; nous devons tous apporter notre coopération à cette grande œuvre. Je crois remplir dans toute son étendue mon devoir de gentilhomme en servant mon pays et la cause sacrée de la liberté. Notre devise doit être : En avant ! Ceux qui s'arrêtent, surtout ceux qui reculent manquent à leur mission. Hélas ! mon père n'a jamais voulu comprendre cela, sans quoi il m'eût pardonné. Ma bonne mère m'excuse sans m'approuver, j'en suis bien sûr ; elle me juge avec son cœur et sa tendresse. Oh ! que je voudrais l'embrasser encore !

Et cet homme de fer se mit à pleurer. J'en fus profondément touchée.

Combien j'en ai entendu de ces raisonnements du même genre ! des pauvres jeunes gens, emportés par le besoin de mouvement qui entraîne ce siècle, dont l'esprit s'égare et dont le cœur reste bon. Ils voient presque tous, plus tard, qu'on les a trompés, qu'ils se sont trompés eux-mêmes, que ces beaux fantômes de leur jeunesse, ces belles illusions, ne sont que des utopies inapplicables à une société pourrie telle que la nôtre, et qui, répandues dans les masses, ne peuvent amener que le désordre et la terreur, parce qu'elles ne sont comprises que du mauvais côté.

Ces natures généreuses et nobles sont les plus parfaites certainement; il ne faut pas croire qu'ils veulent le mal, au contraire, ils ne souhaitent que le bonheur de tous et sont prêts à mille sacrifices pour l'accomplir. Leurs théories sont parfaites : elles sont seulement inapplicables en ce temps-ci et dans ce pays-ci. Je ne réponds pas de l'avenir.

Paul m'attrista fort avec ses recommandations; je lui promis de ne pas les oublier le cas échéant, mais je lui fis une petite morale, en lui parlant de sa mère, et l'engageai à ne pas mentionner cette démission qui inquiéterait beaucoup sa famille à cause des idées qu'on lui prêterait. Ils ne voyaient pas le même monde; personne que moi ne pouvait l'instruire, et je m'en garderais bien.

Lorsque l'affaire de Saint-Méry éclata, je pensai à lui sur-le-champ et je m'en inquiétai. Deux ou trois jours après, son frère vint; je m'informai s'il n'avait pas quelques nouvelles de Paul.

— Non, me dit-il, mais je suis tranquille : on n'a pas fait venir son régiment.

Je me tus et je ne fus pas rassurée. Les jours se passaient, les semaines aussi, Paul ne parut point. Je savais son adresse, j'y envoyai; il était parti pour un voyage et ne devait revenir que dans quelques mois. Je pris patience. Les mois s'écoulèrent ainsi et Paul ne reparut pas. Je ne l'ai plus revu.

Sa famille en peine, à la fin, l'avait fait chercher et ne put en avoir aucunes nouvelles. On le crut parti avec cette femme qu'il aimait, pour quelque Amérique.

Il y a dix ans, je me trouvais chez des amis d'une opinion avancée. J'en ai beaucoup, en dépit de mes souvenirs et de mes sentiments. On récapitulait le passé de leur opinion et les pertes qu'elle avait faites, l'héroïsme de ses défenseurs et tout ce qui s'en suit. On parla de Juin 1830 ; une des personnes présentes s'était trouvée à Saint-Méry, et s'en était sauvée par miracle.

On lui fit raconter ce drame. Je pensai à Paul, je le dépeignis, j'interrogeai ce témoin oculaire. Il ne se rappelait pas ; il croyait pourtant avoir vu un homme comme celui-là avec une femme que tous trouvaient sublime, et qui, belle comme le jour, s'était fait tuer derrière la barricade. La femme l'avait frappé bien plus que son amant. Au portrait qu'il m'en fit, je crus reconnaître la maîtresse de Paul. Il m'assura, du reste, qu'ils avaient été tués tous les deux.

CHAPITRE III

On n'en sait pas davantage sur Paul. — Un fiancé très connu est tué. — Idée poétique et spirituelle d'un autre fiancé. — Paris après les journées de Juin. — *La Tour de Nesle.* — Le sujet est à tous. — *L'Ecolier de Cluny*, de Roger de Beauvoir. — Le manuscrit de M. Gaillardet. — *Ce sont de grandes dames !* — Débarquement de Mᵐᵉ la duchesse de Berry. — Son voyage. — Pourquoi elle ne réussit pas. — Sa déception et sa douleur. — Elle est deux fois reconnue, mais non trahie. — Son courage, sa volonté, son admirable caractère. — Ses partisans. — Sa visite dans les deux Vendées. — La Penissière. — La duchesse cachée se décide à aller à Nantes. — Mˡˡᵉ Stylite de Kersabiec. — On sait le reste. — La conspiration de la rue des Prouvaires. — Arrestations. — Le vicomte de la Trésorière. — La bonne. — Le petit garçon. — Un bienfaiteur. — Une lettre mystérieuse. — Le chameau. — La mission. — Elle est accomplie. — Comment.

Pour achever ce qui concerne Paul, je dirai qu'on n'en sut pas davantage ; nous retrouverons Pierre un peu plus tard.

Cette émeute laissa beaucoup de tristesse dans Paris ; elle fit beaucoup de victimes dans tous les rangs. Je me rappelle, entre autres, un jeune officier d'état-major qui allait épouser, sans fortune et par amour, une des plus riches héritières de Paris : il fut emporté par une balle.

Revenons à ce triste Juin, où les roses ne manquaient pas, et où plus d'une fut teinte de sang.

J'ai dit qu'il avait laissé beaucoup de tristesse; c'était plutôt de l'inquiétude. On avait peur; excepté ceux qui perdaient un ami, un parent, un fils, cette impression fut bientôt oubliée.

Je trouve, dans mes notes, ces phrases en date du 7 juin :

— « Nous sommes allés aux Tuileries, aux Champs-Elysées, dans l'espoir d'y voir des troupes, et assister à un bivouac. Il n'y en avait plus. On ne se serait jamais douté qu'on s'était battu la veille dans Paris; tout a repris sa figure accoutumée. Les boutiques étaient ouvertes et illuminées, les boulevards pleins de monde, les femmes parées se promenaient en voitures ou prenaient des glaces ; enfin, les choses, absolument dans le même état qu'il y a huit jours.

« Le singulier pays que celui-ci ! On oublie les malheurs avec une telle facilité, qu'ils semblent ne pas avoir existé ! »

Je ne puis rien ajouter ; c'est l'expression la plus réelle de la vérité : j'écrivais sous la dictée des événements.

J'avais été voir *la Tour de Nesle* justement la veille de l'émeute. Il se faisait grand bruit autour de cette pièce; on se disputait le sujet et la forme[1]. Cette difficulté me sembla bien facile à résoudre.

Le sujet est à tout le monde, puisqu'il est censé historique, bien que rien ne soit moins sûr que ces tueries royales; excepté Brantôme, aucun historien n'en parle. Ce n'est pas pour défendre la réputation de Marguerite de Bourgogne et de ses sœurs, notoirement dissolues, mais on peut être *légères* sans être assassins.

M. Gaillardet n'avait que faire de tant réclamer son

---

[1]. Mlle Georges venait de quitter l'Odéon, pour entrer à la Porte-Saint-Martin, sous la direction Harel. Elle y joua les principales pièces du théâtre romantique, se faisant tour à tour applaudir dans *Lucrèce Borgia*, *Marie Tudor*, *la Tour de Nesle*, *Périnet Leclerc*, *le Manoir de Montlouvier*, etc.

invention; elle est tout au long dans le premier roman de Roger de Beauvoir, l'*Écolier de Cluny*.

Quant à la forme, j'ai vu le manuscrit primitif et je vous certifie qu'il ne ressemble pas à ce que nous avons applaudi ; pour vous en donner une idée, Buridan s'appelait Arthur ou Anatole.

La griffe de Dumas se reconnaît partout ; du reste, il n'y a pas moyen de s'y tromper. Je me rappelle l'effet produit par la scène de la prison : on en avait la chair de poule. Mais aussi, comme c'était joué !

Un des passages les plus prisés, à cette charmante époque, c'était celui sur *les Grandes Dames;* les titis trépignaient d'aise. Un étranger eut cru que tous ces messieurs avaient à exercer des vengeances personnelles, sur quelques Duchesses dédaigneuses de leur passion, ou infidèles à leurs amours. En France, à Paris surtout, la vanité séjourne jusque dans les rangs les plus infimes de la société ; elle rend sots les gens les plus spirituels du monde, et leur prête des ridicules invraisemblables. On pourra réformer bien des choses, mais celle-ci ne se réformera pas.

En même temps que la révolution relevait la tête ici, de graves événements se passaient dans la Vendée. Mme la duchesse de Berry avait débarqué sur nos côtes méridionales, en dépit de la surveillance ; elle n'avait pas trouvé à Marseille ce qu'on lui avait promis, mais elle n'était pas femme à se décourager. Puisqu'elle avait mis le pied en France, elle n'en voulait pas sortir sans avoir fait une tentative en faveur des droits de son fils, et sans avoir prouvé à la nation qu'elle était digne d'être régente et de gouverner une nation telle que celle-ci.

Toute la police était sur pied ; on la recherchait jusque dans les recoins les plus obscurs ; pendant ce temps, elle s'en allait en poste sur le siège d'une voiture, déguisée en femme de chambre, et traversant le midi et l'ouest à la barbe des autorités. Elle s'arrêta plusieurs fois dans des châteaux, où on ne l'attendait pas; elle vit ses partisans; elle tenta de relever leur courage et d'organiser une restauration, acclamée dans tous les départements.

Il faut bien le dire, elle y eut peut-être réussi, si elle n'eut eu que la province à faire agir. Les gentilshommes de campagnes et de villes secondaires avaient encore, à cette époque, conservé les traditions d'honneur et de fidélité quand même. Paris n'était pas aussi dévoué, il s'en faut; et l'impulsion vient toujours de là. On y conspirait pourtant, et j'en sais quelque chose; mais sans unité, sans ordre, et, par conséquent, sans résultats.

Madame ne vit que le beau côté des choses. Elle avait arrangé tout son plan en Italie, à Tassa, où elle avait séjourné quelque temps avant de s'embarquer. Elle avait les adhésions de tous les *gros bonnets* du parti, adhésions lointaines et qui ne se prouvèrent point lorsqu'il le fallut. Il y eut bien une sorte d'émeute à Marseille, mais elle échoua, parce qu'elle fut mal combinée et que l'arrivée de la Princesse ne coïncida pas avec les mesures prises.

Ce coup manqué avait été pour elle une amère déception. C'est alors qu'elle se décida à se jeter dans la Vendée, et qu'elle s'écria :

— Je rentrerai à Paris, fut-ce dans mon cercueil!

On pourrait faire un roman, sans ajouter la moindre invention, de ce voyage de deux cents lieues à travers la France, où la mère de Henri V prit tous les costumes, se mêla avec tous les mondes, sans crainte et sans hésitation. Elle fut une vraie héroïne. On ne parlait que d'elle partout, et cependant nul ne la reconnut, tant on était loin de soupçonner sa hardiesse.

Deux fois pourtant, elle eut pu être trahie; la première ce fut par un de ses ennemis, par un républicain; il n'était même pas seul, et dans le premier moment de la surprise, le nom de Madame lui échappa.

Elle l'entendit parfaitement ; par une présence d'esprit qu'on ne saurait trop louer, elle le salua et le regarda fixement. Ce regard était un aveu, mais il disait aussi :

— Je me fie à vous ; vous êtes un homme d'honneur, et vous ne me vendrez pas.

Il faut le dire à la louange de ces républicains, ils gardèrent le secret, et n'en firent même pas usage dans leurs intérêts. C'est noble et grand.

Un peu plus tard, un soldat de la garde congédié la reconnut aussi. Il eut la force de ne rien faire paraître, et se tut.

Madame arriva en Vendée ; elle lança ses proclamations immédiatement. Mais les déceptions ne tardèrent pas à l'atteindre ; elle était trop intelligente pour ne pas comprendre qu'elle échouerait faute d'entente, et aussi par l'absence de ceux qui auraient dû donner l'exemple. On assure qu'elle eut la tentation de se retirer, et que, si sa présence n'eut pas été révélée par sa proclamation, elle l'eut fait. L'épée était hors du fourreau : il fallait s'en servir.

Elle fut admirable pendant cette guerre, courant le pays, soit à pied, soit à cheval, soit en charrette même, exposant sa vie à chaque pas, couchant dans les bois, dans les chaumières, dans les greniers, sur un manteau, se fatiguant, souffrant sans se plaindre, toujours de bonne humeur, toujours excellente, gracieuse, ayant un mot de cœur à adresser à chacun : elle fanatisa tous ceux qui l'approchèrent.

L'élite de la jeunesse du Poitou, de l'Anjou, de la Bretagne l'entourait ; je tiens ces détails de plusieurs d'entre eux ; ils n'en parlaient que les yeux pleins de larmes. L'un d'eux me disait :

— Nous respections tous l'héroïne, la mère du roi, mais nous étions tous amoureux de la femme.

Pendant son sommeil, ils veillaient sur elle ; ils la suivaient, et s'échelonnaient dans la journée, afin qu'elle eut partout une garde d'honneur. C'était une garde des anciens jours ; ces jeunes gens étaient de vrais chevaliers.

Malgré leurs efforts, malgré le courage de la Princesse, malgré l'argent répandu, le soulèvement ne se fit que partiellement. La Vendée ne pouvait être organisée comme autrefois ; et puis, il faut bien le dire, la première Vendée même fut plutôt une guerre religieuse qu'une guerre monarchique. Les seigneurs eussent vainement parlé du roi à leurs vassaux, si les prêtres ne leur eussent pas parlé de Dieu. On leur dit que la révolution renversait les autels. Si elle n'eut renversé que le trône, ils ne se seraient probablement pas avancés pour le soutenir.

Cette seconde fois, le clergé ne s'en mêla que fort peu, aussi la tentative fut-elle vaine. Le clergé maintenant se recrute presque entièrement dans la bourgeoisie ; il n'a plus de privilèges, il ne demande qu'à vivre. Tout gouvernement, qui ne l'accablera pas, aura son adhésion ; il n'a pas d'intérêt à le combattre ; au contraire, il lui faut la paix avant tout.

N'avons-nous pas vu en 48 tous les prêtres bénir les arbres de la liberté. Soutenue par la noblesse seule et par les familles bourgeoises qui tenaient à son parti, Madame devait succomber.

Elle lutta, elle combattit jusqu'à la fin. Enfermée dans le château de la Pénissière, avec une cinquantaine d'hommes tout au plus, sa retraite fut bientôt connue, et on envoya un régiment pour l'arrêter. Aussitôt on ferma les portes, et l'on annonça l'intention de se défendre. La Princesse déclara qu'elle resterait et s'ensevelirait avec ses partisans sous les ruines.

Je tiens tout cela d'un témoin oculaire.

Elle fut sublime de courage et de volonté ; ces intrépides jeunes gens étaient décidés aussi à ne pas se rendre, et la présence de Madame paralysait leurs résolutions. Ils la supplièrent de partir, elle s'y refusa ; alors, comme il fallait que cela fût, ils usèrent presque de leurs forces pour l'entraîner ; on l'emporta par cent détours, jusqu'à la cabane d'un paysan, et ils retournèrent joindre ceux qui donnaient leur vie pour leur croyance.

Irrités d'une résistance si prolongée, convaincus que Mme la duchesse de Berry était dans ces murs, ils imaginèrent d'y mettre le feu afin de la forcer à en sortir. Il ne restait plus que huit à dix combattants ; le reste avait succombé. Ils ne cédèrent pas néanmoins. Ce fut seulement quand la flamme arriva jusqu'à eux, qu'ils se décidèrent à la retraite. Grâce à la connaissance parfaite qu'ils avaient du pays, aux secours que leur prêtèrent les habitants, ils purent s'échapper ; blessés pour la plupart, quelques-uns moururent en route, d'autres restèrent cachés. Ceux que leurs blessures avaient retenus de force au château, furent brûlés. Quand les soldats y entrèrent, ils ne trouvèrent que des cendres et quelques débris humains.

Je ne sache rien de plus horrible que ce combat, ou plutôt cette tuerie. Hélas ! que la Princesse dût souffrir ! Elle était assez près pour tout entendre et pour tout voir !...

Elle resta cachée de chaumière en chaumière, pendant plus d'une semaine, mangeant du pain noir, n'ayant auprès d'elle que deux ou trois serviteurs ; le reste était dispersé ou mort. Il fallait cependant en finir. Elle se décida à se cacher à Nantes et à attendre là les événements. On lui avait préparé deux retraites, chez des fidèles ; elle se mit en route sous des habits de paysanne, accompagnée de Mlle Stylite de Kersabiec, dont le nom passera à la postérité par son dévouement.

Le reste de son histoire est si connu, que c'est presque une légende. Son séjour à Nantes, la trahison de Deutz, ce Judas qui reçut cinq cent mille francs pour prix de son crime, l'arrestation de Madame et son séjour à Blaye. Je ne le raconterai pas ; je reviendrai à Paris, où les événements me rappellent.

Après l'affaire de Saint-Méry, fort peu après, avait

éclaté la conspiration dite de la rue des Prouvaires, parce que les réunions avaient lieu dans cette ruelle si noire et si peu avenante d'aspect. Le mouvement correspondait avec celui de la Vendée. Il était presque entièrement légitimiste. Une quantité d'anciens officiers de la garde, d'anciens gardes du corps y étaient compromis.

J'en ai connu un entre autres, un intrépide, un brave, qui conspira tant qu'il vécut, le vicomte de la Trésorière. Pauvre cœur fidèle! Quelle vie fut la sienne, depuis que les Princes avaient quitté Cherbourg où il les avait conduits! Il fut de tous les complots; il faillit être pris et tué dans cent occasions; il fut condamné à la prison, à la mort, je crois, par contumace et en réchappa toujours.

Ensuite, ce furent d'autres misères; il avait mangé à ce métier là le peu de fortune qu'il possédait. Il avait vieilli et il s'était, comme un jeune homme, épris d'une femme, qui un beau matin le planta là, avec un enfant de quelques mois. Il fallait voir ce malheureux soldat, *devenu bonne*, portant ce petit garçon à son cou, le conduisant partout, parce qu'il ne voulait pas l'abandonner, et qu'il n'avait pas la possibilité de payer une femme pour en avoir soin. Il donna à ce petit être le même dévouement qu'à son roi. Rien n'était touchant je vous assure, comme de voir ce vieillard couvert de blessures, la croix de Saint-Louis et celle de la Légion d'honneur à la boutonnière, s'en allant partout sans se soucier des plaisanteries, des quolibets avec ce poupon dans ses bras. Il avait pour lui des attentions adorables et l'habillait de son mieux, ce qui ne veut pas dire bien.

Plus tard, bien plus tard, je retrouvai le petit garçon; son père était incapable de sortir; il ne quittait plus son lit. L'enfant était au collège. Leur soutien était un homme dont les bonnes actions ne se comptent pas, et qui ne me pardonnerait pas de le nommer. Non content d'être le bienfaiteur du pays tout entier, d'élever des monuments pour les plaisirs du riche, des hôpitaux pour les douleurs des pauvres, il trouve encore la possibilité de venir en aide à d'autres infortunés. Tant que le vieux soldat vécut, il ne manqua de rien, grâce à lui; depuis sa mort, la pension de l'enfant est payée; on lui donnera un état et la possibilité de se créer un avenir. Ce sont là réellement de bonnes œuvres, d'autant plus qu'elles se font sans ostentation aucune et que le hasard seul m'a mis à même de les connaître.

Au moment de cette conspiration des Prouvaires, alors que les arrestations se multipliaient, je reçus, par un commissionnaire, un mot par lequel on me suppliait de venir rue Saintonge-au-Marais, voir un ami malade. L'ami ne se nommait pas par des raisons de prudence, que je comprendrais quand je l'aurais entendu. Il demandait que sa lettre fût brûlée et me priait de garder, vis-à-vis de tous, le plus absolu silence. Ce n'était plus le temps où une pareille lettre pouvait ne cacher qu'une folie de jeune homme et la crainte de la prison pour dettes. Nous n'étions plus en 1827, où l'un de mes cousins faisait promener dans Paris un chameau qu'un usurier lui avait donné pour argent comptant, contre une somme qu'il lui avait prêtée pour une reconnaissance du double. Tout le monde savait cela, et quand on le rencontrait avec son animal, on ne manquait pas de leur donner. L'étourdi en riait aux larmes, et nous aussi. Que de fois je lui ai dit au bal :

— Mon cousin, j'ai donné aujourd'hui vingt sous à votre chameau.

— Merci, ma cousine, cela me servira pour acheter des culottes à son gardien, qui montre aux passants ce qu'ils ne se soucient pas de voir.

Il n'était plus question de rien de ce genre; un ami qui se cachait devait être dans quelque affaire politique. Je n'hésitai pas; je m'habillai et je partis pour la rue Saintonge. La jeunesse ne doute de rien. Je me compromettais horriblement de toutes manières, mais il y avait du danger, et ce n'est pas moi qui l'aurais fui en ce temps-là.

Je fus introduite dans une petite chambre, au cinquième, par une vieille femme du peuple, d'une apparence fort respectable ; la lettre me prescrivait de demander une raccommodeuse de dentelles, Mlle Lambest, je crois. Elle me fit signe de ne pas parler et m'ouvrit la porte d'un cabinet, je devrais dire une soupente, où j'aperçus le malheureux Pierre dans un état pitoyable. Il me sembla qu'il se mourait ; j'eus peine à le reconnaître. Il me raconta qu'on le poursuivait à outrance pour ce complot ; qu'il avait gagné une pleurésie en restant toute une nuit dans une cave glaciale, où il était entré en sueur.

Il était recueilli par d'anciens serviteurs de son père ; le mari m'avait porté lui-même la lettre et sa femme le soignait. Il savait qu'il allait mourir, et il avait voulu me voir auparavant, pour me voir d'abord, et puis pour me charger d'une commission très importante et très délicate, qui demandait une adresse extrême, pour être convenablement remplie.

Il m'expliqua la chose ; c'était, en effet, une démarche fort délicate, pour une femme de mon âge et dans ma position. Je l'acceptai néanmoins. Je ne haïssais pas les aventureuses difficultés. Je me hâte d'ajouter qu'il n'était nullement question d'amour.

J'accomplis mon œuvre de la façon la plus satisfaisante. Il est une personne très haut placée dans le monde, qui a bien longtemps cherché à découvrir d'où lui était venu cet avis salutaire, audacieusement donné, et qui ne l'a peut-être pas oublié. Cet avis l'a sauvée d'un danger imminent : je puis l'avouer aujourd'hui, c'est moi, c'est moi seule qui y suis parvenue, et ce fut un des beaux moments de ma vie. Je n'en saurais dire davantage, car j'ai l'habitude de tenir mes promesses : celle-là ayant été faite à un mort me semble plus sacrée encore.

CHAPITRE IV

Les deux torts de Mme la duchesse de Berry. — Marie-Amélie la fait avertir. — Un aveu déplorable. — La fille honnête et respectable. — Exemple à suivre. — Mme et M. de Chateaubriand. — Duels. — Un mot à mot qu'on ne peut répéter. — La vicomtesse de la B... — Ses sœurs. — Le baron de Jouvenel. — Un inconnu. — Son histoire. — Ses violences. — La fuite en Égypte. — Le marchand de modes. — Le magistrat battu. — Le charretier. — La femme séduite et abandonnée. — A Paris. — Les créanciers. — L'association. — Les suites. — Catastrophe. — Une autre troupe. — Voyage en Amérique. — Il est tué.

Mme la duchesse de Berry, il faut bien le dire, eut deux torts immenses, qui influèrent sur les intérêts de son fils et sur son parti d'une telle manière qu'elle les tua, ou du moins qu'elle les compromit pour longtemps.

Le premier de ces torts fut de se laisser prendre.

Elle fut prévenue qu'elle allait être arrêtée ; un navire était prêt pour l'emporter, et cela par les soins de sa tante Marie-Amélie, qui le dit en pleurant à une personne de qui je le tiens. Cette personne — c'était une femme — fut chargée *officieusement* de voir la femme de Louis-Philippe de la part de Charles X. Des liens très proches l'unissaient au dernier roi de France, je n'en puis dire davantage. Elle alla aux Tuileries et fut reçue dans le plus sévère particulier.

La princesse versa d'abondantes larmes; elle pria la dame en question de dire au roi tout son désespoir, et comme quoi elle avait fait tout au monde pour décider sa nièce à se retirer, comme quoi celle-ci avait impitoyablement refusé toute avance de sa part et avait persisté à continuer une partie perdue.

Elle devait alors soupçonner au moins sa grossesse, puisqu'elle était en France depuis plusieurs mois; il fallait tout faire pour la cacher; il ne fallait jamais être la femme du comte de Lucchesi-Palli[1] pour le public, mais toujours seulement la mère du duc de Bordeaux : c'était la condition essentielle de réussite.

Cette faute accomplie, elle devait au moins la réparer autant que possible, et l'eût-on fait accoucher sur la place de Bordeaux, devant la garnison, devant la cour royale en robes rouges, il fallait crier :

— Ce n'est pas moi, je n'accouche pas !

Si elle ne l'avait pas avoué, les légitimistes eussent pu le nier, même devant des actes qu'on eût suspecté de mensonge, et le doute se serait fait certainement. Nul n'eût pu l'affirmer sans que le démenti fût possible. On eût répondu à toutes les accusations :

— Madame le nie !

J'ai bien connu une fille, encore fille de nom aujourd'hui, bien qu'elle ait passé la soixantaine, qui, en pareille circonstance, lorsqu'elle était dans les douleurs, disait au médecin :

— Monsieur, vous êtes un impertinent ! Pour qui me prenez-vous ? je suis une honnête et irréprochable personne.

— Je ne dis pas le contraire, mademoiselle, mais vous êtes en train d'accoucher.

— Est-il possible de me calomnier ainsi ?

— Eh bien, voilà l'enfant ! Le nierez-vous encore ?

---

1. Hector, comte de Lucchesi-Palli, fils du prince de Campo-Franco, descendait des ducs souverains de Bénévent. Il avait épousé secrètement la princesse, à Massa, en 1832.

— Je vois bien ce poupon; mais il n'est pas à moi. C'est vous qui l'avez apporté apparemment.

Elle n'en voulut jamais démordre, et n'avoua point; aussi, sa sœur et ses amies ont-elles soutenu que jamais elle n'avait cessé d'être Jeanne d'Arc.

Pourquoi Madame n'en a-t-elle pas fait autant?

Cette grossesse avouée jeta une grande perturbation dans le parti. On prêta à M. de Châteaubriand un mot un peu cru, mais énergique. Je ne sais s'il l'a dit; assurément il eût pu le dire.

— Me voilà le..... trompé de la légitimité.

Trompé est ici pour le mot de Molière.

Ceci était la petite pièce, mais la grande ce fut la perte des espérances qui eussent pu s'accomplir. Ce furent les duels qui eurent lieu et qui coûtèrent la vie à plusieurs braves gens. Aussitôt que le bruit de cette grossesse se répandit, les Philippistes et les autres ennemis de la branche aînée ne manquèrent pas de la proclamer. Les jeunes carlistes la nièrent : de là les querelles et les provocations. On juge de ce qui en résulta, lorsque l'aveu de Madame vint leur donner tort.

Il fallait entendre ce qui se disait dans le monde, comment on parlait de cette pauvre princesse. Les bégueules poussaient des cris inhumains. J'en entendis une dire, au milieu d'une discussion très vive:

— Quand on est sujette à cette infirmité-là, et qu'on est assez faible pour s'y exposer, dans un moment tel que celui-là, on a toujours sur soi les remèdes nécessaires pour en détruire les effets.

Je ne vous répète pas les mots, je vous prie de le croire : je n'oserais pas.

Madame dut passer de cruels moments; elle fut bien cruellement accusée, et ses partisans les plus zélés manquèrent d'indulgence. Je sais que ce fut un grand malheur, mais il était réparable, soit en ne se laissant pas prendre, puisqu'elle eut pu faire autrement, soit en n'avouant jamais, ce que tous ceux qui l'aimaient auraient été si heureux de nier.

Je voyais beaucoup, en ce moment, des Poitevins qui se trouvaient à Paris. J'avais donc des détails très exacts. Je voyais surtout une famille très liée avec la mienne et avec moi depuis mon enfance : Mme la vicomtesse de la B... et ses enfants.

Mme de la B... avait tout; elle avait l'esprit et le cœur. Elle faisait des vers pleins de sentiment et de charme. Elle en a publié deux volumes; le premier est intitulé : *Brises du soir*[1] et l'autre..... Je préfère le premier au second; les cordes en sont plus variées; l'autre est presque exclusivement maternel. Elle adorait ses enfants et elle en était adorée.

J'ai déjà parlé de cette famille au commencement de ces Mémoires : j'aurai occasion d'en reparler encore.

Je connus là un homme, bien jeune alors, débutant tout à fait dans le monde, le baron Léon de Jouvenel[2]; il est resté depuis cette époque un de mes meilleurs amis. Il descend de Jouvenal ou Juvenal des Ursins l'historien; mais les révolutions successives ruinèrent sa famille, et il se trouvait alors à la recherche d'un moyen d'utiliser une grande intelligence et des talents distingués.

Il s'était dit qu'il voulait arriver; il est arrivé réellement. Je l'ai toujours suivi dans les carrières diverses où il s'essaya, et il y fut toujours à sa place, toujours apprécié par ceux qui apprirent à le connaître. Son début fut le journalisme. Il soutint de sa plume et de son courage l'opinion de sa famille et la sienne, et obtint une considération méritée dans le parti légitimiste. Plus tard, il se lia avec Berryer et il est resté longtemps dans la partie militante de la presse carliste.

---

1. Les *Brises du soir* sont de Mme de la Berge, poète de l'école romantique. — Voir *Souvenirs anecdotiques sur le Premier Empire*, p. 273.

2. Léon, Baron de Jouvenel (1812-1886), élu député de la Corrèze en 1852; il ne put se faire réélire en 1863, mais il revint à l'Assemblée nationale en 1871.

En même temps qu'il soutenait des journaux, il fondait une grande affaire : *la Banque des écoles et des familles*, une des premières en ce genre, et qui a été si souvent copiée depuis. Elle prospéra assez longtemps ; il s'en défit ensuite en la vendant à une autre compagnie.

Son mariage avec une charmante et riche jeune fille, Mlle de la N..., fille d'un général et petite-fille d'un receveur général, le lança davantage encore dans le monde. Il entra bientôt dans la vie politique et fut nommé député. On le remarqua à la Chambre. Il ne renonça pas pour cela à sa plume, et plusieurs journaux reçurent de lui des articles qu'il ne signa pas

Il fait les vers d'une façon remarquable et il est tout à fait de l'école de M. de Lamartine, avec lequel il fut aussi fort lié. Il n'a rien fait imprimer ; pourtant en vers et en prose il a un très joli bagage littéraire, s'il voulait le produire.

Pendant ces dernières années, M. de Jouvenel a acquis une célébrité notoire. Il fut chargé par la Chambre d'un rapport défavorable sur la dotation du général de Montauban, comte de Palikao. Son discours fut d'une grande hardiesse et admirablement écrit. Il eut un succès retentissant ; il en résulta pour lui des tiraillements qui l'empêchèrent d'être renommé dans la Corrèze, qu'il représentait depuis tant d'années.

Je voyais beaucoup aussi à cette époque un homme que je ne nommerai pas, mais dont je ne puis m'empêcher de parler, parce que c'est une des figures de ce temps.

Il appartenait à une excellente et honorable famille de gentilshommes du midi de la France. J'avais connu ses sœurs et lui à Paris, dans les commencements de mon mariage. Les sœurs étaient charmantes et lui l'eût été plus qu'elles encore, s'il n'avait pas gâté ce que la nature lui avait accordé.

Beau, spirituel, brave jusqu'à l'extravagance, il avait passé une enfance déplorable. A dix ans, il s'échappa du collège et s'en alla s'engager à Marseille comme mousse, sur un bâtiment de commerce. Sa famille n'entendit plus parler de lui; on le crut mort, et sa mère le pleura amèrement. Elle a souvent, depuis, pleuré sa vie.

Il revint, après avoir visité les cinq parties du monde, ayant augmenté ses défauts et transformé en vices, de mauvais penchants. D'une force corporelle remarquable, il était également d'une adresse extrême, tirait le pistolet et l'épée comme Saint-Georges et montait à cheval comme M. d'Abzac[1]. Il était en même temps querelleur, brutal, insolent, toutes jolies qualités qui lui mirent les armes à la main sans cesse. Rien n'était sacré pour lui : il entrait dans une église, pendant l'office, et troublait les fidèles par des éclats de rire, par des plaisanteries déplacées; si on voulait le mettre à la porte, il battait le bedeau, et il fallait aller chercher la force armée.

Un jour, il s'arrêta le bras levé sur un de ces pauvres gens qui exécutait la consigne et qui n'en pouvait mais. Il avait sur la poitrine une plaque représentant la vierge à qui l'église était dédiée.

— Ah! s'écria le mauvais sujet, qu'elle aille en Egypte, la sainte Vierge, sur un âne !

Ce n'était là qu'une peccadille; il ne battit personne ce jour-là.

Une marchande de modes, sage, eut le malheur de lui plaire; il essaya par tous les moyens de s'en faire aimer et de la séduire : la jeune fille résista. Un beau jour et en plein midi, il entra dans sa boutique et y mit toutes choses en capilotade. Les chapeaux, les têtes de carton, même les comptoirs, tout y passa. Elle appela son frère; il le renversa d'un coup de poing, et donna des soufflets à la ronde.

Ce fut, vous le pensez, un tumulte abominable;

---

1. N. de Vandière de Vitrac, vicomte d'Abzac, commandant du manège du roi à Versailles.

trois cents personnes se rassemblèrent; l'autorité intervint. On mit M. de *** en prison; il lui plut de se laisser faire, car sans cela il eut encore assommé tous les gardiens.

On le jugea; on le condamna à l'amende et à rester sous les verroux, deux ou trois mois, sans compter tous les dommages et intérêts à tous les blessés. Il ne sourcilla pas, mais un matin, trouvant la plaisanterie un peu prolongée, il insista pour parler au procureur du roi, à lui-même; il avait, assurait-il, des révélations importantes à lui faire. Comme il s'était montré d'une grande douceur, depuis son incarcération, on n'eut aucune crainte. C'était sous Louis-Philippe; on croyait à des conspirations permanentes du parti légitimiste, où il avait sa famille et ses amis. On s'imagina que ses révélations avaient trait à quelque chose de ce genre; le magistrat accourut.

Le prisonnier exigea qu'on le laissât seul avec lui. Aussitôt que le greffier eut fermé la porte, l'insensé se jeta impétueusement sur son ennemi, lui ferma la bouche en le contenant d'une main et, de l'autre, lui administra une volée, non de bois vert, mais de gourmades à le tuer. Heureusement il s'oublia dans la chaleur de sa rage; il ôta le baillon, et le patient poussa des cris surhumains. Plusieurs hommes accoururent; on retira le procureur tout meurtri.

Inutile d'ajouter qu'il y eut nouveau jugement, condamnation nouvelle, et que, cette fois, on ne se laissa pas prendre à ses airs patelins.

A peine fût-il dehors, après l'expiration de sa peine, qu'il laissa pour mort, sur la grande route, un charretier qui ne se rangeait pas assez vite pour laisser passer son tilbury. On le reprit encore, et la justice le condamna d'autant plus sévèrement qu'il y avait bien des récidives.

Sa famille, au désespoir, décida qu'elle ne pardonnerait plus, qu'elle ne voulait plus en entendre parler; il dut quitter son pays natal et ne s'en affligea pas.

En passant dans une autre ville, le hasard lui fit connaître une femme mariée qui lui plut. Il fit ce qu'il appelait un siège en règle, et ne tarda pas à triompher. L'infortunée l'aima; elle eut le malheur de quitter son mari et de le suivre. Après l'avoir perdue, il l'accabla de mauvais traitements et finit par l'abandonner.

Sa vie est semée de traits de ce genre; il mit bientôt le comble à ses déportements, comme disent les pères de Molière, dans leurs fureurs, et ceci ne fut pas malheureusement un fait isolé. Il habitait Paris, où il parvint à se faire remarquer, tout inconnu qu'il fut, par son luxe d'abord, par sa figure, par sa force et son adresse, dont on parla au tir et dans les salles d'armes, et aussi par la façon dont il traitait ses créanciers. On n'avait rien vu de pareil.

Il entreprit de les effrayer, de les battre comme en province; mais quand le boutiquier parisien n'est pas poltron jusqu'à l'abaissement, il est au contraire très courageux. Il n'entend ni la plaisanterie ni la violence. Hâtons-nous d'ajouter que les poltrons sont fort rares; c'est chez eux une affaire de sûreté et voilà tout.

Le héros comprit vite qu'il aurait le dessous; il changea de manières, mais en voyant qu'il fallait payer, il songea que l'argent lui ferait défaut et qu'il ne saurait où en prendre. C'était là un vice radical dans sa situation. Son imagination travailla et l'idée du jeu lui vint tout de suite. Il étudia profondément la matière; il avait parmi ses amis des gens de son espèce, des gens bien nés, tous portant des noms connus et appartenant à des familles aussi respectables qu'honorées. Mais le siècle commençait à tourner franchement dans sa mauvaise voie, et ces malheureux furent entraînés par ce flot boueux qui a déjà causé tant de naufrages.

Ils formèrent une association de cinq ou six membres; il ne s'agissait de rien moins que de faire sauter toutes les banques de jeu de l'Europe. A Paris, les maisons étaient fermées; il n'y avait donc rien à faire;

et c'est surtout pour le mal, que nul n'est prophète dans son pays.

Les associés partirent pour l'Allemagne où leur petite industrie réussit passablement ; seulement, il n'y avait pas moyen d'aider la fortune ; ils faisaient fausse route et n'allaient pas assez vite. Un autre plan fut conçu, et celui-là obtint un plein succès.

Il semble en racontant cela qu'on lit un roman de Balzac, l'*Histoire des Treize*, ou une autre.

Nos aventuriers se séparèrent : l'un eut l'Allemagne, l'autre l'Angleterre ou bien l'Italie. Ils allaient deux à deux seulement, et exploitèrent avec une adresse infinie les différentes branches de leur commerce. Une des meilleures spéculations fut celle des billets faux qu'ils tiraient tantôt sur les uns, tantôt sur les autres, tantôt sur des banquiers dont ils imitaient admirablement la signature. Ne restant jamais plus de deux ou trois mois dans une ville, on n'avait pas le temps de les connaître ; il n'y avait donc que peu de danger, jusqu'à ce que la masse des plaintes fut assez forte pour les assommer.

Ils jouaient avec les grands seigneurs, et les trichèrent si heureusement pendant quelques années, qu'on ne s'aperçut de rien et qu'ils ne furent pas soupçonnés. L'orage grossissait néanmoins, il s'accumulait de nombreux nuages à l'horizon ; notre héros les voyait venir ; quelques bruits sourds circulaient autour d'eux, et il disait à ses complices :

— Il nous faudra chercher autre chose ; nous sommes bientôt au bout de notre rouleau.

Ils agissaient cependant avec une grande prudence et une adresse remarquable. Changeant de pays quand ils attiraient l'attention, leurs affaires n'en souffraient pas néanmoins ; ils étaient toujours remplacés par un autre membre de l'association, qui les reprenait où on les avait laissées.

Le temps seul put les vaincre ; quand ils eurent tout visité, il fallut revenir au point du départ. A

Gênes, le comte — donnons-lui ce titre pour le désigner — le comte revint un peu trop tôt; on ne l'avait pas assez oublié; il fut reçu avec défiance.

Dans une réunion à un casino, où l'on jouait un jeu infernal, un seigneur s'attacha à ses pas, et l'observa avec tant de persévérance, qu'il en fut troublé; son adresse s'en ressentit; il oublia ses précautions ordinaires; son adversaire ne conserva pas un doute.

— Vous trichez, monsieur, lui dit-il.

— Oui, monsieur, mais je n'aime pas qu'on me le dise!

Et il lui donna une paire de soufflets à assommer un bœuf.

On juge de la rage de l'honnête homme. Ils allèrent se battre sur-le-champ, et il fut tué pour achever la justice.

Le comte dut décamper prestement. Le terrain manquait sous ses pas. Il ne perdit pas courage. Ils avaient après eux toutes les justices de l'Europe. On en prit un ou deux, à ce que je crois. Ce qui est certain, c'est que ses acolytes furent recueillis par leurs familles, qui ne les lâchèrent pas et qui les mirent en charte privée.

Plusieurs se repentirent et rentrèrent dans la bonne voie. Ils sont maintenant fort tranquilles; un autre que notre héros se fut laissé abattre, se trouvant tout seul et abandonné de tous.

Il recruta une nouvelle bande dans des sphères moins élevées, de vrais chenapans, des gens de sac et de corde, mais d'un courage insensé comme lui.

Il avait gagné beaucoup d'argent dans sa campagne étrangère, des sommes folles dont il ne lui restait rien. Il trouva pourtant le moyen d'embarquer son monde pour l'Amérique, où il ne rêvait rien moins que de fonder une principauté, aidé de ses Argonautes.

Le voyage fut rude et l'établissement encore plus.

Il ne réussit pas aussi bien qu'il l'espérait; il voulut risquer davantage. Dans une vraie bataille rangée, qu'il livra aux habitants de la contrée qu'il ambitionnait, une balle de hasard lui cassa la tête.

C'était une belle fin pour une telle vie!

CHAPITRE V

Les saint-simoniens. — M. Enfantin. — M. Olinde Rodrigues. — Saint-Simon. — Mme de Bawr. — Le ménage d'un dieu. — Mme de Staël. — Sa philosophie et celle de Voltaire. — Le protecteur. — Les incompris. — Ce qu'ils étaient. — La rue Monsigny. — Premières conférences. — Le communisme et l'affranchissement des femmes. — M. Bazard. — Dissidence. — Séances de la rue Taitbout. — Schisme. — Magnificences. — Les ateliers. — La maison de Ménilmontant. — Le dîner. — Le père. — Costumes de beaux hommes. — Chants. — Promenades. — La puissance du regard. — Procès. — Condamnation. — Exil. — Voyage en Orient. — Mort de M. Enfantin. — Son fils. — Le journal. — Le crédit. — Liberté absolue d'opinions. — Singulière formule d'un traité.

J'aime à copier mes notes du temps, lorsque je le puis. Elles me semblent plus exactes que ma mémoire. Je les retrouve encore ici pour une visite curieuse que je fis à cette époque, c'est-à-dire au mois de septembre 1832.

Une petite explication est nécessaire préalablement. Depuis 1830, on parlait beaucoup de la nouvelle secte des saints-simoniens et surtout du chef, M. Enfantin. Ils avaient surgi tout à coup, bien qu'ils existassent dès 1826 ou 1827 ; ils avaient suivi plusieurs phases, et ils valent bien la peine de nous arrêter un instant.

M. Enfantin appartenait à une excellente famille du Dauphiné. Il reçut une bonne éducation et fut admis à l'École polytechnique, où se développèrent encore ses grandes facultés.

Je ne le suivrai point dans le commencement de sa vie, qui n'appartient pas à l'histoire de ce temps. Nous le prendrons seulement à l'époque où il fit connaissance avec M. Olinde Rodrigues[1], et par suite avec Saint-Simon, le créateur de sa doctrine.

J'ai beaucoup connu la femme de ce dieu, fort célèbre elle-même sous le nom de son second mari, le baron de Bawr. Elle m'a souvent parlé de cet apôtre d'une nouvelle foi, et elle était aise de vanter son caractère et son cœur.

J'avoue que j'ai en elle toute confiance; il n'existait pas de meilleure, de plus indulgente femme que celle-là. Son esprit, très fin et très orné, pouvait tout apprécier, tout comprendre; et personne n'était plus apte à juger sainement. Je m'amusais à la faire causer, particulièrement sur ce réformateur; elle nous en racontait des traits incroyables.

Il conduisait sa maison d'une étrange manière; il y recevait des gens dont sa jeune femme ne pouvait faire sa société. Sans la tourmenter précisément, il eut voulu la conduire dans une voie où ses principes et ses habitudes lui défendaient de le suivre; il s'en vengeait par mille bizarreries. On ne mangeait qu'à des heures impossibles; il laissait Mme de Saint-Simon seule, pendant des jours entiers, et courait après ses disciples et la femme libre.

Un matin, il faillit se tuer d'une chute de voiture; il s'occupait surtout des chevaux et du mal qu'ils auraient pu se faire. Quant à elle, il n'y songea pas.

Enfin, la vie commune devint impossible; après des

1. Rodrigues était un économiste distingué, qui s'attacha tout de suite à la doctrine saint-simonienne. Après la rupture de Bazard et d'Enfantin, en 1831, il fonda avec celui-ci une société, pour la défense de leurs idées communes, dont il fut le directeur, sous le nom : *Père de l'industrie, chef du culte saint-simonien*.

tiraillements incessants, il déclara n'être point fait pour le mariage et, d'un commun accord, ils divorcèrent[1].

Je reviendrai plus tard sur Mme de Bawr[2], sur ses ouvrages, sur son second mari et sur elle-même. M. de Saint-Simon continua d'élaborer sa nouvelle religion, et Dieu sait quelle peine il se donna.

On connaît sa visite à Mme de Staël, qu'il alla trouver à Coppet, en lui demandant de vouloir bien écouter ses vœux, afin qu'il en put naître un enfant. Né d'elle et de lui, cet enfant devait être un Phénix et gouverner un jour l'espèce humaine tout entière.

Madame de Staël refusa.

On n'avait pas alors, même parmi les esprits supérieurs, cette inquiétude, ce besoin d'innovations, qui nous domine aujourd'hui et qui nous entraînera très loin probablement. Mme de Staël avait trouvé les choses mal arrangées depuis que M. Necker n'était plus ministre.

Elle philosophait à cœur joie sur toutes les matières possibles, mais si on lui eut montré la société telle qu'elle est maintenant, telle qu'elle aspire à devenir surtout, elle eut détourné la tête et n'eut point accepté les réformes. Voltaire eût fait comme elle, plus qu'elle encore.

---

1. Le divorce fut prononcé au milieu des pleurs du comte de Saint-Simon. Il reprochait à sa femme « de ne pouvoir s'élancer au-dessus de toutes les lignes connues. » Il ajoutait « que le premier homme de ce monde ne devait avoir pour épouse que la première femme. »

2. Alexandrine-Sophie Coury de Champgrand, comtesse de Saint-Simon, puis baronne de Bawr, était née à Paris, en 1773, de parents nobles; elle épousa en premières noces le futur chef de la secte philosophique dont elle dut se séparer en 1801. Elle se remaria à un officier russe qui fut tué en 1812 par un accident de voiture. A partir de cette époque, elle fut réduite à vivre de sa plume. Mme de Bawr a composé des romances; elle a écrit des pièces de théâtre, des romans nouveaux, des nouvelles et des ouvrages d'éducation.

Cette soif d'idées s'est accrue surtout à la fin de la restauration et sous Louis-Philippe, lorsque la paix leur a donné le temps de se développer. M. Enfantin aborda dans l'exaltation de son maître, et, après sa mort, il devint le grand prêtre du nouveau culte qui ne fut, à quelques changements près, que le déisme arrangé à la façon de ce temps-ci.

Il commença par un journal, *le Producteur*[1]. Peu de gens s'en inquiétèrent, et cependant il porta ses fruits dans quelques jeunes têtes, hommes et femmes, cherchant une direction pour leur existence. Ils se groupèrent autour du novateur, et tous leurs noms, que l'on pourrait citer, sont devenus célèbres aujourd'hui: les uns dans les finances, les autres dans les lettres, les arts, l'industrie, la science. On se demande comment des intelligences supérieures ont pu débuter par des utopies aussi invraisemblables, et surtout d'une exécution aussi impossible que celle-là, dans une société telle que la nôtre.

C'est que tous, ou presque tous ces gens-là étaient bons; c'est qu'ils désiraient le bien de l'humanité; c'est que l'expérience de tant de siècles, qui la laissait malheureuse, leur semblait suivre une mauvaise voie et qu'ils voulaient en ouvrir une nouvelle. J'ai pour amis plusieurs de ces apôtres du passé dans l'avenir, et je connais peu de cœurs aussi nobles, aussi généreux que les leurs. Ils ont eu peut-être, qui sait? des égarements d'esprit, mais ils ont eu la conviction du moins. La pratique leur a montré combien leurs rêves étaient loin de ce monde; sans y renoncer, ils ont replié leurs ailes et ils se sont résignés à accepter la vie telle qu'elle est, faute de pouvoir la refaire.

Ils étaient réunis en communauté rue Montigny. Je serai à même de donner dans un autre moment des documents plus précis sur cette association.

On y faisait des conférences dès 1828; mais ils

---

1. *Le Producteur* fut fondé par M. Olinde Rodrigues.

n'avaient pas la liberté de parole nécessaire au développement de leur système.

Aussitôt après la révolution de 1830, les saint-simoniens crurent avoir conquis l'âge d'or; ils proclamèrent leurs espérances et leur législation. Ce fut l'enfance du communisme et de l'affranchissement de la femme. Ces deux propositions ne sauraient être admises par l'excellente raison qu'elles touchent à des intérêts palpitants.

Ceux qui possèdent préfèrent ce qu'ils ont; en ceci on ne saurait trop les blâmer, pourvu qu'ils en fassent bon usage.

La seconde proposition est encore plus difficile à résoudre, en ce que les femmes mêmes s'y prêteront fort peu. Les unes vous diront qu'elles ne sont pas esclaves et n'ont pas besoin d'être affranchies; celles-là se croient reines, au contraire, et ne changeraient pas la puissance de leur éventail contre un sceptre, qu'il faudrait partager, et dont les prérogatives ne sauraient leur convenir.

Les autres n'accepteraient pas un affranchissement qui les initierait à des affaires qu'elles ignorent; elles préfèrent leur servage à des travaux incessants. Les femmes sont faites pour être dominées et protégées; leur pouvoir occulte n'en est que plus grand; elles seraient des niaises de l'échanger contre une autorité qui ne rendrait leur dépendance que plus visible. Elle leur ôterait le droit de se plaindre, et ce droit leur constitue une force qu'elles ne retrouveraient plus.

Enfantin ne se contenta pas de Paris; il établit en province des succursales. Elles ne durèrent pas longtemps et n'obtinrent qu'un mince succès. Il fut nommé, avec M. Bazard, un des *pères* de la doctrine; mais ils ne pouvaient s'entendre longtemps. Son collègue voulait absolument introduire la politique parmi eux, tandis que lui ne rêvait qu'une réforme sociale et religieuse.

Ils avaient chaque semaine, je crois, une séance à la salle Taitbout, où les discussions se présentaient devant le public. C'était, je vous l'avoue, une chose étrange. Les spectateurs devenaient acteurs quelquefois ; ils prenaient parti pour l'un ou pour l'autre des chefs ; quelquefois contre tous les deux, sans compter les sceptiques et les moqueurs, qui riaient et tournaient en ridicule cette secte incomprise. Il y eut beaucoup de caricatures faites là-dessus.

Il résulta de tout cela un schisme. MM. Bazard et Rodrigues s'en allèrent de leur côté avec ceux qui voulurent les suivre ; on ne parla plus guère d'eux et la célébrité s'attacha au nom de M. Enfantin. Il fit des proclamations et s'annonça comme Messie. Sa loi était fort séduisante ; il donna des bals magnifiques, où il invita tout ce qui possédait une célébrité quelconque. La foule n'y manqua pas ; et il y aurait d'étranges récits à faire de ces fêtes, où l'on ne demandait aux convives que de s'amuser, et d'être heureux, suivant leurs goûts.

Les femmes de la bonne compagnie s'en abstinrent : soit parce qu'elles ne désiraient pas s'y rendre, soit parce qu'on les en empêcha. Si j'eusse été libre, j'aurais voulu en voir au moins un. Les hommes n'eurent pas les mêmes scrupules, et ils mirent largement en pratique les ordonnances de l'amphytrion.

On s'amusa beaucoup ; on s'amusa trop ; tout ce monde là était dans la sève de la vie et dans l'exubérance des passions ; le gouvernement s'en alarma : il fit fermer les réunions. Ce fut un temps d'épreuves. La doctrine avait monté des ateliers, où elle payait largement les travailleurs, suivant ses principes de bienfaisance. Ils ne réussirent pas. La *famille*, — ainsi s'appelaient-ils, — se trouva gênée, mais ne renonça pas néanmoins à ses projets.

M. Enfantin possédait une fort jolie maison à Ménilmontant, dans une situation qui dominait tout Paris. Il emmena avec lui quarante de ses disciples et s'y retira. Il y fonda une communauté modèle. Il chantait en vain la femme libre, qui devait se mettre à ses côtés à la tête de l'humanité. Beaucoup s'étaient présentées et aucune n'avait réuni les qualités nécessaires.

On parla des saint-simoniens plus que jamais. Chacun voulut les voir; ils admettaient tout le monde; la porte était ouverte, l'on n'avait qu'à entrer. Je formai le projet de m'y rendre avec quelques personnes de ma connaissance. Je vais maintenant copier textuellement ce que j'écrivis le lendemain.

« J'ai fait hier une promenade dont je veux conserver le souvenir : c'était chez les saint-simoniens, à leur maison de Ménilmontant. Il me serait difficile de rendre ce que cette visite m'a fait éprouver. Je croyais rêver ou assister à un spectacle. En effet, quoi de plus bizarre que ces hommes, assemblés sous des lois nouvelles, se livrant aux plaisanteries du premier qui veut les bafouer : leurs costumes, leurs usages, rien ne ressemble à ce qui se passe ailleurs.

« Leur séjour est bien choisi; ils ont un joli jardin; la vue est splendide; on découvre Paris et ses environs; on suit le cours de la Seine; c'est délicieux.

« La foule indique la porte; un des pères s'y est installé; ce n'en est ni le plus beau, ni le plus capable apparemment. Il m'a semblé fort partial dans ses politesses; des gens qui entraient avant nous, et dont la mise n'annonçait pas l'aisance, ont à peine reçu un salut protecteur, tandis que nos toilettes élégantes et les boutonnières ornées de plusieurs de nos chevaliers, lui firent ôter son bonnet très respectueusement. Celui-là n'est pas encore assez détaché du monde et des hommes.

« Sa maison est bien bâtie; c'est un pavillon où le rez-de-chaussée sur le jardin est le premier sur la cour.

« On monte une espèce de rampe, en haut de laquelle on se trouve en face d'une assez longue galeric, percée de quatre hautes fenêtres, descendant jusqu'au sol.

« Là, se groupe le public, pour assister au repas des pères; à grand peine, on m'y fit une place. Quel singulier coup d'œil je découvris!

« Au milieu de l'appartement, seul à une table, était le père Enfantin. Il portait, comme ses enfants, la barbe dans toute sa longueur et les cheveux en boucles sur ses épaules, le col nu et dégagé, une espèce de gilet lacé derrière, qui, m'a-t-on dit, est le symbole de leur foi. C'est une preuve qu'ils doivent s'entr'aider; ils ne peuvent l'attacher seuls. Par dessus est une tunique de drap bleu de ciel, un peu trop courte selon moi, et ne faisant pas assez de plis. Ils ont encore une écharpe rouge en sautoir, une large ceinture de cuir, bouclée par devant, une façon de bonnet grec, sorte de libre arbitre à ce qu'il m'a paru : pas un n'était semblable à son voisin. Le pantalon et les bottes sont ceux de tout le monde.

« La seule marque distinctive du chef est son morceau de toile blanche sur la poitrine, avec ces mots : *Le père*, écrits en longues lettres noires.

« M. Enfantin est bel homme; ses yeux ont une expression provocante, en regardant les femmes, qui force nécessairement à baisser les yeux devant lui.

« Parmi ses apôtres, il y en a sept ou huit, mais surtout trois qui sont admirables de visage et de taille; on ne saurait rien voir de plus complètement parfait. Seulement, tous ont les mêmes façons d'être. On me dit qu'ils exercent sur les femmes la puissance du regard, toujours pour découvrir la femme libre, introuvable jusqu'ici.

« Les disciples mangent à deux autres tables au bout de la galerie. Ils m'ont paru servis comme les simples mortels, si ce n'est qu'ils n'ont point d'argenterie.

« Après leur repas, l'un d'eux s'approcha d'un piano à queue, placé près de la fenêtre. Il préluda quelques instants, puis tous ensemble entonnèrent un chœur assez harmonieux dont les paroles exprimaient l'obéissance qu'on doit au père. Le refrain répétait plusieurs fois :

— « Le Père ! le Père !

« M. Enfantin recevait ces hommages avec une modestie superbe, qui seyait admirablement à sa mâle beauté.

« On ouvrit la porte de la galerie ; ils sortirent processionnellement à la suite du père, et descendirent cette rampe dont j'ai parlé, qui les conduisit dans une pièce au-dessous de celle-là, qui se trouvait au rez-de-chaussée dans la cour. Ensuite on se dispersa dans le jardin. Le public s'y promenait et les frères y parurent ensuite; ils se mêlèrent à la foule, causèrent avec ceux qui les connaissaient et qui leur adressaient la parole.

« J'avais grande envie de leur faire des questions; je n'osai pas. Nous les vîmes de plus près ainsi, et nous les trouvâmes aussi remarquablement beaux. Mais la *puissance du regard* fait qu'on ne sait où se cacher quand on rencontre les leurs.

« Ils devaient reprendre leurs exercices à six heures ; mais il nous fallait dîner et aller ensuite à la Comédie-Française, où nous avions eu une loge pour voir Mlle Mars dans *Clotilde*, drame de Frédéric Soulié. »

Je reviendrai tout à l'heure à cette pièce ; je veux finir ce qui regarde les saint-simoniens et leur chef.

Au moment où je les vis, ils étaient poursuivis pour réunions illicites et attentat aux mœurs. Très peu de jours après, le surlendemain, je crois, le père fut condamné à un an de prison et la maison de Ménilmontant fermée. Il ne resta que quelques mois sous les verroux. Pourtant, quand il fut libre, il trouva son troupeau dispersé, et il n'eut plus que douze fidèles pour le suivre dans l'exil.

C'est alors qu'ils s'en allèrent en Orient. Il y aurait

une odyssée tout entière à faire de ce voyage ; mais, mes documents ne sont pas assez certains. Peu à peu cette flamme d'enthousiasme s'éteignit comme les autres et ces exaltés revinrent aux choses de ce monde. Ils y rentrèrent. Ils portèrent dans la vie pratique l'intelligence hors ligne dont les écarts les en avaient éloignés ; on sait ce qu'ils ont fait ; l'univers a parlé d'eux.

M. Enfantin est mort cette année. Il n'était pas âgé. Ses anciens disciples lui étaient restés dévoués, presque tous ; il avait beaucoup d'amis et a laissé de grands regrets. Il était bon.

J'ai connu son fils, M. Arthur Enfantin, et le reste des saint-simoniens, en 1848, au journal le *Crédit*, qu'ils avaient fondé. Je n'ai eu qu'à me louer de mes rapports avec eux tous. J'y ai fait trois romans qui ont tenu le feuilleton pendant presque toute la durée du journal. Il était singulier de me voir, moi, légitimiste, travaillant avec des gens si opposés à mes sentiments.

Ils me laissèrent imprimer tout ce que je voulus, moyennant une note, qui m'en rendait seule responsable, et qui exprimait en même temps le vœu que chacun pût dire ainsi partout ce qu'il voulait. C'était là, en effet, la vraie liberté, après laquelle on court en France depuis plus de quatre-vingts ans, sans l'avoir encore obtenue. J'en connais le danger, car les mauvais principes peuvent ainsi se répandre avec une facilité extrême. La presse est une arme à deux tranchants, ou plutôt, c'est cette lame des Borgia, empoisonnée d'un côté et saine de l'autre. Elle peut tuer ou guérir. Voilà pourquoi elle est si difficile à diriger.

Je me rappelle un traité que je passai avec un des rédacteurs du *Crédit*, pour un ouvrage auquel nous avions travaillé tous les deux. La teneur en était singulière ; il commençait ainsi :

« Devant Dieu et le peuple français ».

Je me suis toujours demandé ce que le peuple français venait faire dans cet arrangement. Quant à Dieu, il est partout et il peut bien entrer là comme ailleurs.

C'était la folie du moment. Qu'y faire? Celle là, du moins, était bien innocente et ne faisait de mal à personne.

CHAPITRE VI

Clotilde, de Frédéric Soulié. — Les grands écrivains classés. — Ligier. — Mlle Mars. — *Thérésa.* — Mlle Ida. — Mme Damoreau-Cinti. — Son mari. — Lemonnier. — *Le Roi s'amuse.* — Encore Ligier. — Citations. — Effet que produit la pièce. — Louis-Philippe de Valois. — Réflexions. — Une histoire oubliée ou méconnue. — Deux jeunes filles. — Extravagances romanesques. — Un beau valet de chambre. — Intrigues. — Aveu spontané. — Dissimulation.

J'ai parlé de *Clotilde*, et je ne me suis pas étendue sur cette bizarre composition de Frédéric Soulié, jouée à la Comédie-Française et non pas à la Porte Saint-Martin, comme presque toutes les pièces de ce genre. On ne s'explique pas, à distance, comment elle reçut ce drame et comment elle le représenta. Elle avait gagné de l'argent avec *Hernani*, avec *Henri III*, ce qui était autre chose ; elle espérait que ce nouvel essai de la littérature moderne lui réussirait aussi.

Clotilde n'était pas à la même hauteur que les deux pièces que je viens de citer. D'abord, la scène se passait de nos jours, ce qui ôtait tout prétexte à la pompe et au costume ; ensuite Frédéric Soulié n'écrivait pas comme Victor Hugo ni comme Dumas. C'était un des premiers lieutenants de l'école ; ce n'était pas un des capitaines.

Il avait une imagination inépuisable ; personne

n'en approchait parmi les émules. On voulait, dans le temps de leur gloire, les classer ainsi :

Lamartine, c'était la poésie tendre et mélancolique.
Hugo, la force, la puissance, la passion.
Alfred de Musset, la fantaisie.
Alexandre Dumas, l'esprit.
George Sand, le style.
Frédéric Soulié, l'imagination.
Alfred de Vigny, l'élégance.
Eugène Süe, la hardiesse et l'intrigue.

Telle était l'opinion générale sur eux et sur leurs talents si divers.

Clotilde avait un grand intérêt, mais c'était un peu commun, peut-être, et cela n'avait pas trop le sens commun. Il y avait des situations terribles. Mlle Mars y déployait son art infini, sans arriver à des effets, que son talent correct et distingué, que sa perfection de bon goût ne pouvaient atteindre. Certes, Mme Dorval lui eut été supérieure, dans les scènes d'épouvante. Ligier était bien remarquable ; malheureusement sa figure ôtait toute illusion d'amour.

Il avait dans la tragédie un certain tic, qui me prenait sur les nerfs, celui de remuer une jambe sur laquelle il s'appuyait, par un tremblement perpétuel ; c'était agaçant. Il choisissait surtout les moments les plus pathétiques, comme si cela eut été une marque d'émotion irrésistible.

J'ai entendu dire qu'il avait pris cela de Talma. Je n'en ai pas été frappée chez le grand tragédien, mais je l'ai été beaucoup chez Ligier.

On avait joué aussi, cet été-là, une autre pièce de Dumas, *Thérésa*. Elle eut cette singularité qu'elle se donna à l'Opéra-Comique, bien que ce fût un drame interprété par Bocage, Laferrière, Mmes Damoreau-Cinti, Ida ; Féréol, le Sainte-Foy de ce temps-là, était le seul pensionnaire de ce théâtre, qui remplît un rôle sérieux, encore plus que sérieux, puisqu'il se massacre à la fin, lui ou quelqu'autre. Il chantait aussi, autant qu'il m'en souvienne; il aurait bien dû s'en dispenser car, excellent acteur, il avait fort peu de voix.

J'allai voir cette pièce avec mon mari et deux officiers de son régiment, qui était alors en garnison à Paris. M. de Saint-Mars était chef d'escadron au 2ᵉ lanciers.

Quand Mlle Ida parut, nous poussâmes tous une exclamation de surprise.

— Quelle ressemblance, dis-je, avec cette charmante Mlle Férand, que nous avons vue à Nancy !

— C'est à s'y méprendre.

— C'est elle assurément.

— Ah ! c'est impossible !...

Tout cela partit en même temps, et nous étions tous frappés de cette beauté si semblable à celle d'une jeune fille, que nous avions rencontrée une fois ou deux au bal de la préfecture.

Mon Dieu, quelle adorable créature! Quels traits! Quelle blancheur! Ses yeux et ses sourcils bruns faisaient doublement ressortir ses ravissants cheveux blonds. Mlle Doze, devenue depuis Mme Roger de Beauvoir, me l'a seule rappelée, et encore était-elle moins régulièrement jolie.

Elle débutait sur un grand théâtre; elle avait joué jusque-là à Montmartre et dans la banlieue. Nous ne nous trompions pas : c'était bien Mlle Marguerite Férand, devenue pour le théâtre, Mlle Ida Ferrier. Je raconterai, quand il en sera temps, comment je l'ai su.

Nous la trouvâmes un peu engraissée; non pas encore du tour de taille, mais du reste. Sa beauté n'avait rien perdu. Elle était, il est vrai, bien jeune.

Cette pièce de *Thérésa* avait de bien belles parties, et Bocage fut merveilleux en vieillard. Laferrière n'avait pas l'air beaucoup plus jeune qu'à présent; son talent me plaisait davantage; il était moins fiévreux.

Mme Damoreau-Cinti était une très belle personne, un peu mignarde peut-être pour le drame. Elle avait une taille magnifique et ne manquait pas de charmes. Elle resta peu de temps au théâtre, où on ne la vit qu'à de longs intervalles.

Son mari succéda à Lemonnier, dans les rôles de bel homme à l'Opéra-Comique. Comme chanteurs, ils étaient à peu près de la même force. Lemonnier était plus distingué, plus sympathique ; Damoreau-Cinti était plus élégant. Il faisait parfaitement bien les tours de cartes, et il aurait pu gagner de l'argent avec cette sorcellerie-là.

Il était alors question d'une pièce de Victor Hugo, *le Roi s'amuse*. Ce que l'on en disait piquait fort la curiosité, et je m'arrangeai de façon à me procurer une loge, ce qui était d'une grande difficulté. Nous étions, je me le rappelle, serrés comme des harengs ; il n'y avait pas un coin à prendre. On assurait que la pièce ne serait pas jouée et, jusqu'au lever du rideau, on n'y comptait point.

Il y avait, dans cette foule, comme un frémissement ; on n'était plus aux beaux jours de 1830 pour les exaltations romantiques. La politique en avait conquis une part ; pourtant il en restait encore. Les conjectures et les anecdotes couraient de loge en loge ; on se passionnait pour ou contre Hugo ; la défense de jouer la pièce lui rallia beaucoup de partisans par esprit de contradiction.

Ligier était très beau dans Triboulet ; on s'indigna de la façon dont François Ier était peint. A tort ou à raison, ce n'est pas ici le lieu de le discuter ; le roi chevalier est resté pour presque tout le monde, d'abord le père et le restaurateur des lettres, et puis son caractère, son *tout est perdu fors l'honneur*, séduirent longtemps les cœurs généreux.

Les discours du vieux Saint-Vallier[1] irritèrent donc,

1. Jean de Poitiers, seigneur de Saint-Vallier, père de Diane de Poitiers. Cette illustre maison remontait à Guillaume de Poitiers, dernier duc d'Aquitaine.

bien qu'il y ait des vers superbes, à côté d'autres qui sont étranges, tels que celui-ci :

> Terni, flétri, déshonoré, brisé.....

qui fit beaucoup rire. En revanche, quelle magnificence, que ces cinq ou six lignes :

> Vous êtes roi, moi père, et l'âge vaut le trône.
> Nous avons tous les deux au front une couronne,
> Où nul ne doit lever des regards insolents :
> Vous de fleurs de lys d'or, et moi de cheveux blancs.
> Roi, quand un sacrilège ose insulter la vôtre,
> C'est vous qui la vengez, c'est Dieu qui venge l'autre.

Ceci fut applaudi à tout rompre et avec justice; il est peu de scènes plus belles que celle-là, belle d'expression surtout, car chacun connaît l'histoire de Diane de Poitiers; on n'ignore pas qu'elle ne fut point violentée, et qu'en lui accordant la grâce de son père, le roi savait déjà quelle serait sa récompense.

Diane de Poitiers, qui, après avoir été la maîtresse du père, devint celle du fils, ne peut être appelée : « Ma chaste Diane. » On ne se la représente que placée entre ces amours incestueux, sans cœur et sans foi. Ce n'est pas une héroïne intéressante. La tirade est beaucoup trop longue; elle aurait dû s'arrêter au dixième ou vingtième vers au plus : le roi ne peut endurer davantage.

Je ne traduis pas ici mes impressions, mais celles du public; je dis l'effet produit par le drame sur ceux qui l'écoutaient, car ceci est de l'histoire, c'est l'histoire de l'art.

Le dénouement ne toucha pas; il manqua son effet parce qu'on le tourna en plaisanterie. Triboulet, à genoux près du cadavre de sa fille, qui s'est dévouée pour sauver son royal amant, s'écrie en la regardant étendue morte devant lui :

> ..... Je n'avais, sous les cieux,
> Que ta virginité pour reposer mes yeux !

IV. 4

Ceci tua le pathétique. Les esprits mal faits s'en emparèrent, ainsi que de plusieurs autres passages, tels que, par exemple, la conversation entre les courtisans sur Triboulet.

— Il a...
— Quoi ?
— Sa bosse ?
— Non, une maîtresse !

Si l'on n'avait pas défendu la pièce, on s'y serait probablement battu le lendemain, parce que la politique et les opinions s'en mêlaient et que le prétexte littéraire eût couvert tout cela. Les légitimistes n'auraient ni laissé attaquer aussi ouvertement François Ier, ni permis qu'on fît si bon marché de la majesté royale sans essayer de la défendre. Ils eussent été soutenus, pour ce dernier chef seulement, par les orléanistes, qui prenaient la royauté de Juillet au sérieux et qui auraient voulu faire acte de présence. D'ailleurs, François Ier était un Valois, et, vous le savez, après les Glorieuses, on distribua dans les rues, une sorte de manifeste, qui n'a été ni avoué, ni démenti, où on faisait dire à Louis-Philippe qu'il n'était pas Bourbon, mais Valois.

Je voudrais bien savoir par où.

Tant il y a que les têtes se montaient déjà, et qu'assurément nous eussions eu de vraies batailles à propos du *Roi s'amuse*. On le défendit : on fit mal littérairement parlant ; on fit bien à cause des conséquences qu'auraient eues les représentations suivantes. Il ne fallait qu'une étincelle pour mettre le feu à une traînée de poudre.

Le gouvernement, né de la liberté, était contraint de l'entraver, ou bien il eut succombé sous ses étreintes. Il ne fit que reculer, cela est sûr, mais il prolongea sa durée.

Il est un fait que l'on ne peut discuter. Tout gouvernement monarchique, né sous de tels auspices, ne saurait durer. La révolution est comme Saturne, elle mange ses enfants. Regardez en arrière, et voyez ce qu'elle a dévoré, sans être encore rassasiée.

On quitta la salle de la Comédie-Française dans une agitation qui ne se traduisit pas comme celle d'*Hernani* ; elle était plus contenue, mais plus dangereuse peut-être. L'explosion eut été plus vive ; on fit sagement de défendre l'ouvrage. Je le déplore, car personne n'a une sympathie plus vive que moi pour Victor Hugo, une plus grande admiration pour ses œuvres.

C'était à la fin de novembre. On n'était pas encore revenu ; mais il y avait déjà beaucoup de monde à Paris, et l'on parlait *sotto voce* d'une grande histoire fort dramatique, arrivée dans une famille de province, tenant par des liens très étroits à la plus haute société de France.

En la racontant, je dépayse complètement l'aventure, je l'avoue. Elle est oubliée peut-être de beaucoup de ceux qui l'apprirent, et la génération actuelle l'ignore probablement tout à fait. Je ne veux pas la passer sous silence. C'est un trait de mœurs, et je tiens à les présenter autant que je le puis, puisque j'écris sur la société de ce temps.

Il y avait, dans un département éloigné, — mettons que ce soit vers la Provence, si vous voulez, — il y avait, dis-je, deux jeunes personnes, habitant avec leurs familles, des châteaux très voisins. L'une appartenait à la haute aristocratie, l'autre était la fille d'un homme parti de très bas, enrichi par la Révolution, devenu hautain, comme un parvenu qu'il était.

Malgré la différence de position, la fortune aidant, les jeunes filles se virent beaucoup et se lièrent intimement. Elles étaient jolies, instruites ; elles avaient la tête vive et se la montaient réciproquement par des récits romanesques et par des rêveries de leur âge.

Elles se mirent dans le cerveau des chimères impossibles et dangereuses, puisées dans quelques livres qu'elles lisaient en cachette. Elles voulaient réparer les torts du destin et faire, l'une et l'autre, le bonheur d'un déshérité du sort. Une fois lancées dans cette voie, elles ne devaient plus s'arrêter. Mlle X... alla plus loin que sa compagne.

Son père revint de Paris avec un valet de chambre d'une tournure et d'une figure remarquables. Il la frappa dès le premier abord ; elle le dit à son amie. Il devait être au-dessus de sa condition ; quelque chose comme Apollon, réduit à garder les troupeaux d'Admète, exilé de l'Olympe, par suite de ses méfaits galants. Elles le revêtirent d'une vertu, d'une délicatesse infinie ; elles lui prêtèrent des sentiments pleins de noblesse et de loyauté. Il appartenait certainement à une illustre famille ; et c'était bien le cas de mettre à exécution leurs beaux projets.

Un homme intelligent devine toujours l'effet qu'il produit, et Charles — appelons-le Charles — était fort intelligent. Il avait servi chez des femmes *légères*, qui peut-être lui avaient appris qu'on pouvait descendre jusqu'à lui, et il s'aperçut très bien de l'effet qu'il produisait. Un domestique de cette beauté-là est ordinairement bien plus fat qu'un autre homme. Il est encensé dans son monde ; il rêve des conquêtes brillantes et aspire à ressusciter les mauvaises traditions du mauvais monde du xviiie siècle.

Il commença à risquer des regards respectueux, mais significatifs. Mlle X... rougit et baissa les yeux. C'était le signe le plus favorable ; il vit aussi les jeunes filles causer ensemble plus intimement et d'un ton plus animé. Il les épia adroitement, et un jour qu'elles rentraient pour dîner, comme elles remontaient le perron, se croyant seules, il entendit Mlle X... dire à son amie, en s'arrêtant sur la dernière marche :

— Que pourront dire nos parents ? Ma mère était de famille noble, elle s'est mésalliée ; mon père n'était pas même un valet de chambre de bonne maison, ainsi...

Il en tressaillit d'aise. Le succès dépassait ses espérances; il n'avait pas aspiré si haut.

Bref, une intrigue dans toutes les règles s'établit entre eux. Il avait reçu une espèce d'éducation chez son premier maître qui l'avait placé près de son fils. Il écrivait assez bien et mettait l'orthographe. Il n'eut pas de peine à se faire passer lui-même pour un déclassé. Mlle X... lui fournit elle-même la fable qu'il voulait lui persuader.

Mlle de *** était la confidente : rien de plus pur que leurs châteaux en Espagne. Ce n'était qu'échange de lettres, de fleurs, de brimborions sans conséquence; on se voyait au fond du parc et on causait une demi-heure par jour, en présence de l'amie, mais on ne se touchait pas le bout du doigt. Charles était trop habile pour brusquer les choses. La jeune fille était assez compromise par ses lettres; il fallait se réserver une porte de sortie honorable, afin de ne pas être inquiété en cas de non réussite. Un homme aussi riche et aussi violent que son maître ne lui eût pas pardonné une séduction complète; il voulait pouvoir répondre :

— J'ai réussi !

Il fallait cependant en finir. Il fut décidé, dans un conciliabule, que la jeune fille parlerait à son père, et tâcherait de l'attendrir ; s'il résistait, elle avait dix-neuf ans, elle serait majeure dans deux, un amour tel que le leur pourrait bien attendre deux années : on se souviendrait et on espérerait. C'était un rude caractère que cette jeune fille.

Elle réunit tout son courage, et, un matin, en sortant de déjeuner, elle demanda à son père s'il voulait venir avec elle faire un tour de promenade à cheval. Elle le mena au fond d'une vallée solitaire, où elle était sûre qu'on ne les dérangerait pas et, comme il avait justement parlé de plusieurs prétendants nouvellement déclarés, elle lui dit de but en blanc qu'elle

4.

ne voulait pas en entendre davantage, que son choix était fait.

Il s'empressa de s'informer quel était l'heureux mortel à qui ses millions devaient revenir un jour. Les jeunes filles amoureuses sont plus fines que des femmes; elle l'engagea à deviner, résolue à ne risquer son secret qu'après avoir sondé la profondeur de la résistance qu'elle rencontrerait.

Elle parla donc d'un homme sans fortune. Son regard et son cœur attendaient la réponse.

— Sans fortune? Si c'est un Montmorency, nous verrons... autrement, c'est impossible!

Le père prononça cette sentence d'un certain ton qu'elle connaissait, contre lequel il n'y avait pas de réplique. Elle voulait néanmoins aller jusqu'au bout.

Elle risqua un aveu plus détaillé; la naissance était illustre, mais elle était méconnue; il serait difficile peut-être de rentrer en possession des titres. Le père ne la laissa pas aller plus loin.

— Est-ce la victime de quelque intrigant, dit-il, tu vas me la nommer sur-le-champ, afin que j'en fasse justice; si tu me refuses, je t'enferme et tu ne reverras le monde que mariée à un homme de mon choix.

Mlle X... comprit que faire connaître Charles, c'était l'exposer à la colère d'un homme possesseur de dix millions et capable de tout pour une vengeance. Elle répondit qu'elle avait fait une épreuve, qu'à présent elle savait à quoi s'en tenir et qu'elle n'avait aucune envie de se marier.

CHAPITRE VII

On s'absente. — Mlle de *** et son maître de musique. — Elle l'aime. — Une confession à Saint-Roch. — Projet de mariage. — Grande résolution. — Un honnête homme. — Désillusions. — Une autre union. — Une personne sage. — Mlle X... — Ses vingt et un ans. — Aveu. — Fureur paternelle. — Un amant chassé. — Histoire de M. de B... — Réclusion. — Les lettres rendues. — Magnifique confiance. — Un infidèle. — Il est puni. — Une vieille sainte fille. — Différence du début à la fin. — Les mésalliances.

M. X... ne se laissa pas abuser. Il devint évident pour lui que sa fille avait quelque inclination qu'elle n'avouait pas; il eut l'air convaincu afin d'éviter les soupçons et il se mit à chercher autour d'elle qui ce pouvait être. Il ne trouva rien; l'idée du valet de chambre ne lui fût pas même venue, bien entendu; il se tranquillisa et crut à quelque rêve de jeune fille, quelque chimère romanesque et impossible à réaliser. Il pensa qu'elle s'en lasserait et qu'en ne la tourmentant pas, il en obtiendrait davantage, elle oublierait plus vite.

Il y eut donc trêve d'observation mutuelle. On retourna à Paris pour l'hiver; Mlle de *** devait y trouver aussi sa petite aventure à la Don Quichotte : elle devait essayer de son côté la réhabilitation d'un déshérité de la fortune, bien qu'elle le cherchât dans une autre sphère.

C'était une personne de beaucoup d'esprit, fort instruite et pleine de talents. Elle avait une voix superbe, et, pour la perfectionner, on lui donna un des premiers maîtres de Paris, artiste très distingué d'un des théâtres lyriques.

Il n'était pas beau, certes, mais il avait une voix ravissante. Il était distingué, disait-on, et fort apprécié des femmes. Son élève se préoccupa d'abord de son air mélancolique ; elle se figura qu'il était malheureux et se laissa toucher par je ne sais quel air d'opéra chanté avec une passion et une douleur à faire illusion.

La pauvre fille l'aima, l'aima avec excès et nourrit d'abord cette passion sans la laisser paraître, si ce n'est dans ses confidences à son amie. Peu à peu, elle se garda moins, et le professeur était trop expérimenté pour ne pas comprendre son bonheur et pour ne pas en profiter. Il se dit passionnément amoureux. La correspondance fut très facile, mais il était presque impossible d'aller plus loin. Une lettre se glissa dans un piano, dans un livre ; on put se serrer la main, on put se regarder en prenant une leçon ; quant à des paroles plus tendres, à des preuves plus efficaces de tendresse, il n'y fallait pas songer, avec une mère et une gouvernante, doublées d'une sœur très fière de son nom et à qui une pareille déchéance eût semblé intolérable.

L'amour s'augmente par les obstacles. La pauvre enfant perdit la tête et se laissa persuader d'accorder un rendez-vous à Saint-Roch. Elle y allait à vêpres avec sa gouvernante, dont la surveillance était pourtant difficile à tromper. Il fallait pour cela un concours de circonstances dont la ruse d'une fille amoureuse pouvait seule profiter.

On devait aller à confesse ; elles n'avaient pas le même directeur. Comme on le sait, chaque ecclésiastique se place dans une chapelle ; les pénitentes y sont réunies en attendant qu'elles puissent entrer dans le confessionnal. Mlle de*** restait donc seule pendant le temps que la gouvernante parlait à son confesseur, — ce n'était jamais plus de dix minutes. — Aussitôt que la vieille fille fut plongée dans son examen de conscience, son élève osa quitter sa place, descendit par la petite porte ouverte alors et qui a servi souvent à pareil usage en dépit de la profanation : un fiacre attendait rue Saint-Roch, l'amoureux y était caché ; il la reçut tremblante dans ses bras.

Ils eurent ensemble une conversation bien courte, pendant laquelle ils échangèrent des serments, trompeurs de la part de l'homme du moins, car il était marié. Il fallut retourner vite ; ils eurent le bonheur qu'on ne s'aperçut de rien. Elle fut revenue à son poste avant la confession finie. Apparemment, l'institutrice avait ce jour-là la conscience bien chargée.

Une autre entrevue était encore plus compromettante ; ce moyen ne pouvait pas s'employer souvent. Il était pourtant le plus aisé et le moins dangereux. Enfin, la passion ne connut plus de bornes, et un beau matin elle écrivit qu'elle quitterait tout pour le suivre. Elle le savait marié, mais il lui avait fait croire qu'en Suisse, après un séjour de quelques mois, on obtiendrait le divorce et que si elle daignait y consentir, il y conduirait sa femme qui, de son côté, ne demanderait pas mieux que d'être libre.

Elle lui donnait son consentement et lui jurait qu'aussitôt après son divorce prononcé, elle irait le rejoindre. Tout cela se passait, on le voit, dans les règles de la plus scrupuleuse vertu ; c'était de l'extravagance au premier chef, mais sans le sacrement on n'avait rien à demander à Mlle de *** que des témoignages d'un amour innocent, gage d'un bonheur à venir.

Le héros eût très volontiers et avec orgueil et joie fait sa maîtresse de son élève, mais il n'avait aucune envie de s'engager dans une aventure qui l'aurait perdu ; il n'avait aucune envie d'abandonner sa femme très honnête et très charmante, ainsi que tout Paris le savait.

Il pesa dans sa tête les avantages et les inconvénients de la chose; il se dit qu'en renonçant à ses projets sur son écolière, il n'abandonnait aucune chance de réussite. Il ne pouvait obtenir rien de plus que ce qu'il avait, et ces *amours de lait* étaient loin de le satisfaire; c'était bon pour les petites filles. Il se décida à en finir, en se faisant bénir de la famille, et un beau matin, il s'en alla chez un ami de la maison, homme d'un grand mérite et politique très connu. Il lui fit une confession entière, en rejetant, bien entendu, toute la responsabilité sur la jeune fille; il s'était laissé faire, il avait tâché de la guérir, en la raisonnant, mais les choses arrivaient à un tel point qu'il fallait les arrêter.

Trop honnête homme pour profiter de cette folie et pour compromettre la jeune personne, il venait prévenir le meilleur ami de son père; il jurait de ne plus retourner dans la maison; il rapportait toutes les lettres que lui avait écrites l'imprudente, et il allait les brûler à l'instant lorsque leur identité serait reconnue.

Il remettait désormais le soin de cette affaire aux protecteurs naturels de Mlle de *** et se retirait, emportant de profonds regrets, avec la consolation d'avoir fait son devoir.

Ce discours, prononcé avec des larmes dans la voix, convainquit le diplomate de la vérité; il n'en fit rien paraître, mais il jugea l'homme. Il lui échappa peut-être à dessein un seul mot pour éclairer la situation:

— Je crois, monsieur, que vous auriez dû parler plus tôt.

L'artiste chercha à s'excuser; le discours était assez long; on le coupa par des renseignements. La pauvre jeune fille eut un cruel moment à passer; elle fut sévèrement reprise par sa mère; son père voulut avoir l'air de l'ignorer; quand elle apprit la démarche de son amoureux et comment il l'avait trahie, elle comprit qu'il ne l'avait jamais aimée et ses beaux rêves s'évanouirent.

Ce fut un coup mortel sur ce jeune cœur ; il eut bien de la peine à en revenir. Elle demanda elle-même à quitter Paris ; on la conduisit à Nice sous prétexte de santé ; elle y resta six mois, et quand elle revint, elle était non pas consolée, mais raisonnable. Elle avait réfléchi et le monde lui était apparu, non pas tel que son imagination le créait, mais tel qu'il est réellement. Elle ne put renoncer tout à fait cependant au rôle de consolatrice et de providence, qu'elle rêvait depuis si longtemps : elle refusa les grands partis et épousa un gentilhomme pauvre.

Il l'emmena au fond d'une campagne, où elle a toujours vécu depuis, honorée, estimée et chérie de lui et de tous ceux qui l'approchent. C'est une des plus honnêtes et des plus sages personnes du monde, et, si ces pages lui tombent sous les yeux, elle aura bien un sourire pour les chimères envolées de sa jeunesse.

Son amie eut une tout autre destinée. L'exemple de Mlle de *** ne la changea point. Il se présenta pour elle cent partis et des plus hauts ; elle les refusa impitoyablement, sans donner d'autre raison que celle de son aversion pour le mariage. Charles était toujours au service de son père, et il attendait, sans rien risquer qui pût le compromettre. Ils s'écrivaient ; ils se voyaient quelquefois, des minutes, dans les combles de l'hôtel, ou au fond du parc à la campagne.

Quand elle eût vingt et un ans, le lendemain, elle entra dans le cabinet de son père afin de mettre à exécution le projet mûri depuis deux années. Il la vit arriver calme et froide, comme une fille qui a pris une résolution inébranlable. Ses anciens soupçons lui revinrent en un clin d'œil. Il se mit sur ses gardes.

Mlle X... déclara qu'elle avait un parti pris, qu'elle était désolée de faire à son père un chagrin aussi sensible, mais que rien ne pouvait la faire changer. Elle épouserait Charles, le noble comte de je ne sais quoi, ou ne se marierait jamais.

Il serait impossible de peindre la colère de ce parvenu, déçu dans ses espérances et blessé jusque dans les profondeurs de son orgueil. Il éclata en reproches, à quoi l'impertinente répondit :

— Ma mère, Mlle d'A..., vous a bien épousé, mon père; moi, qui ne suis que Mlle X... je puis bien épouser Charles, lors même qu'il ne serait que ce qu'il paraît : la distance n'est pas si grande de moi à lui que de Mlle d'A... à vous.

Il faillit en étouffer de rage; il tira toutes les sonnettes, appela son valet de chambre à grands cris, et devant sa fille le chassa dans les termes les plus humiliants. Il fit même mine de vouloir le battre, mais Charles fut superbe :

— Ne me touchez pas, Monsieur !

Il se retira en faisant une révérence, et en lançant à son infante un regard désolé que celle-ci recueillit dans son cœur et auquel elle répondit par un encouragement.

La pauvre insensée, à dater de ce moment, fut en butte à toutes les furies, à tous les reproches de son père. Il l'emmena à la campagne et la renferma dans son appartement, jusqu'à ce qu'elle eut promis de ne pas épouser Charles quand elle serait libre.

— Vous n'avez pas le droit de me tenir en captivité; je suis majeure; je peux réclamer mes droits, mais je n'en ferai rien; je suis heureuse de souffrir pour lui; son bonheur et le mien m'en récompenseront.

Elle fut magnifique dans son extravagance, et rien ne put la faire varier, même lorsqu'elle fut entièrement sequestrée et qu'elle eut perdu toute espérance.

On la retint deux ans captive. Son père la disait malade, lorsque par hasard il venait ici. On flairait quelque chose dans la famille et dans l'intimité, mais personne ne put savoir la vérité, qu'il tenait cachée comme un crime, et cela se conçoit. Charles, pendant ce temps-là, ne se montrait pas, parce qu'on le faisait chercher; il voulait avoir la patience d'attendre les vingt-cinq ans et les sommations respectueuses ; il n'osait s'éloigner de Paris, afin d'être auprès des événements; il n'osait se placer dans la crainte d'être découvert par M. X... qui, certainement, voulait lui faire un mauvais parti. La misère vint, et la misère est mauvaise conseillère; il ne savait plus où trouver du pain et vivait entouré de bohèmes de la pire espèce.

Il confia un jour ses aventures à un de ces dangereux amis. Celui-ci se récria et lui demanda s'il avait les lettres; sur la réponse affirmative :

— Et tu te plains, s'écria-t-il; mon cher, tu es riche comme Crésus. Laisse-moi traiter cette affaire-là, tu vas voir. Le père te les payera chacune au moins deux cents francs; et si le paquet est gros, cela fera une assez jolie somme.

Il fit quelques difficultés. Un reste d'honnêteté parlait en lui. Il comprenait aussi que c'était une séparation éternelle; et il conservait au fond du cœur un espoir pour l'avenir.

L'autre lui persuada qu'il était plus sage et plus sûr de l'escompter. Le père lui donnerait bien cinquante mille francs de la correspondance ; il fallait en demander cent, on les aurait peut-être : il s'en chargerait.

Charles résista encore; de guerre lasse et à bout de ressources, il laissa faire. M. X... accueillit l'ouverture; il bondit à la demande de cent mille francs; on marchanda; on s'accorda à quatre-vingt mille, déposés chez un notaire qui les remettrait contre les lettres. Le banquier espérait qu'en donnant à sa fille cette preuve de l'infamie de Charles, elle l'oublierait et le mépriserait.

Le marché fut conclu. Le père se hâta de porter à la recluse toute sa correspondance; il ne douta pas de sa victoire et se réjouissait. Son étonnement fut grand quand elle lui répondit :

— Ou vous l'avez fait assassiner et voler ensuite, ou bien il est mort et, sur lui, on a trouvé ces papiers; il est incapable de les avoir vendus.

Elle n'en crut pas même la quittance du notaire et dit qu'elle n'était pas de lui. Rien ne put la persuader.

Quelle splendide confiance!

La pauvre créature resta à la campagne, de bonne volonté, jusqu'à vingt-cinq ans, où elle renouvela la demande à son père en lui annonçant qu'elle allait quitter sa maison et lui envoyer des sommations respectueuses. Elle ferait chercher Charles; il l'attendait sans doute, ou bien il avait cessé de vivre. Dans ce cas, elle resterait éternellement fidèle à sa mémoire.

On ne put la désabuser qu'en faisant chercher par la police cet Amadis manqué. Il avait eu le bon esprit d'employer son argent à monter un commerce de nouveautés en Espagne. Il gagnait beaucoup d'argent et avait presque triplé son capital en ces quatre années. Marié à la fille d'un associé qu'il avait pris, il vivait très heureux à Madrid. On eut une lettre de lui qui racontait tout cela. C'est de sa femme que j'ai su tous ces détails. Je vais dire où, et comment, mais je veux d'abord en finir avec Mlle X....

Elle ne se consola jamais; son cœur fut véritablement brisé. Elle resta fille et elle est devenue la providence de son pays. Elle a vécu auprès de son père, qu'elle a comblé de soins, jusqu'à sa mort; elle existe encore, et, si je la nommais, vous verriez si je vous trompe en vous assurant qu'il n'est pas de nom plus respecté que le sien.

Charles fut puni de sa vilaine action; il se ruina en voulant trop étendre son commerce. Il se dérangea ensuite et finit par abandonner sa femme à Paris, où elle vint avec lui, quand ils furent contraints de quitter Madrid. Elle se mit à faire des modes, on me la recommanda; elle me plut; je lui fis raconter ses aventures qui me donnèrent la clef de plusieurs indiscrétions et me permirent de reconstruire le roman tout entier.

Quant à Mlle de *** l'histoire fut connue de plusieurs personnes et se répandit au moment où elle éclata. Elle fit beaucoup parler sourdement; on eut la charité de ne pas crier tout haut dans la société à cause de son nom. Il y avait encore cette chose sacrée, en ce temps-là.

Ainsi, voilà deux femmes qui ont ouvert la vie d'une façon bien dangereuse, qui pouvaient, qui devaient être perdues : les circonstances les ont sauvées; elles ont beaucoup souffert, elles se sont épurées au contact de la douleur; aujourd'hui ce sont des saintes. Si on les eût repoussées dans leur jeunesse, elles seraient devenues des misérables peut-être, car c'est un triste penchant chez une femme que celui qui tend à s'abaisser.

Je comprends et j'excuse par mille raisons toutes les fautes que la passion fait commettre, — excepté celle de la dégradation. Ainsi un homme au-dessous de soi me paraît impossible. L'amour doit être au contraire tout élévation, tout grandeur. Les lois sont faites ainsi, qu'une femme ne peut faire monter un homme jusqu'à elle; mais elle descend à son niveau, quelque bas qu'il soit. C'est là ce qui ne se peut endurer, lorsqu'on a un peu de fierté dans le cœur.

Il est certaines natures chez lesquelles la générosité, le désir de faire du bien à des êtres qu'elles aiment, l'emportent sur ce qu'elles appellent des préjugés, tandis que c'est la pierre fondamentale de la société tout entière. Je viens de vous en fournir deux exemples, dont l'un surtout est frappant; j'en sais d'autres.

Je sais de nobles natures qui se sont laissé aller à ce penchant et qui se sont crues grandes et indépendantes. Peut-être avaient-elles raison, peut-être est-ce nous qui sommes dans le faux.

Les entraînements de l'intelligence sont dans une autre catégorie. Certes, la plus grande dame de ce temps peut se laisser séduire par un talent hors ligne. Un grand artiste, quel qu'il soit, un écrivain, un peintre, un musicien : Rossini, Eugène Delacroix, Talma, Fleury, Molière, bien d'autres encore, peuvent s'emparer de l'imagination, du cœur d'une femme et lui faire tout oublier.

Qui oserait l'en blâmer en descendant dans son propre cœur, si on le prend dans des conditions libres, qui lui permettent de choisir un amour? Hors de là, je ne comprends plus la chute, je ne comprends plus les grands sacrifices pour un homme ordinaire, je ne comprends pas l'échange d'un grand nom contre un nom qui n'est pas illustré. Je ne me permets pas de blâmer celles qui ont le courage de le faire, j'avoue seulement mon insuffisance.

Elles ont probablement en elles-mêmes des trésors si grands, qu'en les partageant, au lieu de s'avilir, elles se grandissent à leurs yeux. Elles ont de ces cœurs d'élite au-dessus de tous les calculs humains; elles aiment pour aimer, pour être heureuses et pour donner le bonheur, en s'isolant du monde, en ne vivant que pour elles et pour *lui*.

Cela est superbe à vingt ans, mais après? Il faut compter avec les siens, avec ceux qu'on voit, avec tout ce dont on est entouré!

N'a-t-on pas les mécomptes? ne se repent-on pas?

Ensuite, il est de ces orgueils de race qui dominent tout. J'ai entendu une des plus grandes dames de l'Europe dire :

— Quand on porte mon nom, on peut tout se permettre, on peut tout imposer au monde. S'il me plaît de faire une mésalliance, nul n'a rien à y reprendre, cela ne m'empêche pas d'être ce que je suis.

Sur ce pied-là, il n'y a pas à raisonner.

CHAPITRE VIII

Autre anecdote. — Une femme à la mode. — Un ami entêté. — Un mari vaniteux. — Éducation des soupirants. — Conversation où l'on va plus loin qu'on ne veut. — Craintes. — On espère l'oubli. — Une journée à la campagne. — La voiture de poste. — Ville-d'Avray. — Reflet de Louis XV. — Balzac et la baronne de *Maucourt*. — Des fleurs, des oiseaux, des gazons. — Palais de *la Belle au Bois dormant*. — Féerie. — Déjeuner. — Tout ce qu'elle désire. — La soirée. — La nuit. — Explication. — Les suites. — On n'oublie pas. — Imitation maladroite. — Différence.

Puisque je fouille mes notes pour y trouver des anecdotes, je vais encore en citer une autre, qui ressemble à un conte fait à plaisir. Elle est cependant parfaitement vraie : j'en connais le héros, j'en connais l'héroïne. La chose s'est passée il y a bien des années déjà, et qui verrait aujourd'hui une bonne vieille femme au coin du feu et un vieillard assez contrariant et légèrement grognon, ne croirait pas qu'ils ont une page semblable dans leur passé.

Ah! combien de souvenirs ne sauraient se placer sur les visages des gens âgés, et qui existent ensevelis au fond de leurs cœurs! Si chacun écrivait les aventures de sa jeunesse, il y aurait pour le lecteur bien des enseignements, bien des étonnements.

Il y avait dans le monde à Paris, à l'époque où je suis arrivée, une jeune femme dont la beauté était surtout dans la physionomie et dans la grâce. Parfaitement élégante, très spirituelle, elle avait peut-être eu des romans dans sa vie, mais elle avait gardé un cœur excellent et n'était nullement pervertie, en dépit des apparences, en dépit d'une coquetterie fort robuste et fort déclarée. Cette coquetterie ne s'exerçait qu'en dehors de l'amitié, ainsi qu'elle l'avouait elle-même fort plaisamment.

— Ma coquetterie est dans les manches de mes robes de bal. Elle mettait donc vis-à-vis de ses amis, une loyauté véritable à ne pas les attaquer; elle vivait avec eux sur la foi des traités, se montrait bon garçon dans toute la force du terme et ne cherchait à leur plaire, que pour parer l'amitié d'un charme nouveau, sans jamais outrepasser les frontières qu'elle avait tracées elle-même.

Parmi ses amis se trouvait un homme de beaucoup d'esprit, un original très élégant, d'une imagination vive, tout à fait en dehors des habitudes reçues et vivant à sa manière. Il connaissait sa famille et elle de toute éternité, et il s'était établi chez elle, depuis son mariage, dans la même attitude d'expectative, sans rien demander, mais laissant voir des espérances lointaines, qu'il n'affichait pas, mais qu'il ne déguisait pas non plus.

A mesure que le temps passait, il s'attachait davantage et il devenait plus exigeant. Peut-être avait-il découvert certaines privautés accordées à d'autres qui ne le valaient pas, peut-être ne croyait-il pas à la vertu d'une femme de trente ans, que son mari négligeait, dont les principes religieux s'endormaient au fond de sa conscience et à qui on parlait d'amour depuis le matin jusqu'au soir.

Ils se voyaient chaque jour; à toute heure la porte lui était ouverte; il se permettait des observations sur ceux de ses rivaux qui ne lui plaisaient pas, et les tournait en ridicule, semblable à un mari de ma connaissance qui tremblait d'être trompé, mais qui tremblait plus encore qu'on ne le crut aveugle sur les coquetteries de sa femme.

Elle était certes fort honnête, mais elle avait, ainsi que toute femme à la mode, un cortège de soupirants; elle tenait chez elle cour plénière, ce qui plaisait peu au jaloux déguisé; il n'osait pas se plaindre, ni chasser la cohorte dans la crainte du ridicule, mais il s'en vengeait par des quolibets incessants; ces pauvres diables étaient encore plus ses *patito* que ceux de sa femme. Un jour qu'ils étaient réunis, il dit tout à coup à un de ses amis qui n'était pas de la bande :

— Tu devrais bien prier ta femme de donner à la mienne sa recette pour choisir des amoureux. J'ai été plusieurs fois chez elle au moment où elle reçoit, ce sont des gens d'esprit et de bonne compagnie. Ceux qui viennent ici, au contraire, sont très mal élevés et parfaitement crétins; cela m'ennuie, il n'y a pas moyen de causer avec eux.

Notre original de tout à l'heure était ainsi, non pas par vanité mais par dépit. Nous l'appellerons René si vous voulez, pour prêter plus de facilité au récit.

Il trouvait des défauts et des torts à tous ceux qui lui portaient ombrage, et non content de cela, il adopta une *seccatura* vis-à-vis de la jeune femme, qui fut de lui répéter sans cesse qu'elle ne lui portait aucune affection, bien qu'elle le reçut comme son meilleur ami, et qu'elle fut pour lui ce qu'elle n'était pour personne.

— Je vous aime de tout mon cœur, mon cher, et je suis prête à vous en donner toutes les preuves possibles.

— Je n'en connais qu'une seule, d'une femme de votre âge à un homme du mien, et celle-là vous me la refusez.

— Mais ce n'est pas de l'amitié cela.

— C'est la seule chose que vous puissiez faire pour me prouver une affection réelle : le reste est banal.

Cette conversation se renouvelait sans cesse. Or, la

belle dame étant une personne essentiellement vraie, enrageait de ne pas être crue ; elle avait une de ces têtes romanesques à qui l'extraordinaire plaît avant tout et qui s'exaltent sur une idée fantaisiste, sans en chercher les conséquences ; ils eurent ensemble un entretien qui amena des résultats étranges.

Elle commença, comme à l'ordinaire, et finit par s'envenimer.

— Enfin, mon cher, s'écria-t-elle, de mauvaise humeur, je n'ai pas d'amour pour vous et, si je m'oubliais jusqu'à manquer à mes devoirs, encore faudrait-il qu'une passion irrésistible m'excusât à mes propres yeux comme à ceux des autres.

— Le beau mérite, la belle preuve d'affection, si vous aviez de l'amour pour moi !

Il partit de ce sophisme pour extravaguer avec un esprit fou ; elle lui répondit : ils entrèrent ensuite dans le pays des chimères et combattirent à armes égales, se piquant, s'excitant, arrivant à des énormités par des défis et des bravades où l'amour-propre était en jeu. Ils allèrent jusqu'à une chose incroyable et néanmoins d'une vérité certaine, j'en ai vu les preuves. Poussée par la contradiction, par la curiosité, par cette rage de l'extraordinaire qui possède certaines femmes, Marie — donnons lui ce nom qui n'était pas le sien — Marie arriva aux dernières limites, puisque rien ne pouvait le convaincre d'une amitié qu'elle cherchait en vain à lui persuader. Elle lui promit de lui donner, à son choix, vingt-quatre heures de sa vie, durant lesquelles il serait absolument le maître d'elle et de ses actions. Il jurait d'en garder le secret et que, quoiqu'il advînt pendant ce temps, il n'en serait jamais question entre eux. Elle en donna sa foi de *gentilhomme*, ce qui pour elle était aussi sacré que pour ses pères. Elle n'eut pas plutôt fini qu'elle s'en repentit, mais c'était fait. Combien d'entre nous se sont trouvées ainsi engagées témérairement et n'ont pas osé se dédire, dans la crainte de se créer un ennemi et faute de savoir comment reculer. C'est ordinairement la punition des coquettes : j'en ai vu plusieurs en pareil embarras.

Ici, ce n'était pas coquetterie, c'était étourderie, divagation, je ne sais quoi. L'homme qui acceptait ce don *d'amoureux merci*, et qui se déclarait satisfait, devait pourtant savoir distinguer ses sentiments. Il avait de l'esprit et de l'intelligence ; il n'en vit rien ou n'en voulut rien voir ; peut-être vit-il et n'en montra-t-il rien ; qui sait ?

Depuis ce jour, Marie n'entendit plus venir son *maître* qu'en tremblant. Dès qu'il paraissait, elle devenait pâle comme un linge ; elle redoutait toujours la funeste réclamation.

Trois mois se passèrent ainsi ; elle espéra qu'il se contenterait du sacrifice moral de la domination qu'elle avait subie ; elle commença à respirer un peu. Elle n'avait presque plus peur, lorsque dans les premiers jours de juin, par un temps adorable, il l'aborda un matin avec ces mots :

— Voulez-vous, chère madame, que nous allions passer la journée de demain à la campagne ?

Elle pensa s'évanouir ; elle fut au moment de répondre :

— Je ne veux pas !

Mais sa parole engagée, mais la honte de se reprendre et de passer aux yeux de cet homme pour une parjure ! Elle avait pour lui une amitié sincère et n'eut voulu le blesser en rien. Et, peut-être ce désir, ce besoin d'émotions et d'aventures extraordinaires dont toute cette génération était possédée, l'empêchèrent de s'arrêter à temps.

Le gothique s'en allait, le Louis XV prenait faveur à sa place, et toute cette histoire semblait renouvelée des romans de ce temps-là où le sentiment tenait peu de place. Elle acquiesça par un signe et parla tout de suite d'autre chose. Il vint du monde jusqu'au soir. Elle n'eut pas le temps de réfléchir, mais sa nuit fut

5.

horrible. Elle avait certainement la fièvre en se levant, et elle était si triste qu'elle n'eut pas le courage de se faire jolie.

A dix heures, une charmante voiture attelée de deux chevaux de poste était dans sa cour.

Elle y monta seule. On ne devait pas la voir ainsi en tête-à-tête, même avec un ami. Le postillon savait la route. Il la conduisit jusqu'à Ville-d'Avray, à une élégante maison, non loin des étangs et cachée par de grands arbres. C'est la même, assure-t-on, qu'a dépeint Balzac et où il fait demeurer la baronne de Maucourt avec Meric Gaston.

Marie ne trouva personne pour lui ouvrir la portière, mais la grille était entre-bâillée ; elle descendit si tremblante qu'elle se soutenait à peine. Une allée se présenta toute bordée de rosiers en fleurs; elle la suivit et se trouva dans un paradis. Ce n'était que parfums, harmonie, tapis de mousse, gazons fleuris. C'étaient des oiseaux chantant leurs chansons printanières, un petit ruisseau clair murmurant sur les cailloux, bordé de myosotis et de pâquerettes. La chaleur déjà grande était tempérée par un vent très frais et par l'ombre des arbres. Une petite habitation coquette se dessinait au travers des branches ; elle se dirigea de ce côté.

Un perron couvert de fleurs de toutes sortes la conduisit à un vestibule. Devant elle trois portes étaient ouvertes, mais personne ne se présenta. C'était le palais de la *Belle au bois dormant.* Elle visita un salon, un boudoir, une chambre à coucher, tout cela d'un goût admirable et d'une élégance suprême. Une table était dressée sous une tonnelle, servant de salle à manger; des jasmins, des clématites, des plantes grimpantes de diverses espèces lui formaient un ombrage impénétrable.

Évidemment elle était attendue; mais comptait-on la laisser seule? Quoiqu'elle se sentît très heureuse, elle n'en fut pas moins très piquée dans le premier moment.

Bientôt, une porte s'ouvrit, et René parut. Il s'approcha d'elle comme un maître de maison empressé et rien de plus; il lui baisa la main, lui demanda si elle était fatiguée, si elle n'avait besoin de rien, et s'il lui plaisait de déjeuner, lorsqu'elle aurait fait sa toilette. Elle le regarda étonnée à ce mot.

Il la pria de le suivre, souleva une portière près du lit dans la chambre et lui montra, dans un cabinet ravissant, un costume complet de campagne, en même temps leste, gracieux et commode.

— Je sais que vous aimez vos aises, ajouta-t-il en souriant, et qu'aux champs vous ne portez pas les parures de la ville.

Il la laissa seule, et lorsqu'elle eut essayé ce délicieux vêtement, qui lui seyait à ravir et semblait avoir été fait pour elle, — tout ceci lui semblait un rêve, — elle se demandait comment la pièce finirait.

L'amphytrion, après le temps voulu pour qu'elle fut prête, frappa discrètement, lui annonça qu'elle était servie, et lorsqu'elle lui eut répondu, il lui offrit le bras pour la conduire. Un déjeuner exquis, complètement selon les goûts de l'invitée, l'attendait sous la tonnelle. Ils s'assirent en face l'un de l'autre et la conversation s'engagea comme s'ils eussent été chez elle, au coin de son feu. Ils eurent un esprit charmant.

Le repas fut long, et quand ils eurent bien savouré les liqueurs de Mme Amphoux, il lui demanda si elle désirait connaître le petit domaine où elle jouait le rôle de *Reine d'un jour*. Ils errèrent deux heures dans des allées, si bien dessinées, que ce petit enclos semblait un parc; il y avait des fabriques, un petit lac en miniature, un bois en miniature aussi et rien ne pouvait être plus charmant.

— Oh! le joli bijou, répétait-elle.

Il ne répondait que par des phrases évasives; la

curiosité de Marie ne fut pas satisfaite. Elle eut voulu savoir si cette maison lui appartenait, ou s'il l'avait louée. Il fut muet.

Après la promenade, ils rentrèrent au salon; sur le piano étaient les romances d'hier, les morceaux des opéras de demain. Sur la table, tous les livres nouveaux, puis des crayons, du papier, une boîte d'aquarelles, un métier où était commencé un bouquet de lys et de jasmin de Virginie, deux des fleurs favorites de Marie.

— Voulez-vous vous reposer? voulez-vous vous occuper à ces niaiseries ou bien faire de la musique? Je vous lirai un de ces volumes : choisissez.

Elle le regardait avec un étonnement profond. Tout avait été calculé pour lui être agréable, avec une minutie de détails qui indiquait une étude bien saisie de ses goûts. Elle en fut touchée et eut la tentation de l'en remercier : une pensée la retint. Comment interpréterait-il ce remerciement?

La journée se passa ainsi fort agréablement jusqu'au dîner. Il fut servi, non pas sous la tonnelle, mais dans une salle à manger des plus confortables, toujours de la même façon, par un coup de baguette. Rien n'y était épargné; il fut plus délicat encore que le repas du matin. René déploya la quintessence de la galanterie, de l'amabilité, mais il ne montra pas la plus légère prétention; et l'on n'aurait pu rien reprendre.

Après le dîner, vint une soirée délicieuse, une de ces tièdes soirées qui portent à la rêverie et au sentiment, surtout une femme aussi accessible que Marie aux jouissances de la nature. Elle rêva sans doute, mais ses rêves ne prirent pas de corps, et sa tête demeura aussi calme que son cœur; son esprit seul était intéressé dans cette aventure, dont elle craignait encore de ne pas sortir saine et sauve.

Ils causèrent de tout, excepté de ce qui pouvait les ramener au point d'où ils étaient partis. Quand minuit vint, René lui demanda si elle avait envie de dormir. Sa chambre était prête, elle pouvait s'y rendre en toute sûreté, elle y dormirait tout aussi tranquille que dans sa chambre de la rue de la Paix.

Elle fut bien plus étonnée encore, mais bien contente. Certaines femmes qui connaissent ce fait prétendent qu'au fond, elle devait être blessée de ce respect qui ressemblait à du dédain. Je ne suis pas de leur avis et, il me semble qu'en pareil cas, j'eusse été vivement reconnaissante. La nuit fut tout ce qu'il avait promis. Elle se leva de bonne heure, et n'entendit parler de son hôte que quand le déjeuner fut annoncé : il ne restait plus qu'une heure sur les vingt-quatre.

Ils se revirent comme des gens satisfaits. Il l'était beaucoup de lui-même ; c'était se conduire comme Scipion, car la dame en valait la peine, et elle n'avait rien à dire, puisqu'elle avait consenti à venir chez lui.

A onze heures sonnantes, il se leva et la salua profondément.

— Vous êtes libre, madame, lui dit-il, la voiture va vous reconduire. Si vous désirez rester, vous me ferez honneur et plaisir ; cette maison est à vous.

— Mais.....

Elle était très embarrassée ; elle eût voulu remercier cet homme dont la générosité avait réparé sa folie. Elle n'osait pas ; elle craignait également de passer pour une ingrate, en se taisant ; il le comprit sans doute :

— Permettez-moi un seul mot d'explication, ajouta-t-il. Je voulais obtenir de vous une preuve spéciale de cette amitié, à laquelle je ne croyais pas ; vous me l'avez donnée, je n'ai rien à demander de plus. Vous ne me croyez pas capable d'abuser d'une promesse étourdiment donnée, j'espère. J'ai tâché de vous montrer ce que je puis être pour une femme aimée, non pas dans le but de vous séduire, mais pour ne vous laisser aucun doute sur la sincérité de mes sentiments. Maintenant, il ne me reste plus qu'à remplir aussi strictement mon engagement que vous avez rempli le vôtre; c'est ici le dernier mot échangé entre nous à cet égard.

Il lui baisa la main au départ, comme il l'avait fait à l'arrivée : les chevaux l'emportèrent, ce fut tout.

René revint le soir à son heure habituelle, et ceux qui le rencontrèrent chez Marie n'eussent jamais pu croire, depuis ce jour-là, qu'il avait tenu en sa puissance la jeune femme que tant d'autres adoraient, et qu'il l'avait laissée libre d'elle-même.

Peut-être une âme plus compatissante l'en eût-elle récompensé. Celle-là ne le fit pas, mais elle n'oublia pas ce qu'elle lui devait; à présent qu'ils sont vieux l'un et l'autre, elle s'en souvient encore; nous en parlions il n'y a pas huit jours, lorsqu'elle m'autorisait à raconter l'histoire.

Il est incroyable combien le même fait peut avoir une physionomie et des résultats différents, suivant les caractères et les positions.

Une autre femme connut cette aventure à l'époque où elle se passa. Elle la trouva piquante et voulut l'imiter. Elle s'adressa à un homme d'esprit et de cœur pourtant, mais qui ne sut pas jouer son rôle aussi bien que l'autre. La fortune ne lui permettait pas les magnificences que j'ai décrites; il fit de son mieux, mais il usa du droit qu'on lui avait donné et ne parvint pas à toucher un cœur qui ne lui appartenait pas. Il resta entre *elle* et lui une grande froideur, une gêne que rien ne put vaincre.

Non seulement l'amour ne put naître, mais l'amitié s'altéra. Ils se virent de moins en moins et finirent par ne plus se rencontrer du tout. La femme garda rancune à celui qui n'avait pas su lui rendre son libre arbitre; l'homme ne put être reconnaissant, car elle ne s'était pas donnée. A présent ils sont loin l'un de l'autre, et cette ancienne affection, consolation si vraie dans les vieux jours, n'existe plus.

Tant il y a que, dans la vie, le savoir-faire est toujours précieux. L'esprit doit servir à nous guider dans toutes les circonstances, mais particulièrement lorsque nous sortons de la ligne ordinaire des événements.

Il est inouï, au contraire, combien l'esprit nous sert à faire des sottises, parce que nous ne savons pas le diriger. Voyez plutôt cette femme qui se livre pieds et poings liés, alors que son devoir, son cœur, ses principes et ses idées l'entraînent loin de lui.

CHAPITRE IX

La politique de 1833. — Les duels. — Armand Carrel et M. Laborie. — Les emprisonnés. — Procès de presse. — Visites domiciliaires. — Ce qui se passe dans une famille. — Un faux royaliste. — Le magistrat. — Déshonneur. — Une maîtresse dépouillée. — Un père. — Douleur jusqu'à la mort. — Une mémoire réhabilitée. — Vengeance terrible. — Comment le monde juge.

La politique occupa beaucoup la fin de l'année 1832 et le commencement de 1833. J'ai parlé un peu prématurément de la grossesse, de l'accouchement et du mariage de madame la duchesse de Berry ; tout cela n'éclata que vers cette époque. J'ai dit l'effet produit dans le monde et ce qui en résulta de scissions et de querelles.

Je n'ai parlé que légèrement des duels, qui firent pourtant une grande sensation, parce qu'ils ressemblaient à une sorte de tournois en champ clos. On s'inscrivait pour et contre dans les bureaux des journaux légitimistes et républicains ; le juste milieu resta muet. A la place des deux partis, je m'en serais prise à lui d'abord, car il était la première cause de ce qui arrivait.

Le duel d'Armand Carrel avec M. Laborie faillit avoir des conséquences fâcheuses ; ils furent blessés tous les deux, Carrel très grièvement. A la suite de cela, arrivèrent des arrestations très nombreuses ; les carlistes surtout furent impitoyablement saisis. Les prisons étaient pleines ; ils tenaient à honneur d'être désignés : ceux qui restaient libres se battaient ; on n'entendait parler que de rencontres ; ce fut le dernier soupir de la chevalerie en France.

On s'envoyait des cartels comme des cartes de visite ; ce fut un échange quotidien de coups d'épée pendant plus d'un mois ; chaque famille tremblait pour les siens. Carrel était estimé, même du parti légitimiste, c'est-à-dire de la partie militante ; car, pour les salons, ils englobaient tous les révolutionnaires dans la même proscription. Sa blessure mit plus que jamais le feu aux poudres ; tout son parti se leva pour le venger. Quant aux légitimistes, quant aux rédacteurs du *Revenant* surtout, ils n'étaient plus libres ; le journal parut en blanc faute de rédacteurs.

Remarquez bien que, trois ans avant, on avait fait une révolution, chassé une dynastie qui tenait aux entrailles même de la France, sous prétexte que la France était muselée. Remarquez que les plus pressés étaient ceux qui défendaient une femme, la propre nièce du roi régnant : vous aurez la mesure de la rationalité des choses en ce temps-là.

On faisait fort joliment des visites domiciliaires, lorsqu'on vous suspectait de cacher un Vendéen ou un des jeunes champions de la princesse ; et l'on fouillait partout, je vous l'assure. Je me trouvai une fois dans une maison au moment d'une catastrophe qui ferait bien un drame, et dont je me suis servie, je l'avoue, quelque peu pour un roman.

Je puis raconter la chose telle qu'elle est maintenant ; ceux que cela pourrait atteindre ou affliger sont morts ; le seul qui reste ne mérite ni pitié ni merci.

Je n'oublierai jamais ce jour. Il y avait un grand bal le soir, bien que l'hiver fût fort triste, à cause de toutes ces préoccupations. J'allais le matin m'informer si une jeune femme, de mes amies, voudrait y venir avec moi. Elle demeurait avec ses parents ; son mari était absent depuis plusieurs mois, pour des intérêts en province. Elle avait son frère, très joli garçon, assez spirituel, mais aussi peu sympathique que possible. Il était fort royaliste, très mauvaise tête ; seulement il ne se battait jamais en France ; par prudence, il allait à l'étranger vider ses querelles, afin de ne pas éveiller les susceptibilités de la police et d'être maître de ses mouvements.

Depuis toutes ces dernières aventures, il était sans cesse en course, se disait affilié aux sociétés de notre parti et conspirateur au premier chef. Ses parents et lui n'étaient pas riches, mais ils appartenaient au meilleur monde et ils étaient nobles comme le roi. On lui donnait pour maîtresse une créole, assez inconnue comme antécédents, possédant, assurait-on, les mines du Pactole et très disposée à l'épouser, s'il en avait envie. Il paraît qu'il n'y songeait pas.

Des bruits assez défavorables à sa réputation avaient couru. Il faisait une dépense au-dessus de ses moyens ; on assurait que cette femme lui venait en aide, et qu'il acceptait d'elle plus que des cadeaux.

Ce jour dont je parle, je trouvai la famille consternée, entourant le fauteuil du père, assis au coin du feu ; le jeune homme seul manquait. Il ne fut pas question de bal, vous le supposez bien. On me raconta que la police était venue la veille, afin d'arrêter le conspirateur ; elle avait fait une minutieuse recherche ; il était absent, Dieu merci, et depuis lors, on l'avait fait cacher en lieu sûr. On avait des raisons de croire que les agents ne se tenaient pas pour battus, que non seulement ils reviendraient, mais qu'ils avaient établi des traquenards partout où on supposait qu'il se rendrait, et que, étourdi comme un hanneton, brave jusqu'à la témérité, il était impossible qu'il ne se fît pas prendre.

Le pauvre vieillard, idolâtre de ce fils, versait des larmes et se croyait appelé à le voir mourir ;

c'était le dernier de son nom et, certes, il appartenait au roi ; pourtant c'était bien déplorable de survivre à sa race et de vivre lorsqu'elle n'était plus.

Je comprenais cette douleur et je l'admirais ; elle me rappelait les temps antiques. Je n'essayai pas de le consoler, c'était impossible ; j'écoutai ses plaintes touchantes sans les interrompre. Un domestique entra ; depuis quelques instants, on entendait du bruit dans la pièce voisine. Il annonça à son maître un magistrat qui voulait absolument lui parler, malgré la consigne donnée. Il venait de la part de M. le procureur du roi. Cette demande était un ordre, nul ne peut se soustraire à la loi. Le magistrat entra presque aussitôt. La mère, la fille et moi, nous nous levâmes pour sortir ; il nous arrêta en nous priant de rester.

— Monsieur aura probablement bientôt besoin de vos soins, ajouta-t-il, mesdames ; vous êtes de la famille et l'on peut parler devant vous, je pense.

Nous reprîmes nos places ; un interrogatoire plein de mesure, plein de ménagements, commença. Nous étions à cent lieues de la vérité, et le chef de famille encore plus que nous. Le juge nous supplia de ne lui rien cacher ; il était de la plus grande importance qu'il connût toute la situation. La sincérité éviterait de grands maux, et si on jouait au fin avec lui, on tomberait dans un épouvantable abîme.

Personne ne comprenait : la lumière commença à poindre pour la sœur et pour moi, lorsqu'on prononça le nom de la créole. Les parents ne furent point éclairés encore et répondirent naïvement qu'il était question de mariage entre leur fils et cette dame, et qu'ils ne voyaient rien de criminel à cela.

Le magistrat demanda la permission de visiter le secrétaire du fils, en ajoutant qu'il pourrait commander et qu'il demandait seulement. La jeune femme et moi, nous le conduisîmes à la chambre de l'absent, et là je vis comment la justice procède. Il ne resta pas un papier à voir, pas un coin à explorer. Il saisit dans un tiroir des reconnaissances du mont-de-piété, des lettres, examinant tout et mit les scellés sur ce qu'il laissait; ses gens, restés dans l'antichambre, l'aidèrent dans ces différentes opérations; il en avait dérobé la vue aux parents, par une délicatesse dont on ne pouvait que lui savoir gré.

Il emporta les lettres et les papiers auprès du père qui l'attendait avec une anxiété vive.

— Monsieur, dit-il, voilà ce que je cherchais principalement; c'est la preuve d'un crime qu'il faut bien vous révéler. Rassemblez tout votre courage : vous allez recevoir un coup affreux, le plus affreux de tous, pour un père tel que vous. Il m'est bien pénible, je vous assure, d'être obligé de vous désabuser; la nécessité m'y contraint. Vous croyez votre fils poursuivi pour délit politique, il n'en est rien : il est poursuivi pour vol.

La foudre tombant sur ces trois têtes n'aurait pas produit un effet plus désastreux. Pourtant le père ne répondit pas un mot; il devint pâle comme un spectre et ferma les yeux; la mère et la sœur étaient atterrées. Il y eut un moment de silence, puis le vieillard reprit :

— C'est impossible!...

— Vous allez savoir combien vous êtes trompé sur toutes choses, monsieur.

Cet épouvantable garçon avait abusé de la confiance de sa maîtresse. A force de ruse et d'hypocrisie, il avait acquis la certitude qu'elle ne pouvait pas l'épouser; elle avait déjà un mari, mais elle ne l'avouait point, il était de trop sans doute. Sa fortune lui venait d'un amant qu'elle avait suivi en Amérique, où il était mort lui laissant tout ce qu'il possédait; de là, la qualité de créole qu'on lui donnait, et à laquelle elle n'avait d'autres droits que cet héritage.

Une fois sûr que les trésors ne pouvaient être légitimement à lui, il les exploita sans mesure et sans vergogne. Non seulement il se fit donner, mais il prit.

Il vola plusieurs fois des joyaux de prix et les engagea au mont-de-piété. Quelques jours après, ce fut un diamant d'une valeur très grande, et, en même temps, la dame acquit la certitude qu'elle était trompée. Sa colère l'emporta sur la tendresse; elle le dénonça, et avec des détails si précis, que la culpabilité ne put rester douteuse.

La police, enchantée de trouver un carliste coupable d'une telle faute, ne prit aucun repos qu'elle n'eût tous ces renseignements. Elle sut qu'il était méprisé de son parti, qu'on ne lui révélait aucun des secrets, que tous ses duels étaient des fables, et qu'enfin il ne méritait et n'obtenait aucune estime, aucune considération.

Il était encore soupçonné d'un vol de papiers chez un de ses amis, dont il avait voulu faire *chanter* la famille. C'était enfin un réceptacle de vices, de bassesses, d'infamies à faire lever le cœur.

Je renonce à vous dépeindre ce père et cette mère. Le juge ne put en tirer une parole. Il eut pitié de ces malheureux, et se retira, en leur recommandant la résignation et la patience.

A peine avait-il fermé la porte que le vieillard se leva; il s'en alla droit à sa chambre et prit son chapeau. Sa fille l'avait suivi, en essayant de lui faire dire où il allait. Je tâchais d'apaiser la mère, dont les imprécations ne cessaient pas. Son mari s'approcha d'elle, lui prit la main et lui dit :

— Rassurez-vous, madame, je vais le tuer.

Je ne puis oublier l'air et le ton dont ces mots furent prononcés. Il était certain que cet homme d'honneur en avait la volonté.

La mère fut rappelée à la tendresse par cette horrible menace. Elle se jeta au-devant de son mari, pour l'empêcher de sortir. Il tremblait d'une manière effrayante; il eût été hors d'état de faire trois pas.

— Eh bien! dit-il, c'est moi qui mourrai; je ne puis vivre pour voir cela.

La mère reprit son sang-froid. Elle pensa qu'il fallait sauver son fils du déshonneur et de la prison. Elle me pria d'aller le voir dans la maison où il se cachait, pour savoir de lui ses moyens d'évasion — il devait en avoir — et de tout mettre en œuvre pour qu'il s'échappât.

J'y courus et je revins l'âme pleine de dégoût; ce misérable n'avait ni remords, ni regrets. Il avait eu le courage de plaisanter et de narguer la justice. Il m'assura ne vouloir pas fuir et prétendit que, nulle part, il ne serait aussi bien caché qu'où il était.

Soit qu'on eût pitié de ses parents, soit qu'en effet, on ne put le découvrir, il ne fut pas arrêté. Le procès eut lieu, avec aussi peu de retentissement que possible; on défendit aux journaux de parler, et cela s'oublia. Du reste, peu de gens en eurent connaissance.

En deux ans de temps, la famille disparut; le père ne survécut pas à cette horrible découverte; la mère non plus; ni l'un ni l'autre n'ont revu leur fils, qui passa à l'étranger.

J'ai promis de ne pas trahir le secret de cette aventure, et je ne donnerai pas la plus légère indication, non pas à cause de celui qui existe, mais pour ceux qui ne sont plus.

CHAPITRE X

Lucrèce Borgia. — Georges. — Frédérick-Lemaître. — Mlle Juliette. — Mlle Ida. — *De profundis !* — Les salons tristes. — Procès de Châteaubriand. — Berryer. — Procès de presse. — La mode. — Alfred Dufougerais. — *Mais c'est autre chose*. — Mariage de M. Thiers. — Un mot sur lui. — M. Antoine de la Tour. — Mort d'Hérold. — Ses œuvres. — Cholet. — Mme Casimir. — Mme Dorus. — Le bal de l'Opéra. — *La fosse aux lions*. — Une aventure de Gavarni. — Intrigue et indiscrétion. — Vers de Gavarni. — Les albums. — Vers de Dumas. — Les anges. — Vers d'Henri IV. — Vers de Jules de Saint-Félix.

Nous eûmes, vers ce temps, *Lucrèce Borgia*, où Georges était magnifique. Frédérick-Lemaître jouait ce Gennaro dont la duchesse de Ferrare était affolée. Il n'avait pas l'air jeune, je crois l'avoir déjà dit; jamais on n'eût pu le prendre pour ce garçon de vingt ans, sans expérience et débutant à peine dans la vie, que le drame nous représentait. Il n'était pas vieux pourtant, et ni la voix, ni les allures ne l'étaient; d'où cela venait-il? Je ne sais, mais c'est un fait qui fut fort remarqué.

Le rôle de la princesse Négroni fut un des derniers de cette belle Juliette, cette femme si élégante, si jolie, si peu comédienne et qui faisait tant de bruit alors. Elle n'avait qu'à paraître sur la scène pendant le souper avant les cercueils. Elle était adorable de figure, de taille, de toilette et de grâce.

On la vit encore sous les traits de la jeune fille, dans cette pièce de *Marie Tudor*, si sombre et si magnifiquement écrite. Elle ne joua qu'une fois et compromit le succès. Il fallut la remplacer. Mlle Ida apprit le rôle en vingt-quatre heures, et ce fut un de ses meilleurs.

Dans ces deux ouvrages, Victor Hugo abusa peut-être des tombes et des draps mortuaires. Nous en eûmes tous des peurs effroyables. Je sais des femmes qui n'en ont pas dormi de trois jours, se croyant toujours entourées de cierges et ayant le *De Profundis* dans les oreilles. Ce sont des moyens à peu près certains de réussir, mais qui eussent bien dû rester à planer dans le ciel.

Les salons s'ouvrirent bien peu; on ne dansa guère. On se réunissait en petit comité pour causer des affaires politiques, de Madame particulièrement, car c'était là l'unique occupation des esprits dans le haut monde. Il y avait des discussions à s'égorger. Les défenseurs et surtout les *défendeurs* étaient rares. On l'accusait souvent avec une aigreur qui révélait des espérances déçues et un parfait égoïsme.

Il est très certain que sa malheureuse aventure a plus fait de tort, de cent façons, à la cause royale que toutes les attaques dirigées contre elle.

On se préoccupait beaucoup aussi du procès de M. de Chateaubriand, à propos de cette magnifique brochure, si répandue, et dont les derniers mots étaient :

— « Madame, votre fils est mon roi ! »

Il fut acquitté et ramené chez lui par une foule en habits noirs, qui l'eût volontiers porté en triomphe s'il l'eût souffert. Berryer l'avait défendu avec une éloquence qu'il a souvent retrouvée en pareil cas, mais qui, cette fois, s'inspira de la gravité de la cause et de la grandeur de son client.

Il faut le dire à la louange de la magistrature, elle se laissait peu influencer. On évoquait devant elle des accusés de délits de presse, souvent très flagrants : elle ne condamnait pas. La *Mode* entre autres était, envers le pouvoir, d'une insolence que rien ne peut rendre. Elle eut des amendes très fortes; son gérant, le pauvre M. Voillet, auquel on avait ajouté le nom de Saint-Philbert, pour lui donner un air aristocratique, habitait plus la prison que sa chambre. Pourtant, elle ne fut pas aussi éprouvée qu'elle le méritait au point de vue du gouvernement.

Le directeur était alors M. Alfred Dufougerais, que j'ai bien connu depuis. Il a infiniment d'esprit, et un de ces esprits incisifs, sardoniques, admirablement adapté à son double rôle d'avocat et de rédacteur en chef d'une feuille telle que celle-là. Il est de parfaitement bonne compagnie et charmant dans le commerce du monde. Il avait alors un pied dans la société et un autre dans la vie de la jeunesse nouvelle. Il vivait dans ce cercle de gens de cœur, qui firent tant parler d'eux, pendant les premières années de la monarchie citoyenne et même depuis.

Il est à remarquer que les personnages les plus attaqués par le journalisme, et ceux qui le firent punir le plus sévèrement, furent justement ces mêmes journalistes qui étaient si fort révoltés, en 1830, de la répression de la presse. Ils apprenaient à leurs dépens combien il est difficile de gouverner avec des censeurs qui ne vous laissent pas la moindre liberté d'action, qui épiloguent vos moindres démarches, et qui vous prêtent souvent des intentions que vous n'avez pas.

On trouve continuellement à appliquer le mot si vrai de Danville, dans l'*Ecole des vieillards* :

« Mais moi, c'est autre chose ! »

C'est toujours autre chose, en effet, quand cela nous regarde personnellement. Ils voulaient bien attaquer ceux qu'ils considéraient comme des ennemis; ils les jetaient à bas d'un trône dont la base touchait aux fondations, même de la France et de la société, parce qu'ils annonçaient l'intention de ne pas le souffrir. Ils arrivaient au pouvoir à leur tour, et n'entendaient pas qu'on leur rendît la pareille.

C'est au mois de février que le *Moniteur* annonça le mariage de Mme la duchesse de Berry. Je ne saurais rendre l'effet que produisit cette malheureuse déclaration ; beaucoup n'y croyaient pas, même après l'avoir lue.

Je n'en veux plus parler. Mais j'ai dû le faire avec détails, car cet événement caractérise surtout la physionomie de l'époque.

Le mariage de M. Thiers avec Mlle Dosne eut lieu cette année-là. On en causa fort. Elle était très riche et très jolie ; en trois ans, il était parvenu aux honneurs, à la fortune : il arrivait au bonheur ; c'était lui faire une large part dans les faveurs du ciel. Je ne les lui reproche pas ; il les a méritées par son talent et par son caractère. Je fais ici toute abstraction de parti ; ma préoccupation constante est d'être juste, et de ne pas me laisser influencer par des aspirations personnelles ou par des considérations d'amitié.

Certes, je ne jugeai pas M. Thiers dans ma jeunesse comme je le juge aujourd'hui. Je réfléchis, je pense sérieusement, et j'apprécie comme je dois le faire un historien éminent, un jurisconsulte de premier ordre, un orateur merveilleux. Quant à l'homme, je sais qu'il est bon ; plus il s'est élevé dans sa position, et plus il s'en est rendu digne. Certes, il n'a ni les opinions, ni les principes que je lui voudrais ; mais cela n'ôte rien à sa valeur et à son mérite.

Je fis connaissance, à peu près à cette époque, avec un homme de la nouvelle cour, qui devint bientôt mon ami et dont le souvenir m'est toujours précieux, M. Antoine de la Tour[1]. Il était précepteur de M. le duc

---

1. Antoine Tenant de Latour, fils d'un ancien garde du corps, était né en 1808. Outre sa traduction de Silvio Pellico, on lui

de Montpensier, le dernier des fils de Louis-Philippe ; il est à présent secrétaire des commandements de ce même prince, et il habite Séville avec lui.

Très jeune encore, il avait obtenu cette place distinguée, parce qu'il en avait été reconnu hautement capable de la remplir. Blond, d'une figure douce et avenante, il était aussi sympathique qu'on peut l'être ; simple, un peu timide même, il avait toute la grâce de l'esprit et celle du cœur. Il fut très connu d'abord par la traduction des mémoires de Sylvio Pellico, que l'on s'arracha ; c'est la meilleure et la mieux faite. Depuis, il a écrit plusieurs autres livres remarquables, sur l'Espagne entre autres.

Il est aussi essentiellement poète. Que de vers délicieux il a faits ! Non seulement ceux qu'il a publiés, mais les inédits. Il fut tout de suite adopté par la pléiade dont Brizeux était le chef. Ce temps était si bien tout entier à la poésie et à l'exaltation des sentiments ! Oh ! comme cette jeunesse ressemblait peu à celle d'à présent. Je ne saurais trop le répéter, entre ces années-là et celles qui courent, il y a un siècle écoulé. Les changements de mœurs sont tels, que l'on ne peut croire qu'ils se soient opérés si vite. En fermant les yeux, on s'imagine être d'un autre monde et on ne se reconnaît plus dans celui-ci.

M. de la Tour est un de ces hommes rares qui restent inscrits sur les bonnes pages de la vie. Il est impossible qu'on soit malheureux, lorsqu'on est si sympathique : on doit l'être aussi au bonheur.

Hérold mourut ; ce fut un des événements de cette année, si triste déjà. Je ne sais pourquoi je n'ai rien dit de son charmant opéra de *Zampa*, où Cholet eut un succès si bien mérité ; du *Pré-aux-Clercs*, dans lequel il fut remplacé par ce même Thénard, dont j'ai

---

doit d'importants travaux historiques et *la Relation du voyage en Orient de S. A. R. M. le duc de Montpensier*. Ses poésies complètes en 2 volumes ont été éditées en 1841.

parlé à propos des *Nouveautés,* ce qui n'était pas tout à fait la même chose. Cellardi-Casimir, celle qui est encore à l'Opéra-Comique, avait une voix et un talent délicieux. Elle joua les deux rôles de Camille et d'Isabelle. Il arriva que, dans la vogue du *Pré-aux-Clercs,* elle fut indisposée. L'Opéra prêta Mme Dorus ; elles furent très applaudies toutes deux, sans se faire du tort, néanmoins.

Pour se dédommager des salons fermés ou à peu près, on alla beaucoup au bal de l'Opéra. Depuis la révolution de Juillet, il avait subi une métamorphose complète, mais il n'était pas ce qu'il est devenu. Les masques y entraient en foule ; ils se tenaient presque tous dans la salle, où l'amour de la danse les attirait ; le foyer et les corridors étaient habitables, et les dominos s'y réfugiaient ; on y intriguait encore fort agréablement et la cohue n'y pressait pas trop.

Ce fut quelques années plus tard que les Pierrots et tous les *chienlits* s'emparèrent de la salle entière. La fameuse *fosse aux lions,* où il se passait Dieu sait quoi ! n'était pas encore inventée. Cette fosse aux lions était un certain espace sombre, de chaque côté du tambour construit dans le corridor pour faire un salon aux trois loges de la famille royale. On n'y voyait pour ainsi dire pas, dans ces antres, et ces messieurs employaient toute leur rhétorique pour y conduire les inconnues ou les connues qui s'adressaient à eux.

En 1833, il n'était pas encore question de cela. Il s'y passa à ma connaissance deux très jolis romans, dont les héros furent un artiste bien connu et un poète, qui l'est moins, malgré son mérite, et qui ne veut pas être nommé.

L'artiste, c'est Gavarni ; il est inutile d'ajouter ici un éloge : ce nom dit tout.

Le Gavarni de cette bienheureuse année de grâce n'était pas celui d'aujourd'hui. Il n'avait pas sa barbe, et la barbe l'a singulièrement embelli. Sa réputation, déjà très grande, n'était pas encore à son apogée, pourtant. Un peu bohème, très empressé auprès des femmes, spirituel comme ses dessins, il était également plein de cœur et d'une bonté bien connue de ses amis.

Il fut présenté par l'un d'eux à une femme de la société, jeune et coquette, fort entourée d'adorateurs, et que beaucoup de gens trouvaient jolie, bien qu'elle ne le fût pas, dont l'esprit n'était pas douteux, et l'est devenu encore moins aujourd'hui.

Il allait chez elle fréquemment. Elle s'occupait de peinture; et même il y eut une certaine histoire d'un maître par intérim qu'il lui avait adressé, histoire qui ne peut pas être racontée; c'est grand dommage, car elle est bien drôle.

Cette dame allait peu au bal de l'Opéra; il lui prit cependant un soir l'envie de s'y rendre avec son mari et deux hommes de sa connaissance. Le bal masqué produit d'abord un singulier effet, il ennuie et il intimide ceux et surtout celles qui n'en ont pas l'habitude. On ne sait que dire, on est embarrassé de tout, on se figure que tout le monde vous regarde et vous connaît, on est blessé des façons libres de ceux qu'on rencontre, sans songer qu'ils ne savent pas à qui ils parlent.

Cette baronne — prenons-la pour telle — se promenait au bras d'un de ses chevaliers et n'osait pas s'adresser à un autre. Ils avaient essayé de s'approcher des gens de sa connaissance; le courage lui avait manqué. Enfin, l'ami s'impatienta.

— J'en suis désolé, dit-il, et vous me pardonnerez de vous avouer que j'ai un rendez-vous et que je ne puis vous consacrer toute ma nuit. Je vous cède au premier homme qui passe qui vous conviendra, pour patito. En voilà un justement, vous ne sauriez rencontrer mieux. Il ne vous reconnaîtra peut-être pas; il est si loin de vous supposer en ce lieu de perdition! Vous vous amuserez beaucoup.

Elle consentit un peu malgré elle. Le speech fut

fait par le cavalier que Gavarni n'avait jamais vu chez elle. Puis, il les quitta.

Par un singulier hasard, elle avait été, à l'insu du peintre lui-même, visiter son atelier. Elle avait parcouru son appartement en son absence et joué un peu la première scène de *Diane de Lys*, avec l'amie qui l'avait introduite. Toutes les deux, jeunes et curieuses, avaient fureté partout; elles avaient appris la couleur de sa robe de chambre et celle de ses pantoufles, et mille petits détails d'intérieur qu'une habituée seule pouvait soupçonner.

Après les premiers moments de *bêtise* passés, la baronne se remit et se décida à tirer parti de la position. Elle vit très bien qu'il ne se doutait pas de la vérité et fut enhardie. Elle débuta par le coup de foudre de la robe de chambre et des pantoufles d'un certain Faune, placé dans la chambre à coucher, chargé de porter le bonnet grec, et de plusieurs autres drôleries de ce genre. Elle parvint à lui faire croire qu'elle était une ancienne déesse à lui.

Il s'amusa à faire des comparaisons.

Ce ne pouvait pas être celle-là : elle était trop grande; celle-ci encore moins : elle était trop mince. L'une avait le pied trop grand; l'autre, la main trop petite; enfin rien ne ressemblait, dans ses souvenirs, au modèle de grâce et de charme qu'il avait devant les yeux.

Elle raconta une superbe histoire. La timidité était passée; elle fut étincelante, et lui merveilleux. La nuit entière se passa si vite qu'ils ne s'en aperçurent pas, et qu'il fallut presque des sommations pour qu'ils se décidassent à se séparer.

Il n'y eut de part et d'autre, rien qu'un plaisir d'esprit très vif et très complet. En se quittant ils se promirent, non seulement de se revoir, mais de s'écrire; la dame donna l'adresse d'un capitaine de grenadiers de ses amis, dont elle fit une demoiselle; elle ne se crut pas reconnue et elle triompha.

Le lendemain, un domestique lui apporta des vers.

Ils prouvèrent au domino qu'il avait été deviné, beaucoup plus qu'il ne le supposait.

> A la tiède vapeur du moka matinal,
> A ce soleil d'hiver dont les doux rayons brillent,
> Aux follets de mon feu qui dansent et scintillent,
>   Comme les aigrettes d'un bal,
>
> Oh! madame, il revient à ma folle pensée
> Une folle chimère, incroyable bonheur,
> Qui m'éveille et s'enfuit; une audace, une erreur,
>   Un songe de la nuit passée.
>
> C'était dans une foule, où des airs d'opéras
> Tournoyaient en spirale et mêlaient leurs magies
> A l'éclat emprunté d'un palais de bougies.
>   Une voix me parlait tout bas.
>
> On me prêchait l'amour; ce que disait l'apôtre,
> Je n'osais le penser. Ce tendre capucin
> Me voilait, en fermant sa barbe de satin,
>   Une voix qui semblait la vôtre.
>
> Mes rideaux protégeaient ce mensonge si doux :
> J'ai pu, jusqu'au matin, le garder en mon âme;
> Mais à présent, hélas! il fait trop jour, madame,
>   Pour croire encor que c'était vous!

Ces vers sont charmants. Ils plurent beaucoup à la jeune femme; mais elle ne voulait les accepter que comme une fantaisie. Elle remercia de cette jolie pièce, qu'elle regardait comme l'exécution d'une promesse faite pour son album [1].

Les albums étaient dans toute leur gloire. Chacune de nous en possédait bien deux ou trois; c'était une mode au moins aussi suivie que la photographie aujourd'hui. Il n'était pas d'homme ou de femme, un peu connus, qui ne fussent assassinés de demandes à cet égard. On mettait de l'amour-propre à ces collections.

---

1. Cf. *Souvenirs anecdotiques sur le premier Empire et les Cent Jours*, préface, p. p. XV — XVII.

Quelques-unes des victimes avaient adopté une scie, qu'ils plaçaient sur tous les livres de velours ou de marocain qu'on leur présentait. Dumas avait ceci :

> Que cherches-tu sur cette terre étrange,
> Esprit du ciel, perdu dans nos chemins ?
> Ne crains-tu pas de blesser tes pieds d'ange,
> Aux durs cailloux de nos sentiers humains ?
> Ne crains-tu pas qu'un parfum ne dévoile
> Ton origine à ceux qui te verront,
> Ou que le vent qui soulève ton voile
> Ne fasse luire une étoile à ton front ?

J'ai connu sept ou huit femmes qui se croyaient *des pieds d'ange* et *des étoiles au front*, pour avoir eu ces verts écrits de la main du Grand homme dans leur album. Elles prenaient des airs modestes, en disant qu'ils avaient été faits pour elles. Dieu, si Dumas y avait pensé, s'il les connaissait même !

Mais on était si fière d'être un séraphin ; on se mirait avec ses ailes et sa longue robe de lin ; si l'on avait osé, on se serait fait peindre ainsi.

Les anges sont passés de mode, m'assure-t-on. Tant mieux ! c'était un rôle difficile à soutenir. Il demandait des études suivies ; il fallait s'imposer beaucoup de sacrifices, s'interdire des jouissances très enviées, et surtout se priver de nourriture substantielle. Un ange ne devait pas être gras. La première condition était une taille diaphane, une pâleur maladive, des yeux cerclés de noir et quelque tendance à mourir de la poitrine, afin de rejoindre plus tôt le ciel.

Ces anges-là étaient adorés, en vers surtout. On avait dans quelque coin bien caché une simple mortelle qu'on aimait en prose, et qui se riait des vols aériens de sa rivale. Là, on déposait ses ailes d'emprunt au vestiaire, et l'on devenait un joyeux garçon positif, comme disait la chanson d'Henri IV :

> J'aimons les filles,
> Et j'aimons le bon vin ;

> De nos bons drilles,
> Voilà l'gai refrain.

Ce qui n'empêchait pas d'envoyer à sa divinité, pendant un moment de repos, des vers tels que ceux-ci, de mon très cher ami, Jules de Saint-Félix, un vrai poète :

> Toujours triste et pensive,
> Au monde inattentive,
> Sous son aile plié,
> C'est un ange oublié.

Ce chapitre-ci est tout poétique, mais aussi nous parlons des anges !

CHAPITRE XI

Ils se revoient. — Ce ne sont pas des anges. — *Dos para dos.* — Originalité de cette aventure. — Correspondance. — Les plus jolies lettres qu'on puisse lire.

L'aventure ne tourna pas d'une façon angélique, mais elle se dénoua du moins d'une manière originale; ce fut un roman étrange et tel que deux imaginations comme celles-là pouvaient le concevoir.

Ils se revirent le samedi suivant; puis, les autres ils s'écrivirent; et je ne saurais résister au plaisir de citer des lettres de Gavarni qui sont délicieuses. Dans ces lettres, ils arrivèrent à un grand degré d'intimité; ils se tutoyèrent; ils en vinrent à des confidences; ils savaient parfaitement qu'ils se connaissaient; ils étaient doubles. Gavarni s'était fait faire un cachet où se lisaient ces mots :

Dos para dos.

Dans leurs entrevues au bal masqué, tout se passait le plus convenablement du monde. Ils ne sortaient pas des règles imposées par la décence; tout au plus l'artiste baisait-il les mains de la baronne. L'esprit seul et le cœur, du côté de l'amitié étaient en jeu dans cette affaire. Lorsqu'ils se rencontraient, soit chez la jeune femme, soit ailleurs, ils se parlaient en cérémonie, comme des gens qui se connaissent peu.

Souvent, quand ils se faisaient la révérence, quand ils s'entretenaient de choses indifférentes, ils avaient chacun dans leur poche une longue épitre, pleine de confiance et d'abandon. En voici une, qui est de la baronne.

« Bien décidément vous êtes embrouillé dans vos conjectures. Suis-je ou non la femme passionnément malheureuse qui a commencé notre entretien l'autre soir? Suis-je la femme positive qui vous a refusé un rendez-vous? Cherchez un chien de visage pour doubler le masque, et quand vous l'aurez trouvé, vous ne me le direz pas sur le champ. Je vous ai ri au nez avant-hier dans la rue : vous ne vous en êtes pas douté. Il est fort amusant de se moquer ainsi d'un homme qui se moque des autres. Ne vous êtes-vous pas trop ennuyé de notre conversation, et voulez-vous la reprendre au bal prochain? Je vous promets d'être aussi douce que possible; je ferai patte de velours, à moins que nous ne nous battions à griffes égales, car alors!... vous savez bien. »

Voici la réponse de Gavarni :

— « Bon Dieu! que de personnages dans cette mascarade. — Chercher *un chien de visage pour doubler le masque de l'autre soir!* oui, pour gagner à cela une illusion rentrée. Oh! laisse là, cette *passionnément malheureuse!* Je crois peu au malheur et pas du tout à la passion. Vois-tu, beau masque, toi et cet autre, vous êtes deux pour moi — trois peut-être.

« Et moi aussi je suis deux masques! — Masques!

« Positive, mentez-vous? *Dans la rue avant-hier?* vous devez mentir! M'ennuyer? — Que tu sais bien que non, Domino! Que tu sais bien que je serai là, comme un troubadour du temps d'Isabelle. Dans ce billet, tout est composé; il y a de la fausse bonne foi, de l'ironie, de la méfiance, une promesse, une menace. Le *vous savez bien*, surtout, me semble diplomatique en diable. — J'ai répondu. Adieu, amour de masque, masque d'amour : j'irai, car ailleurs je ne trouverai pas ce gentil parler, tout moqueur qu'il soit; ailleurs, je regretterais ce capuchon, qu'il batte ou non un cœur dessous.

« *Dos para dos.* »

Je veux transcrire plusieurs de ces lettres, tant elles sont charmantes. Elles méritent bien d'être publiées, surtout quand on pense qu'elles sont signées Gavarni :

« Je recommence trois fois le billet que je voulais vous envoyer ce soir, tant je me trouve sentimental, et tant je me reconnais peu le droit d'être ennuyeux. Je brûle ma plaintive élégie, ma foi ! à propos de n'importe quelle tristesse, dont je m'allais faire l'intéressante victime, et cela parce qu'il m'est arrivé d'être malheureux ces jours-ci. Il eût été plaisant de plier ces tendresses et puis d'écrire sur l'enveloppe :

« *A domino, domino tello, au bal de l'Opéra, à Paris.*

« Est-ce que je ne devrais pas déchirer ceci une troisième fois? Je fais vraiment tout ce que je peux, cette nuit, pour ne pas tomber dans le triste et dans le tendre, ce qui serait d'un ridicule amer. Comme j'ai eu le malheur de te le dire — de vous le dire — de te le dire, car il y a toi et vous. Toi, mon ange, c'est le domino... vous, c'est vous; vous, ce serait toi si vous vouliez; voudras-tu?

« Que ce soit toi, dans tes lettres au moins, car nous sommes toujours au bal. La petite poste est encore un masque; nous causons sous la barbe de Mme du Coudray.

« Tes lettres seront une douce chose entre nous. Bon Dieu ! Je ne veux pas parler d'amour; mais sans cela encore, ne peut-on causer de cœur à cœur? Moi, je m'engage à ne jamais demander que des lettres, pour avoir tout le vrai, toute la bonne foi qu'on peut mettre dans des lettres qui ne permettent rien. Le masque que vous aviez samedi, donnez-le moi, — moi qui n'aurai rien de vous, laissez-moi ce masque au moins. — J'aimerais tant à avoir ce masque !

« Je m'engage à ne solliciter que ce que vous voudrez me donner, mais vous ne me défendrez pas de baiser vos billets ? »

La baronne répondit :

« Savez-vous que vous devenez exigeant, monsieur ? Quoi donc, vous tutoyer ! vous tutoyer, comme un amant, moi qui hais l'amour ! Me compromettre ainsi, une mère de famille ! Cela serait affreux !... Et quel est donc ce malheur dont vous vous plaignez, vous qui vous vantez de ne pas croire au malheur ? C'est bien la peine d'avoir tant d'orgueil pour succomber à la première occasion. Je ne crois plus, moi, à vos forfanteries : je vous en avertis, et vous ne m'attendrirez pas, quelque peine que vous vous donniez pour cela.

« Que voulez-vous faire de mon masque ? A quoi bon garder ce vieux morceau de carton et de satin noir, que je jetterai à mon petit chien pour jouer ? Vous avez beau vous poser en mauvais sujet, vous n'avez pas le courage de l'être ; c'est-à-dire que vous ne demandez pas mieux, mais que vous ne savez comment vous y prendre. Cependant si vous tenez à ce masque, je vous l'enverrai, en supposant que je le retrouve.

« Adieu ! nous nous verrons bientôt, le bal approche : d'ici là, écrivez-moi encore ; j'aime vos lettres, elles m'amusent ; elles sont folles, tant mieux ! Pourquoi tant mieux ? Je n'en sais rien, mais tant mieux ! »

Ceci méritait une réplique, et la voici :

« — Vous ne savez pas ce que c'est qu'une existence comme la mienne ; c'est un mélange de noir et de rose ; des bonheurs, des rêves, des folies, et parmi tout cela des jours affreux, des déceptions incroyables, des moments où il semble que la vie va vous tomber sur la tête, à voir tout craquer, tout choir autour de soi. Eh bien! c'était l'orage pour moi, un de ces orages bien conditionnés où rien ne manque, ni tonnerre, ni sombre horizon. — Et le croiriez-vous? — j'avais une lueur au fond, une espérance, une chose qui me préoccupait doucement, et ce feu follet — c'était vous! — Un billet que j'ai attendu trois jours.

« N'est-ce pas que si vous aviez su cela, j'aurais trouvé au moins un mot vrai dans ces trois pages, quelque chose d'intime?

« Si jamais il vous prend envie de faire Notre-Dame de Bon-Secours, si jamais vous voulez essayer ce que peut une femme sur un homme qui souffre, jusqu'à quelle exquise douceur peut s'élever votre puissance, je vous souhaite une désolation comme la mienne à consoler par un sourire.

« J'ai dit que je ne croyais pas au malheur; au malheur d'amour — non, mais je crois au désenchantement et c'est bien pis.

« Du cœur entre nous, folie! J'ai pris le deuil de mon rêve; parlons de chien perdu.

« Encore un mot cependant, de ce *toi* et de ce *vous* que vous avez si peu compris. Qui vous parle donc de devenir un amant? Les amants sont-ils gens à prendre le chemin des billets, quand la porte est ouverte? Et puis, — étais-je père ou mari au bal? et ne sommes-nous plus au bal?

« Ce masque, gardez-le puisque vous ne savez pas le donner comme je le demande; maintenant je ne le désire plus. Vous voulez m'ôter mes enchantements un à un, n'est-ce pas?

« Donc nous voici devenus convenables; je vous écrirai le chapeau sous le bras : — vous, vous ferez la révérence à ma lettre. Je vous dirai que je vous adore, et vous me répondrez que je suis bien bon. Soyons donc vulgaires tant que cela ne nous ennuiera pas. »

La baronne s'impatienta et voulut s'amuser un peu; elle imagina de le dérouter, et pour cela elle lui écrivit de venir la voir dans un fiacre. Elle comptait y envoyer une de ses amies, une femme très laide, afin de l'embarrasser. Puis elle intervint elle-même, en personne, comme l'amie du domino, se plaignant par sa voix de ne pas recevoir de lettres de lui. Gavarni répondit ceci :

« — Ah ! ah ! tu connais la baronne ! Elle est très jolie, très spirituelle, mais elle est peu gracieuse, quand on fait son portrait. Et puis, cette femme-là, avec ses airs de vivacité, a un regard calme qui vous glace : c'est de l'orgeat qui mousse. Ne lui raconte pas cela, car elle est très bonne et très aimable avec moi.

« Vous me faites faire des reproches, mon amour, qui m'ont bien l'apparence d'éviter les miens. Vous n'êtes pas capricieuse, dites-vous — c'est moi. Est-ce moi aussi qui suis indiscret ? Pourquoi me faire dire ce que vous pouviez m'écrire ?

« C'était un joli mystère que cette correspondance, et vous allez raconter cela. Pour moi, j'étais si religieux dans notre vague et douce intimité, que je n'y livrais que la moitié de moi, la meilleure — et que je te cachais l'autre. Il y a eu des querelles entre moi et moi pour ces lettres — car nous sommes deux, celui qui ne demande qu'une pensée, un mot de souvenir, et qui le recevra à genoux, et qui baisera tout bas le papier de tes billets ; — puis un autre qui rit de ce culte, qui se moque des amours à distance, un homme positif qui laisserait cent billets pour un baiser, et qui donnerait cent baisers pour rien.

« Tu écrivais : *viens, nous causerons*. Ah ! tu ne sais pas que ce n'est point moi qui serais allé à ce rendez-vous ; c'est *l'autre*, l'autre moi, un fou qui aurait eu l'audace de te trouver blanche et jolie, malgré tes voiles, et qui les aurait déchirés peut-être, car je le connais : il aurait eu dans un fiacre, le soir, ainsi seul avec toi, la fatuité de croire à la Providence, me laissant à moi le soin d'en demander pardon le lendemain par la poste.

« Aussi vous écrivez des trésors de billets, qui feraient donner tous les plans de sagesse au diable. Il faut être bien engagé avec soi-même, s'être bien volontairement promis de tenir la vertu, pour n'y pas répondre, à cette ravissante lettre, en demandant un baiser pour l'amour de Dieu. — C'est à n'y pas tenir; pourtant j'y tiendrai, va, sois tranquille ! — sois adorable autant que tu le voudras, je mangerai du pain sur mon pain et je rêverai le reste. »

La baronne ne se tint pas pour battue. Ce rendez-vous et cette comédie lui souriaient; elle insista.

« — Je ne le sais que trop, vous êtes deux; il y en a un dont je n'ai que faire : celui-là je le hais, il me déplaît à la mort, c'est un fanfaron, un moqueur qui avait bien besoin de se mêler de tout ceci. Je ne m'adresse point à lui, mais à vous; en vérité, je ne conçois pas votre refus et je serais tentée de m'en fâcher. Nous ne nous reverrons donc plus que l'année prochaine ! Qu'importe que nous soyons ensemble à l'Opéra ou dans une voiture? Est-ce mon masque qu'il vous faut? Je le remettrai : d'ailleurs mon voile m'en tiendra lieu, vous ne verrez pas mon visage s'il vous fait peur. Je ne me croyais pas laide à ce point-là; il est vrai que vous n'en savez rien. Allons, du courage ! Venez, nous rirons... nous pleurerons peut-être. Voilà une singulière partie de plaisir ! »

Gavarni devina-t-il ce qu'on lui préparait ou bien fut-ce réellement par suite d'un parti-pris? Je ne sais ; il refusa encore.

« — J'ai été très heureux de retrouver cette petite écriture et ce souvenir de toi — mais je ne te verrai pas. — Ceci est trop fort — quand je promets, j'ai la sottise de tenir. — Je n'irai pas faire le saint dans ce tête à tête et m'y brûler à la chandelle, mon masque n'y tiendrait pas.

« Que nous dire, y as-tu pensé, es-tu folle?

« Je serai fort au coin du feu, le chapeau à la main. Je serai fort quand il s'agira d'écrire ainsi de loin —

mais côte à côte dans un fiacre, à neuf heures ! que Dieu m'en préserve !

« Tout ce que je peux faire d'honnêteté, c'est de te refuser : c'est le bout de ma vertu.

« L'*autre* a lu ta lettre avec moi, par dessus mon épaule ; il est parti d'un éclat de rire. Stupide ! s'est-il écrié ; puis il a ajouté : La Providence vous a donné trente ans de jeunesse, pauvre niais ! Comme elle a donné une âme à un porteur d'eau, pour ne pas faire de jaloux. Vous non plus, n'est-ce pas, vous ne ferez pas de jaloux ! — Allez ! vivez ainsi par contumace, vous aurez vos billets doux pour souvenirs !

« — C'est toujours quelque chose, ai-je dit, c'est du bonheur.

« Là-dessus, il m'a fait, du bonheur, des peintures plus impertinentes les unes que les autres. Le bonheur, à l'entendre, c'est quelque chose, après quoi on vous dit : Mon amour vous êtes un scélérat ! Le bonheur selon lui, c'est la petite bourgeoise qui retrouve tout au plus, en relevant ses cheveux épars, la raison de vous dire :

— « Chéri, comment t'appelles-tu ?

« J'ai répondu en me voilant de ma philosophie :

— « Le bonheur est là où on le trouve ; le mien s'il vous plaît sera de répondre à ce cher billet. — Soyez, vous, aussi *scélérat* qu'il vous plaira : bonsoir. Il m'a quitté, en fredonnant d'un air moqueur, je ne sais quel pont neuf.

« Merci de la confiance que vous me témoignez, et de croire que je serais heureux de vous consoler. Mais, comprendrais-je que vous soyez jamais chagrinée ou ennuyée, vous, au seuil d'une vie toute pleine de plaisirs ? Je vous prêcherais ces plaisirs, moi qui les fuis.

— « L'amour est joli, vous avez trop d'esprit pour ne pas l'apprécier, tout ce qu'il vaut et aussi ce que valent les fades préjugés auxquels une femme sacrifie les plus belles heures. A votre âge une femme est si riche de tout le bonheur qu'elle peut donner ! Oh ! cette morale est atroce, je le sais. — Je ne sais pas même si ce n'est pas l'*autre* qui parle en ce moment — c'est peut-être un peu lui, qu'importe ? Ceci est profondément vrai.

« Dire à une femme : rendez-moi heureux ! n'est-ce pas lui dire : soyez heureuse !

« Si j'étais femme, je ne sais où je trouverais la vertu de tricoter des bas, d'une main que je pourrais donner à baiser !

« Pour le coup, c'est tout à fait l'*autre*, et si je le laissais faire, je ne sais ce qu'il ne te demanderait pas à baiser. Heureusement, je viens de le chasser une bonne fois de cette correspondance ; et tu n'y trouveras plus que moi qui crains les rêves par trop doux.

« Non, j'aime cette distance entre nous ; quand on est trop près, le cœur bat trop fort. Ecrivons-nous ainsi le matin, et si le soir le bruit de tes pas, le son de ta petite voix saccadée me suivaient dans ma chambre, eh bien ! je n'écouterais pas, je fermerais ma porte ; si je sentais une boucle de tes cheveux me caresser l'épaule, je retournerais mon oreiller, — tout serait dit ; et quand tout ne serait pas dit, je m'arrangerais de manière à ne pas dormir, mais je te garderais pour moi. »

Je ne vous donne des lettres de la Baronne que ce qui est indispensable pour comprendre celles de l'artiste ; en voici un fragment :

« Est-il bien parti, Monsieur, l'*autre* ? Y a-t-il sûreté de conversation entre nous ? En vérité, c'est un vilain hôte que vous avez là. Il a empêché notre tête-à-tête avec ses sots discours ; il a des vapeurs ; qu'il les garde pour lui. Sans lui, nous eussions si bien causé ! J'ai repris mon plumage d'esprit, — cela vous aurait amusé peut-être. Je voudrais vous consoler, car vous en avez besoin. Et bon Dieu ! à quoi suis-je bonne, moi ? »

Gavarni ne pouvait laisser cette question sans la résoudre.

— « A quoi une femme jeune et jolie est bonne ? mais c'est une amère dérision. A quoi une femme est bonne ? Mais à faire du bonheur, sans doute ; mais à faire des paradis sur la terre en attendant le ciel. Une femme a une bouche pour sourire, des yeux pour appeler ; elle a des bras pour jeter autour d'un cou ; elle a un cœur pour battre contre un autre.

« La femme qui ne sait pas qu'elle est un ange et qui se croit une Reine, la femme qui pense que sa mission en ce monde est de trôner dans un salon, entourée d'hommages plus ou moins fades, d'adorations plus ou moins plates, celle-là peut se dire : à quoi suis-je bonne ?

« Mais tu n'es pas celle-là ; tu n'es pas l'autre pourtant : sois quelque chose entre les deux, n'est-ce pas ? Moitié ma mie, moitié Madame. Tu voudrais peut-être bien de l'amant, mais tu voudrais aussi de l'agréable ; un peu de l'homme, un peu du valet. Tu voudrais bien probablement qu'on vînt à toi, mais tu montreras, du bout de ta mitaine, le chemin battu des amours vulgaires. Manquerais-tu donc des serviteurs très humbles ? Est-ce que la banque des adorations à domicile t'aurait oubliée ? Est-ce qu'elle ne t'enverrait pas à toi, comme à tout le monde.., un, deux, trois, cinq, six empressés, tous les jours, chacun garni de sa petite canne et de sa parole d'honneur, pour te dire : charmante ! sur tous les tons de la gamme qui court ?

« Il n'y a pas de femme à Paris qui ne soit abonnée au moins à six de ces passions-là. Non seulement cela t'ennuie plus qu'une autre, et tu dis, tu me dis :

« A quoi suis-je bonne ?

« Fille d'Eve, vous êtes bonne à manger des moitiés de pommes.

« Monsieur l'*autre* fait le diable, parce que tu prétends qu'il a empêché la chose de l'autre jour. Au contraire, c'est moi ; — lui voulait bien se laisser prendre à ce parfum de philosophie, dont ce billet de deux mots était tout plein ; moi je savais combien ces avis là sont fanfarons ; je savais qu'il aurait trouvé, où on l'appelait, quelques petits préjugés bien tracassiers. — Je l'aurais laissé partir heureux : il serait revenu désenchanté.

« Monsieur l'*autre* trouve les vapeurs de la dernière scélératesse ; il dit comme toi que cela le regarde seul, et te demande, qui te prie de t'en soucier ?

« Me consoler, enfant ! Et comment prétends-tu me consoler ?

« Un tête-à-tête, qu'en ferions-nous ? Nos tête-à-tête à nous, ce sont ces lettres. — Je ne voudrais pas de petites distances entre nous ; c'est pour cela que j'en veux de grandes.

« A ton tour, réponds-moi vite et bien et longuement, puisque tu as repris ton plumage d'esprit. — Qu'as-tu donc besoin d'esprit pour m'écrire ? Quand tu es bête, écris-moi des bêtises ; la seule bêtise c'est de ne pas écrire.

« Et s'il arrive qu'un jour enfin, tu te sentes bonne à quelque chose, oh ! écris-le moi tout de suite. »

CHAPITRE XII

Une dernière lettre. — Tout s'use. — Dénouement prosaïque.
— Autre bizarrerie. — Un sauvage. — Une tête exaltée. —
Sentiment et extravagance. — Départ. — Promesse imprudente. — Voyage insensé. — Déception. — Scène. — Un
mot du vicomte de la Tour du Pin-Chambly. — La raison
revient. — Il faut plaindre tout en blâmant. — Combien l'on
paye un égarement. — Ce qu'il fallait faire. — Surprise. —
Dernière entrevue. — Inquiétudes. — Un mari. — Coup
de théâtre. — Péripéties. — Ce que peut faire un cheval. —
Ils ne se revoient plus. — Combien cela arrive souvent.

La baronne contrariée de ne pas pouvoir le conduire où elle voulait, garde le silence. Il s'en tourmente beaucoup et lui écrit encore ; je vous citerai cette lettre pour la dernière :

« Qu'elle arrive donc bientôt, cette réponse, j'en ai soif ! J'ai rêvé de toi cette nuit. — Un rêve, ce n'est pas moi qui ai rêvé cela, c'est l'*autre*. J'en avais ce matin mon bonnet tout de travers.

« Vous avez été malade peut-être, que vous vous taisez ! Qu'aviez-vous ? un caprice rentré ?

« Je suis bien triste, moi, d'entendre si peu parler de vous. — Je n'ai pas voulu de tête-à-tête parce que c'est dangereux, quand ce n'est pas autre chose; mais je ne voudrais pas de ce silence non plus. Parlez-moi de loin, mais parlez. Qu'un mot, un vrai mot, vienne au moins, parfois, m'aider à croire aux mensonges que je me fais.

« Car, vois-tu, je n'ai pas la bonhomie d'accepter la vie comme elle vient, quand je puis l'imaginer comme je la voudrais, et, lorsque le vrai m'ennuie, je sais mentir. Je choisis tout simplement le premier jour venu pour me faire un beau soir, là où il me plaît, et j'y prends qui je veux avec moi. Depuis longtemps c'est toujours toi — hier vous m'aviez dit :

— « Allons dans la campagne !

« Puis à minuit vous étiez lasse ; nous avions tant ri, tant joué ! vous m'avez dit alors :

— « Mon ami, rentrons !

« *Chez nous*, vous avez mis mon bonnet, vous avez pris le nez de mon vieux faune, vous avez feuilleté mes images, puis vous êtes venue sur mes genoux me lire un chapitre de Scaron. Le chapitre des bottes — à propos de quoi, vous m'avez dit :

« Vois donc comme mon collier m'a fait une plaie rouge.

« Et moi j'ai baisé la plaie rouge.

« C'est comme j'ai l'honneur de vous le dire, Madame.

« Mais entre mon imagination et vous, cela est maintenant sans conséquence. Je vous en demande pardon — elle a bien eu d'autres audaces.

« Adieu, écrivez-moi, je vous en supplie, si vous êtes malade, un mot seulement ; si vous vous portez bien écrivez-nous — quelque amitié pour moi — quelque folie pour l'*autre*. »

Cette correspondance dura trois ans sur ce ton-là ; tantôt suivie, tantôt interrompue. Ils se revirent chaque année au bal masqué, mais avec moins d'empressement. Gavarni n'allait presque pas chez la baronne. Ils étaient gênés. L'originalité de l'aventure s'était ainsi oubliée, et les liaisons purement d'esprit ont besoin d'être cimentées par quelque chose pour durer. Celle-ci s'usa.

La dernière fois qu'ils se parlèrent à l'Opéra, la baronne dit à l'artiste :

— Je m'ennuie.

— Ah! tant pis, répondit-il, vous allez faire quelque sottise : une femme qui s'ennuie est capable de tout.

En effet, bien peu après, la pauvre femme se passa au cou la chaîne la plus lourde que jamais femme ait portée; et si elle sortit de son devoir, elle l'expia tellement par ses larmes et ses souffrances qu'il n'y a pas moyen de le lui reprocher.

Gavarni et ses coquetteries d'esprit s'éloignèrent bien de sa pensée; ce fut donc terminé. Depuis ils se sont revus, et ils ont franchement parlé de cet épisode de leur vie. Si la jeune femme eût eu quelques années de plus et de l'expérience, elle eut bien mieux compris le charme de cette aventure. Le peintre avait déjà vécu; il était blasé sur les amours vulgaires; il se fit de cette correspondance un oasis qui le charmait. Il ne voulait pas un dénouement comme les autres; il aimait plus d'imagination que de cœur. La baronne était dans une autre sphère que celle où il avait vécu jusque-là ; il s'était fait un idéal. Peut-être voulait-il arriver à la séduction par l'esprit seul; peut-être ne voulait-il que ce qu'il avait.

A propos de bizarrerie, en voici une autre dont je ne puis nommer les acteurs, mais c'est une étude assez curieuse pour offrir de l'intérêt. Je connais les masques, je ne cesserai de vous le répéter pour que vous ne l'oubliez pas. Lorsque ce que j'ai à dire peut blesser quelqu'un, je déroute toujours les probabilités et je m'arrange pour qu'on ne puisse reconnaître, ni les situations, ni les détails; c'est du fait seul qu'il s'agit.

Mme *** était jeune, jolie, très recherchée dans le monde, très accoutumée aux hommages, très difficile non pas à émouvoir, mais à satisfaire. Elle s'était fait des illusions magnifiques; elle s'était créé un monde à elle, et ne trouvait rien en celui-ci qui répondit à ses aspirations. Liée depuis longtemps avec une famille fort bonne et fort intelligente, elle entendait sans cesse parler d'un jeune homme qu'on lui vantait de toutes les manières. Il était beau, il avait une vaste imagination, un esprit supérieur, mais un caractère indomptable; jamais une femme n'avait pu prendre sur lui le moindre empire, jamais il n'avait aimé sérieusement.

On le lui présenta comme une espèce de sauvage civilisé. Il fuyait le monde, s'occupait exclusivement de sciences et, quoique bon gentilhomme, donnait dans les idées avancées plus que les siens ne le désiraient.

La tête de la jeune femme se monta sur ce portrait, répété fort souvent. On alla jusqu'à la défier. On lui assura qu'elle-même, la coquette, la triomphante, l'invincible, elle perdrait son temps à vouloir civiliser cet Hippolyte.

Ordinairement, ces difficultés sont une excitation; avec un caractère tel que Mme *** c'était bien pis encore.

Avant d'avoir vu Amédée, elle avait décidé déjà qu'il tomberait à ses pieds, aussitôt qu'elle se donnerait la peine de le vouloir, et elle était à peu près décidée à le relever, si elle pouvait supposer qu'il eût la moindre fantaisie de se retirer de lui-même : l'esprit de contradiction est un des auxiliaires efficaces de l'amour.

Amédée arriva; elle le trouva bien, mais au-dessous de sa réputation de joli homme. Les traits étaient beaux, mais ils manquaient de charme, d'élégance, d'habitude du monde, de distinction. Il ne savait ni entrer, ni sortir, ni se lever, ni s'asseoir; il saluait mal, il mangeait mal, il ignorait les usages exquis de la bonne compagnie; ce fut d'abord un désenchantement.

Quelques jours après, il vint chez elle. Ils restèrent

seuls plus de deux heures à causer sur des sujets différents. Ce fut une exaltation, une fièvre que les discours de ce jeune homme. On ne saurait être plus passionné, plus ardent. Il n'y avait entre elle et lui aucune entrave ; le monde n'avait pas à intervenir. Elle ne pensa plus aux convenances, aux susceptibilités ; elle ne vit plus que ce beau visage, ce regard flambant, cette parole inspirée ; elle se dit que cet homme aimerait comme un autre ne saurait aimer, qu'une femme assez heureuse pour régner sur cette âme connaîtrait un dévouement sans bornes, une affection unique, absolue, prête à tous les sacrifices.

Cet amour-là serait le paradis.

Elle n'hésita plus et fit jouer toutes ses batteries ; en quinze jours elle eut réussi ; l'insensible fut dompté, elle le sut avant lui et surtout bien avant les parents qui s'avouèrent vaincus et qui s'imaginèrent lui révéler son triomphe.

Alors, il arriva dans cette nature singulière une étrange chose.

Elle devint double. Quand elle ne voyait pas Amédée, la folle du logis s'emparait de lui, le parait de toutes les perfections, lui prêtait tout ce qu'il n'avait pas ; elle se créait une idole sur cette image et l'adorait.

Aussitôt qu'il paraissait, un voile tombait de ses yeux ; elle voyait un homme vulgaire, mal élevé, sans aucune des habitudes qui étaient les siennes ; il n'avait ni ses idées, ni ses principes ; ils ne se comprenaient en rien ; sa conversation, lorsqu'ils n'enfourchaient pas les usages, n'avait rien qui pût lui plaire. Elle s'ennuyait avec lui, enfin ; ils ne parlaient pas la même langue.

S'ils n'étaient pas seuls, c'était pis encore ; son amour-propre souffrait en le comparant aux hommes du monde qui l'entouraient. Une vieille femme le rencontrant un jour chez elle eut le malheur de lui dire :

— Qu'est-ce que ce pataud ?

Elle eut, toujours depuis, cette question présente et fit comme saint Pierre. Elle le renia. C'était une vraie esclave de la routine ; elle ne méritait pas l'amour qu'elle inspirait. Ce fut donc pour l'amoureux une torture et pour elle une existence sans nom. Il se passa plusieurs mois de la même manière, sans que rien changeât. Ils en restaient au même point. Pour me servir d'une locution vulgaire, mais expressive, ils faisaient deux pas en avant et trois en arrière.

Il arriva dans la famille d'Amédée un événement qui nécessita sa présence aux environs de Grenoble. Quelques instances qu'on lui fît, il refusa de partir : il ne pouvait se résoudre à quitter Mme ***. On eut recours à elle ; elle fut enchantée de montrer son pouvoir et le décida.

Les premiers jours, elle fut ravie d'en être débarrassée ; il lui sembla qu'elle respirait plus à l'aise. Petit à petit la chimère ressuscita ; elle s'y attacha de nouveau ; le besoin de revoir l'absent devint pressant, puis impérieux, le désespoir la gagna ; elle perdit la tête et lui écrivit :

« Venez, je suis à vous. »

La lettre ne fut pas plus tôt partie qu'elle se repentit ; elle lui envoya un contre-ordre, sur un prétexte plausible et se mit à l'abri des conséquences.

Elle avait compté sans les passions indomptables d'Amédée. Il était à la campagne chez sa mère, le billet lui arriva le soir ; c'était au mois de mars et il pleuvait. A peine l'eut-il dévoré que sans rien dire à personne, sans faire aucun adieu, sans prendre le moindre paquet, il jeta sur lui son manteau, s'en alla seller lui-même un cheval, le fit sortir par une porte de derrière, l'enfourcha et courut jusqu'à la poste où il prit un bidet.

Il avait laissé sur sa cheminée cette simple phrase :

« Qu'on ne soit pas inquiet de moi : je pars, j'ignore quand je reviendrai. »

C'était consolant. Il laissait les affaires les plus graves, non terminées, il compromettait son avenir, celui des siens, pour une extravagance. Mais aussi depuis si longtemps, il mordait les barreaux de sa cage, il soupirait après ce bonheur qui semblait fuir devant lui et qui maintenant lui était offert, au moment où il s'y attendait le moins. Il dévora l'espace et arriva sans se reposer à franc-étrier de Grenoble à Paris.

Les chemins de fer rendent de bien signalés services aux amoureux en détresse ou en joie; ils leur épargnent de cruelles fatigues, des côtes cassées quelquefois.

A peine débarqué, il ne prit pas même le temps de changer de toilette et arriva chez sa bien-aimée en costume de voyage. Elle entendit sa voix dans l'antichambre et reçut un coup au cœur. Elle était si loin de l'attendre.

Il parut et sa pensée fut celle-ci :

— Je suis perdue, je ne l'aime pas!

Elle se composa immédiatement cette contenance sèche d'une femme qui se sent prise au piège, et qui ne veut pas y tomber. Il arrivait brûlant comme un incendie; tous les glaçons de l'Oberland lui tombèrent sur le cœur.

— Ah! fit-elle, c'est vous? Je ne vous attendais pas.

— Vous ne m'attendiez pas!

Il lui sembla que la tête lui tournait et que la terre manquait sous ses pas. Il se laissa tomber sur un siège.

— Je vous avais écrit de ne plus venir, reprit-elle.

Il ne répondit rien d'abord, puis il se remit et balbutia le mot de promesse.

— Ah! oui, murmura-t-elle, c'est vrai, mais...

Il comprit qu'il était condamné sans pouvoir s'en rendre compte, lui qui ne lisait pas dans son cœur et qui ignorait ses folles hésitations. Cependant le courage lui revint, et il réclama assez fortement les droits qu'on lui avait donnés. Cet amour qu'on lui avait promis. Il s'excita peu à peu, se monta et finit par s'emporter. Elle sentait ses torts et n'osait pas se défendre ; sa conscience lui répétait trop qu'il avait raison. Elle ne put que lâchement s'humilier, se rejeter sur sa surprise, sur le devoir, sur les excellentes raisons que l'on donne quand on n'en a que de mauvaises à offrir ; et, comme il l'aimait véritablement et qu'elle ne l'aimait point, elle le persuada.

Il en est toujours ainsi : celui qui aime est l'esclave de l'autre. Selon la charmante expression du vicomte de La Tour du Pin-Chambly dans ses *Caractères et Portraits :*

« En amour, et en amitié souvent, il y en a toujours un qui embrasse et l'autre qui tend la joue. »

Il s'en alla consolé, emportant de nouvelles promesses, convaincu qu'elle était un ange et qu'il serait bientôt le plus heureux des hommes. Dès qu'il fut parti, la malheureuse femme n'eut plus qu'une idée, ce fut de s'arranger pour ne plus le voir. Elle le consigna à sa porte et évita tous les endroits où elle aurait pu le rencontrer. Elle se priva de voir ses parents ; elle se renferma chez elle et fit dire à tout le monde qu'elle était malade.

Il faut la plaindre tout en la blâmant. Ce n'était pas une âme perverse, pervertie pas davantage ; elle était au contraire loyale et bonne ; mais chez elle le cœur n'était pas éveillé pour l'amour, bien qu'elle eût un besoin dévorant d'aimer. Sa tête seule l'avait dirigée, et comme elle était fort romanesque, elle se laissa emporter aux illusions que j'ai décrites.

Maintenant rendue à la raison, elle se trouvait dans une position terrible, entre un homme vis-à-vis de qui elle était engagée et l'idée d'une liaison qu'elle repoussait de toutes les forces de son être et de sa volonté.

Elle n'avait pas encore failli, et il est très rare de voir une femme se jeter dans les hasards d'une première faute, sans avoir au moins un très vif entraînement, surtout quand cette femme a reçu de bons principes et qu'elle est restée honnête d'inclinations.

Mme *** comprenait à merveille que si elle revoyait Amédée, elle ne pourrait plus lui donner d'excuses. Il fallait qu'elle tînt cette parole, qui coûtait à ce pauvre garçon tant de sacrifices et de douleurs. Un seul moyen lui restait de réparer cette erreur, c'était un aveu franc, c'était de s'en remettre à sa générosité, c'était de lui demander humblement pardon et de tâcher d'apaiser sa colère. Elle n'eut pas assez de courage pour s'y risquer. Elle craignit de se faire un ennemi. C'était le bon moyen de le rendre plus furieux, et il était assez noble de cœur pour oublier sa rancune, une fois le premier moment passé.

Au lieu de cela, elle poussa au dernier point l'exaspération du jeune homme. Il lui écrivit cinq ou six lettres; elle répondit aux premières en alléguant des empêchements qu'il n'accepta pas, et puis elle ne répondit plus du tout. Avec un caractère semblable à celui d'Amédée, c'était le pousser hors des gonds. Elle en avait peur, mais elle savait qu'il devait bientôt forcément quitter Paris; elle espérait en l'absence pour le calmer et le guérir.

Un soir, on était en plein choléra de 1832, elle fut appelée près de la parente d'Amédée, qui se sentait malade; elle y courut. Jamais ordinairement à cette heure il n'était chez elle; peu après l'arrivée de Mme ***, il entra. On comprend quelle crainte horrible s'empara d'elle. Il était fort tard. Elle restait néanmoins, bien qu'elle demeurât très loin, espérant toujours qu'il s'en irait; il tint bon; l'explication était inévitable.

Enfin il fallut partir. Il la suivit. Elle descendit l'escalier comme une condamnée.

— Va-t-il me tuer? pensa-t-elle.

Le feu de ses regards pouvait inspirer une semblable pensée. On avait été chercher un fiacre; elle y monta la première, n'osant espérer qu'il la laisserait s'en aller seule.

En effet, il donna l'adresse au cocher, se jeta sur la banquette de devant et tout ce que la rage, la passion froissée, l'amour-propre pouvait faire dire, il le dit. Elle n'aurait su l'empêcher ; il était dans son droit : elle courba la tête et souffrit tout ce qu'on peut souffrir. A présent, c'était une répulsion invincible qu'elle éprouvait pour lui ; peut-être le sentiment involontaire qu'on ressent contre ceux qui peuvent se plaindre justement et qu'on a affectés.

Elle passa les plus cruelles heures de sa vie, humiliée, abattue, désolée. Il fut généreux pourtant et ne la retint pas, ainsi qu'il aurait pu le faire. Ils se séparèrent, non pas raccommodés, non pas ennemis, mais elle qui ne demandait qu'à gagner du temps, promit une sorte de replâtrage qui ne changeait guère la situation.

Les journées de juin arrivèrent ; elle craignit qu'il ne se fourrât dans la bagarre. On n'a jamais bien su ce qu'il avait fait à ce moment ; il ne fut pas blessé pourtant.

Peu de temps après, Mme*** quitta Paris pour rejoindre son mari à la campagne. Elle n'était pas tranquille, et craignait quelque coup de tête du malheureux abandonné, dont elle connaissait le courage et la témérité. Elle tressaillait au moindre bruit, elle ne sortait pas ; chaque fois que son mari rentrait elle épiait son regard.

Elle expiait sa folie par un cruel supplice, qui dura plusieurs mois.

Un matin, son seigneur et maître était assis sur son lit, et lui lisait les journaux. On apporta les lettres ; il y en avait une personnelle. En reconnaissant l'écriture, un frisson la saisit ; elle se sentit perdue. Amédée était incapable de garder aucun ménagement, de même que M.*** était incapable de ne pas demander à lire l'épitre, non par jalousie mais par curiosité.

Heureusement son courrier l'occupait fort; elle put se retourner vers la ruelle et rompre l'enveloppe. Ainsi qu'elle l'avait prévu, tout ce que le mépris a de plus poignant, tout ce que la rage a de plus implacable, lui fut prodigué dans ces deux pages. Il était impossible de donner le change à ce juge, qui allait exiger qu'on lui montrât ce fatal papier. Elle eut comme un moment de folie; ses yeux se voilèrent, sa raison s'altéra, elle espéra la perdre tout à fait.

Son mari lisait toujours et paraissait fortement contrarié.

Il se leva tout à coup en jurant. Elle crut qu'il avait reçu quelque avertissement, quelque révélation et fut prête à s'évanouir.

— Ces gens-là, dit-il, ne font point ce qu'on leur commande. Le cheval que j'ai envoyé à Paris en mourra peut-être. Leblanc me l'écrit.

M. Leblanc est un savant vétérinaire bien connu de tous.

Il s'agissait d'un cheval, il s'agissait de ses gens d'écurie; il s'élança vers les communs pour aller les gronder et il oublia la lettre. Quelle chance! La pauvre femme remercia Dieu; elle se hâta de jeter la lettre au feu. Et, plus tard, quand le curieux, remis d'une alarme aussi chaude, lui adressa quelques questions, elle feignit de chercher la missive, qu'elle attribua à la plus indifférente de ses amies, et finit par assurer que ladite lettre était si insignifiante qu'elle l'avait probablement déchirée sans y prendre garde.

Depuis lors, Amédée et elle ne se sont pas rencontrés.

Cette bizarre aventure se renouvelle souvent, sous d'autres faces, dans la vie des femmes. Presque toujours la coquetterie les entraîne bien plus loin qu'elles ne veulent aller et beaucoup ont été perdues, pour n'avoir pas su retourner en arrière. Triste façon de quitter le devoir.

CHAPITRE XIII

Retour vers 1833. — *Les Enfants d'Edouard.* — Ligier. — — Joanny. — M. et Mme Menjaud. — Mlle Mars. — Commencement de la désertion de Paris. — Je change de maison. — Le camp de Compiègne. — Anet. — La comtesse de Graville. — Ses beaux-frères et ses belles-sœurs. — Mme Talien. — M. de Fontenay. — Le président Devins. — M. et Mme de la Garde. — Leurs enfants. — M. Croissant. — Vie de château. — M. le duc d'Orléans, M. le duc de Nemours, M. de Morny. — Mme de Souza. — Anecdote de cœur. — Le château de Pierrefonds. — La château de Mouchy. — Légende du marquis d'Humières. — La comtesse Curial. — Ses enfants. — Le comte Beugnot. — Une vieille duchesse de la bonne roche. — Maîtresse de maison modèle.

Nous passâmes donc cet hiver assez tristement. Pour en revenir à 1833, quelques bals aux Tuileries et chez les ministres et les ambassadeurs, et Dieu sait que ce n'était guère amusant, excepté pour les amateurs enragés de la danse.

La Comédie-Française donna *les Enfants d'Edouard*, de Casimir Delavigne. C'était joué par Ligier, Menjaud, Joanny, Mlle Mars, Mme Menjaud, Mlle Anaïs, un délicieux duc d'York. Elle n'était plus jeune; pourtant, je défie à une jeune fille de dix-huit ans, d'avoir plus qu'elle l'air d'un enfant mutin et gâté. Mme Menjaud avait de la noblesse, elle était sympathique : tout a été dit sur les autres.

Mlle Mars sortait de son genre dans le drame. Elle était touchante autant qu'on pouvait l'être; elle avait des larmes dans la voix, mais la force lui manquait. Elle n'arrivait pas aux effets de cris; elle n'était pas la perfection enfin, comme dans la comédie.

Le succès fut immense, non seulement pour la pièce et pour les acteurs, mais aussi parce que l'esprit de parti s'en mêla. L'histoire toute récente de Mme la duchesse de Berry, l'usurpation de Louis-Philippe, fournirent des allusions qui furent saisies et commentées. Rien n'échappa.

On voulait voir si le roi irait et si les princes y pénétreraient : ni roi, ni princes ne s'y montrèrent. Glocester était l'oncle du prince de Galles et du duc d'York ; on avait assassiné plusieurs de leurs parents pour avoir leurs biens : tout cela était brûlant d'actualité, car on était en train de vendre les terres de M. le prince de Condé, et nul ne croyait à un suicide.

Cependant, et je le proclamerai bien haut, il n'était pas une âme loyale et honnête qui accusât le roi de ce meurtre. On ne doutait pas de son innocence; on déplorait la faiblesse qui l'avait empêché de sévir. Quels que fussent ses torts vis-à-vis de ses parents, Louis-Philippe était un honnête homme incapable d'aucun mal et d'un crime surtout. Il y a une grande distance entre les tours de passe-passe de l'ambition et un forfait aussi abominable; ainsi que le disait très bien un homme d'esprit :

— S'emparer d'un trône, c'est prendre, ce n'est pas voler.

Il y a un vocabulaire particulier pour ces sortes de choses-là.

On s'en alla de très bonne heure à la campagne. C'est de cette bouderie que date peut-être cette habitude, si funeste au commerce de Paris, de n'y rester que deux ou trois mois. L'anglomanie y est bien pour quelque chose, mais ceci y entre peut-être pour beaucoup aussi. Le faubourg Saint-Germain, le haut monde se retirait tout à fait sous sa tente. Il ne voulait participer en rien à la splendeur de cette ville ingrate qui avait chassé les princes. Ce n'était peut-être pas du patriotisme, c'était de la fidélité. On ne veut pas comprendre aujourd'hui, que cette vertu est complètement tombée en désuétude, que, pour nos pères, le roi c'était le pays, c'était la France, c'était tout.

Le mot de patriotisme est fort élastique.

Cette prétention de ne servir que son pays peut conduire très loin. Ainsi par patriotisme, on pourrait servir Robespierre et consorts ; on est toujours dévoué au pouvoir quel qu'il soit, parce que le pouvoir représente le pays. Ceci est complètement en désaccord avec ce que l'on nous reproche ; mais l'esprit de parti et les raisonnements qu'il invente sont impossibles à discuter : je ne m'en chargerai pas.

J'avais changé de maison cette année-là. J'allais m'établir 61, rue de Provence, dans un grand hôtel, bordé des deux côtés par la cité d'Antin, qui n'était pas encore bâtie alors, — on la construisait à peine. Je parle de cette circonstance, parce que j'aurai à m'occuper de plusieurs des habitants de cette maison, déjà célèbres ou qui le sont devenus.

A peine établie, je partis pour le camp de Compiègne, commandé par M. le duc d'Orléans, et où mon mari se trouvait avec son régiment de lanciers. J'allai m'installer au château d'Anet, chez ma cousine la comtesse de Graville, à une très petite distance de la ville.

Mme de Graville était Mlle Papillon de la Ferté, fille de l'intendant des Menus de Louis XVI[1] et sœur de celui de Charles X ; le vicomte de la Ferté, son mari, était le fils du président Devins, du Parlement de Paris. Ce président eut trois fils : M. Devins de Fontenay qui épousa Mlle Cabarrus, la fameuse Mme Tallien devenue

---

1. Denis-Pierre-Jean Papillon de la Ferté, savant qui fut guillotiné à Paris le 7 juillet 1794. Il avait été intendant des Menus plaisirs du roi et membre de plusieurs académies.

en troisièmes noces princesse de Chimay. Il eut d'elle un fils qui mourut en 1816 ou 1817. C'était un jeune homme charmant : mon mari était fort lié avec lui.

Le second fils du président était M. Devins de Raleville, marié à Mlle M.... Ils ont laissé deux filles, la baronne de B... et la vicomtesse de ***

Le troisième était M. Devins de Graville, le propriétaire d'Anet, que le roi fit comte de Graville. Le président Devins de Chavannes et le grand-père de mon mari, étaient parents. De là, les liens de famille et d'amitié existant entre leurs descendants.

Mme de Graville était la séduction en personne; c'était la grâce et l'esprit réunis; elle était bonne et charmante : bien qu'elle ne fût plus jeune, elle était encore tout cela. Sa fille unique, Mme de la Garde, l'avait déjà rendue grand'mère de deux beaux enfants.

Hélas ! de toute cette réunion si agréable il ne reste plus rien...

Mme de la Garde est partie la première en mettant au monde une petite fille adorable. Sa mère, dès lors, ne vécut plus que pour ses petits enfants. Cinq ans après, Paul, l'aîné, garçon qui donnait des espérances sur tous les points, fut enlevé en quelques heures; sa sœur le suivit peu de jours après; il ne resta plus qu'un enfant maladif qui vit encore pourtant, et qui réunit sur sa tête débile deux grandes fortunes.

Mme de Graville ne put survivre. Son mari, désespéré, vécut encore quelques années, mais dans quel état ! M. de la Garde était mort aussi; tout a disparu, jusqu'à leur hôtel au faubourg Saint-Honoré, qu'on a également mis à bas pour les bâtiments de l'Élysée.

J'ignore ce qui est advenu d'Anet, ce lieu si beau, non pas comme bâtiment, mais comme parc et comme situation. Le dernier héritier l'aura-t-il conservé ? Il l'avait encore, il y a quatre ans, et bien embelli par les soins de son tuteur, un des premiers magistrats de la cour de Paris, enlevé aussi bien prématurément à sa famille et à un bel avenir.

C'était M. Croissant, avocat général, dont la réputation et la personnalité sont très connues au Palais. Je l'avais connu chez Mme de Graville, et j'ai été à même, pendant bien des années, d'apprécier son mérite et ses bonnes qualités.

Nous étions bien heureux à ce cher Anet ; nous y menions une douce vie d'intimité. Je trouve ce tableau dans mes notes :

« — Nous sommes devant la porte du château sur la plage. Mme de Graville et Mme de la Garde brodent ; Paul remplit un petit tonneau ; j'écris, Eugène lit, les chiens dorment, les oiseaux gazouillent, les fleurs embaument, les insectes bourdonnent, et comme le soleil est beau ! Comme le lointain est vaporeux !... »

Les journées se passaient ainsi, mais le soir il venait du monde, beaucoup d'officiers du camp. Les Graville s'étaient ralliés, et M. le duc d'Orléans leur faisait d'assez fréquentes visites. Il était véritablement charmant ; comme homme du monde, on ne saurait avoir plus de grâce, plus d'amabilité, plus de distinction ; c'était un vrai grand seigneur, mais il n'était pas si prince que M. le duc de Nemours.

Il causait bien ; il avait de l'esprit et de la facilité, une envie de plaire à tout le monde qui, peut-être, laissait trop de distance entre lui et ceux qui l'approchaient.

Je le vis beaucoup pendant les six semaines que je passai dans ce pays, et je fus plus à même de le connaître que pendant un long séjour à Paris, où l'on ne peut s'apercevoir que de loin. Je l'entendis, un soir où nous étions en petit comité et où la conversation devint familière, je l'entendis blâmer la disparition des fleurs de lys, non pas expressément, il ne pouvait pas se le permettre, mais de façon à le faire comprendre. Il nous fut démontré à tous que si jamais il avait le pouvoir, il les rétablirait. Il a contribué, je crois, à les faires conserver dans les endroits où elles n'étaient pas détruites encore.

8.

Je connus là aussi un homme qui devait faire parler de lui plus tard et occuper les plus hautes places, M. de Morny. Il était sous-lieutenant au 1ᵉʳ de lanciers, ancien régiment de M. le duc de Nemours. Il avait vingt et un ans, et déjà tout l'aplomb, tout le savoir-vivre d'un homme du monde.

Il est vrai que, depuis son enfance, il y vivait. Élevé par sa grand'mère, la comtesse de Souza, il avait pris d'elle les façons de la plus exquise compagnie. Mᵐᵉ de Souza[1] est l'auteur de romans trop ignorés aujourd'hui, et qui eurent un succès très mérité du reste. *Adèle de Senanges*, *Eugène de Rothelin* sont des tableaux de la société de cette époque, et le cœur y est fouillé d'une manière en même temps délicate et habile.

Mᵐᵉ de Souza devait être aussi aimable que bonne; elle a déteint sur son petit-fils.

Au premier abord, son assurance étonnait, on n'avait pas l'habitude de voir les jeunes gens si *usagés*. Il était joli homme, quoique ses cheveux blonds fussent déjà peu épais; sa tournure et ses façons étaient très distinguées; il avait une charmante conversation et la dirigeait à merveille. Il venait souvent à la chasse à Anet; le soir, il y passait toujours une heure ou deux. Nous allions en voiture aux grandes manœuvres du camp, et nous y rencontrions une foule d'officiers, aussi brillants les uns que les autres: c'était fort amusant.

Nous étions un cercle de jeunes, excepté la châtelaine. Il était arrivé plusieurs personnes, et nous ne menions plus l'existence tranquille que j'ai décrite. Le

---

1. Adélaïde-Marie-Émilie Filleul, comtesse de Flahaut, puis marquise de Souza-Botelho (1761-1836). Son premier mari, qui était maréchal de camp, fut guillotiné pendant la Terreur; M. de Souza-Botelho, qu'elle épousa en 1801, la présenta à la cour impériale où son esprit et ses talents d'écrivain lui valurent des succès. Son fils de Flahaut devint aide de camp de l'empereur et fut depuis général et sénateur du second Empire.

camp d'abord faisait irruption à Anet; les officiers y dînaient, y passaient la soirée; ils y couchaient même souvent.

Inutile d'ajouter qu'entre des gens de cet âge, il y avait des amours et des aventures. Une jeune femme parmi celles qui habitaient le château était fort courtisée, surtout par un très jeune officier du 1ᵉʳ de lanciers et par un autre, plus jeune encore, qui n'était point militaire. Ils se disputaient le plaisir de lui offrir des bouquets anonymes, et dès qu'elle laissait son mouchoir sur un meuble, l'un des deux s'en emparait immédiatement; elle en perdit plus d'une douzaine par ces larcins là. L'officier finit par une drôle de confidence que je tiens d'elle, et dont elle fut très fière, je le comprends.

Après s'être occupé très assidûment d'elle, et comme il s'aperçut que peut-être il ne lui déplaisait pas, il l'étudia davantage. Ce n'était pas une de ces folles pour qui l'amour est un jeu, ainsi qu'il l'avait cru d'abord. Il sentit qu'elle s'attacherait exclusivement à lui et qu'elle serait malheureuse. Il eût pu profiter de cette disposition et l'abandonner après; il n'en fit rien.

Un soir qu'ils causaient sérieusement tête à tête, il lui demanda la permission de lui parler comme à une amie, et la promesse qu'elle ne lui en voudrait pas de l'aveu qu'il allait lui faire.

Il était aimé, depuis un an, d'une femme qu'il aimait aussi; cette union entre eux était grave et solide; il n'en aurait jamais d'autre qui puisse l'en détourner. Il pourrait, surtout en l'absence de sa maîtresse, chercher des distractions auprès de celles qui voudraient bien lui en accorder, mais s'il trouvait sous ses pas une femme capable d'inspirer et de ressentir un sentiment véritable, il s'éloignerait d'elle; pour l'un et pour l'autre, il ne voulait ni emporter, ni laisser des regrets; il ne voulait pas manquer sérieusement à la foi jurée, il préférait s'en rapporter à la générosité de la femme délaissée et lui confier leur bonheur à tous les deux. Ces choses-là se faisaient alors ; on dit qu'elles ne se passent plus de la même manière aujourd'hui.

Nous parcourions sans cesse à cheval cette belle forêt de Compiègne ; nous eûmes même une belle chasse à courre avec les princes, mais ce dont je garde surtout le souvenir, c'est d'une visite aux ruines de Pierrefonds. Le chemin à travers la forêt est délicieux ; il faisait un temps admirable. L'aspect du manoir, lorsqu'on y arrive, ne saurait s'oublier. Il se détache sur le ciel, en haut de la colline, et domine le paysage. Il reste peu de choses curieuses ; la vue est splendide du sommet d'une des tours. On découvre tous les bois des environs ; un petit lac entouré de maisons est au pied de la forteresse. Quel dommage qu'Henri IV ait cru devoir le détruire.

On y avait planté des sapins, placé des harpes Éoliennes ; c'était une sorte de jardin anglais ; le son de ces harpes, posées dans les branches des arbres, avait quelque chose de magique. Je ne puis oublier cette promenade.

Aujourd'hui, tout est bien changé. Un établissement d'eaux thermales s'est formé à Pierrefonds ; on reconstruit le château ; on va nous le rendre tel qu'il était ; c'est une entreprise trop gigantesque et peu magnifique.

Quand on pense que là, aux environs, était le castel du bon Porthos ! Dumas a donné une telle existence à des figures de romans qu'on s'imagine les avoir connues : elles vivent, elles ont les passions, les défauts, les héroïsmes, qu'il leur a prêtés. Il est impossible de visiter ce pays, sans se demander où pouvait bien être ce château de Bracieux. A l'époque de mon excursion, il n'était pas encore question des *Mousquetaires*, cependant ; un livre plein d'intérêt aussi, quoique dans un ordre très inférieur, avait attiré l'attention de ce côté.

Ce livre, en trois parties également, s'appelait, je crois, *le Fils du meunier;* il était de M. Mortonval.

Je ne dis rien du château de Compiègne, que je visitai, bien entendu. On a dû le restaurer complètement, car, dès cette époque, il en avait grand besoin.

Je parlerai au contraire, du château de Mouchy; d'abord, à cause de la personne qui l'habitait, et puis, parce que c'était une belle et aristocratique demeure, assez peu connue. Mouchy date peut-être du règne de Henri IV; du moins, il a dû être réparé alors, car il est bien plus ancien.

Il appartenait jadis à la maison d'Humières et il y a une légende. Le marquis, parti pour un assez long voyage, arriva la nuit sans être attendu et beaucoup plus tôt qu'il ne l'avait annoncé. En entrant dans la chambre de sa femme, il la trouva endormie et aperçut deux têtes sur l'oreiller. Avant d'entrer en aucunes explications, il tira son épée et en perça les coupables, qui n'eurent pas même le temps de se reconnaître et de se défendre.

Il ne tarda pas à découvrir son erreur; la marquise était innocente. Elle avait eu peur, seule dans cette grande pièce sombre, et elle avait fait coucher avec elle une de ses demoiselles, ce qui serait fort ridicule aujourd'hui; c'était tout simple alors.

On juge dans quel désespoir tomba le mari; il faillit en mourir, ce qui ne ressuscitait pas la malheureuse. Il fit construire une chapelle ardente dans la chambre où le meurtre s'était commis et s'y enferma. Il n'en sortit que pour aller à Rome demander l'absolution au Saint-Père, qui la lui accorda, puis il revint se retirer dans le catafalque et y resta jusqu'à sa mort.

La maîtresse du château de Mouchy était la comtesse Curial, veuve du général de ce nom[1] et fille du comte

---

1. Philibert-Jean-Baptiste-François-Joseph, comte Curial (1774-1829.) Général de division en 1809, pair de France en 1814, gentilhomme de la chambre de Louis XVIII en 1823.

Beugnot, si connu par son esprit et par les grandes places qu'il a occupées sous l'Empire et la Restauration.

Mme Curial avait été belle; elle était alors mère de deux fils et d'une fille mariée au marquis de S.-C...

Elle était restée bonne et aimable. Son père lui avait donné des goûts littéraires et artistiques. Nous verrons plus tard qui je rencontrai chez elle, et les délicieux dîners que nous y faisions le mercredi.

Très liée avec Mme la dauphine, qui lui écrivait de son exil, Mme Curial ne recevait que la très haute compagnie. Elle rendait sa maison charmante par la manière dont elle en faisait les honneurs. Je me rappelle en ce moment un trait d'elle que je veux écrire; je ne m'en souviendrais peut-être pas plus tard.

Elle recevait souvent une vieille duchesse et de très bonne roche, ma foi! dont tout le monde se moquait, bien qu'elle eut infiniment d'esprit et une conversation très amusante. Elle était peut-être un peu légère, brouillée avec sa famille, dont elle avait compromis la fortune par mille extravagances, — entre autres, celle du jeu, poussée à une puissance extrême.

Elle s'habillait de je ne sais quels oripeaux, et ne manquait jamais les jours de soirée d'arriver avec des panaches impossibles.

Ajoutez à ce portrait qu'elle avait beaucoup voyagé, qu'elle avait été une des héroïnes de l'émigration et qu'elle racontait des choses inouïes, ce qui ne l'empêchait pas de frapper autour d'elle à tort et à travers.

Un soir qu'elle n'était pas invitée, il lui passa par la tête de venir; elle ignorait qu'il y eût du monde; les salons étaient pleins. Son entrée fut un coup de théâtre; ceux qui ne la connaissaient pas crurent que Mme Curial procurait à ses amis le plaisir d'une soirée nécromancienne; on la prit pour une sorcière.

Sans s'arrêter à regarder personne, elle alla droit à la comtesse et s'excusa de son *négligé*, sur ce qu'elle ne savait pas trouver si nombreuse compagnie. Elle se lamenta d'être venue. — Mais, ajouta-t-elle, puisque j'y suis, j'y resterai.

Et la voilà établie à la place d'honneur, à laquelle elle avait bien droit par sa naissance. Elle devint le point de mire de tous les regards, et elle eut bientôt foule autour d'elle. La maîtresse du logis sut imposer tellement par sa tenue, par son tact et son savoir-vivre que, non seulement la duchesse ne put saisir l'apparence de cette disposition moqueuse, mais, ce qui est bien plus difficile, elle se maintint dans les bornes de la plus stricte convenance et ne prêta à rire que par son costume, tant elle fut bien dirigée par cette volonté ferme et gracieuse à la fois.

Peu de femmes eussent été capables de ce tour de force, de ce devoir d'hospitalité rempli avec tant de justesse et d'esprit. L'extérieur digne et noble y prêtait, c'est vrai, mais il n'aurait pas suffi : il fallait plus. Je me suis toujours rappelé cette soirée comme un modèle à observer et à suivre.

CHAPITRE XIV

Bal pour la reine des Belges. — Les gardes nationaux. — La dame au garde-vue vert. — *Bertrand et Raton*. — Samson et les acteurs. — Le contraire du *Mariage de Figaro*. — Angèle. — Ce qu'est la pièce. — Mlle Ida, Mlle Mélanie. — Une autre pièce de Scribe. — *Une Gageure*. — Ce que l'on y voyait. — Litz. — Pozzi. — Le père Hermann. — Les cadences et le *Dies iræ*. — Une grande dame. — Son portrait. — Ses soupirants. — Un empoisonné. — Il voit un rêve blond. — Réflexions. — Un vilain mot d'un homme célèbre. — Bals. — Celui de la comtesse de Chateau-Villards. — Mme de la Brunetière en bergère. — Les courses. — La comtesse Lehon. — Mme de Loynes. — L'impertinence. — Une leçon.

Je revins à Paris au mois d'octobre; très peu de temps après, la reine des Belges y arriva, et on lui donna des fêtes. La ville d'abord et puis les Tuileries. Je trouve dans mes notes que ce bal était fort mal composé, fort mal ordonné, ce qui n'était pas l'habitude, quant à la dernière chose du moins. La composition n'était jamais irréprochable, mais pour celui-là, c'était bien pis encore. Le monde n'était pas rentré et l'on avait battu le rappel. Les gardes nationaux et leurs *épouses* étaient en majorité. Ils se pavanaient, et il y avait des rustres qui n'appartiennent qu'à cette institution, comme la voix des gendarmes d'Odry. Encore faut-il qu'ils soient en uniforme, — en bourgeois c'est beaucoup moins frappant.

Il y avait ce soir-là une vieille anglaise que Louis-Philippe avait connue en émigration, et qui faisait la nouvelle des salons. Elle portait un garde-vue vert; jusque-là point de mal. A son âge, il est bien permis d'être infirme; mais par une idée de son pays, elle n'osa pas nous montrer toute nue une machine qui ressemblait à une visière de casquette; elle imagina de la couvrir de diamants, ce qui la faisait pencher en avant et lui cachait, non seulement les yeux, mais encore le reste du visage. Elle ressemblait ainsi à un auvent de bijoutier. Elle était assise près du roi; de sorte que chacun la vit à son aise.

A la fin de l'année, et dans le commencement de 1834, eurent lieu deux premières représentations de pièces très connues encore de la génération actuelle.

D'abord, *Bertrand et Raton* de Scribe, à la Comédie-Française.

Ce fut la révélation complète de la transformation du talent de Samson. Il joua ce rôle du *Comte de Rantzan* aussi bien qu'on peut le jouer, beaucoup mieux, selon moi, que le *Marquis de la Seiglière*, dont il a un peu fait un pasquin. Le bruit courut qu'il copiait M. de Talleyrand, ce qui est faux, mais ce qui fit venir bien des gens à la représentation. Dans tous les cas, le personnage peut lui ressembler; il n'a pas de réparties plus fines; il n'a pas plus de grâce, de conversation.

Nous eûmes là le contraire de ce qui est arrivé pour les pièces de Beaumarchais. Figaro se moquait de la noblesse, qui l'applaudissait à tout rompre, sans comprendre la portée de cette moquerie et de ces applaudissements. Scribe se moquait du peuple, des émeutiers, des bourgeois; et le peuple, les émeutiers, les bourgeois l'applaudissaient avec le même aveuglement.

Les autres acteurs de *Bertrand et Raton* étaient l'excellent Dupasay qui était *Raton*, Mlle Dupuis, la mère de ce charmant Dupuis, du Gymnase, — il faut dire à présent de la Russie, — Mlle Brocard, depuis comtesse de Longpré, par son mariage avec l'auteur de la jolie comédie des *Trois Chapeaux*. Régnier commença à se faire remarquer dans un rôle de petit commis émeutier; il était bien drôle; il avait déjà les excellentes qualités qu'il a si bien développées depuis.

La Porte Saint-Martin avait monté *Angèle*, d'Alexandre Dumas, qui nous fit verser toutes nos larmes. Son grand talent était surtout de remuer les âmes; on ne s'inquiète pas des moyens, on pleure et l'on est content.

Cette jeune fille trahie, abandonnée, a des accents sublimes de douleur. La scène avec sa mère est déchirante; on souffre avec ces deux femmes trompées par le même homme; on entre dans leur ressentiment, et quand, à la fin, il meurt tué par son nouveau rival, il semble qu'on se soit vengé d'un ennemi.

Il y avait une grande hardiesse à mettre sur la scène cette jeune fille grosse, arrivant au moment de faire ses couches; quand Mlle Ida entra en scène, couverte de son ample manteau, il y avait une sorte de frémissement dans la salle : quelques censeurs essayèrent de murmurer; les enthousiastes les firent taire.

Mlle Ida commençait à engraisser; elle était si jolie qu'on le lui pardonnait. Angèle est, je crois, son meilleur rôle; elle y était très bien. On ne pouvait pourtant pas la citer comme une actrice de talent, quoique très intelligente. Son organe n'était pas agréable, et sa prononciation était défectueuse au théâtre; il n'y en avait pas trace à la ville. On fit bien des plaisanteries à cet égard; elle parlait comme si elle eut eu un rhume de cerveau en permanence. Un critique fort influent alors, imprima qu'elle disait :

« *Baban je suis bien balheureuse!* »

Ce n'était pas tout à fait vrai; mais cela y ressemblait beaucoup cependant.

Mlle Mélanie avait presque autant de talent que nous lui en voyons aujourd'hui, au Gymnase, et elle était très jolie; elle représentait la mère de Mlle Ida, une jeune mère de trente-trois ans, et semblait la sœur de sa fille.

Quant à Bocage et à Lockroy, j'ai dit sur eux ce que je pouvais dire : ils furent excellents.

Je ne sais si j'ai parlé d'une autre pièce de Scribe, qui produisit un bien autre effet. On n'a rien vu de pareil sur aucun théâtre. On prétendit dans le temps que c'était une gageure, et que l'éminent écrivain aurait parié de faire venir toutes les femmes pour voir l'intérieur d'un mauvais lieu. Si cela est, il a gagné, car toutes, même les bégueules y ont couru par curiosité.

C'est un drame dont les situations sont un peu forcées, mais émouvantes. Deux jeunes filles, sœurs, appartiennent à une bonne famille, ni pauvre ni riche. Elles ont des idées différentes sur le mariage : l'une épouse par amour un homme dans une situation honorable, l'autre se marie avec un agent de change ou un banquier millionnaire. La première vit parfaitement heureuse et honnête ; la seconde tombe d'égarements en égarements. Sa sœur a le courage de la suivre partout ; tout y est, jusqu'au capitan, dont le titre ne saurait trouver place en ces pages.

A la fin, la malheureuse est dans un grenier, où elle se meurt rongée par tous les maux de son inconduite. Elle est devenue ivrogne pour oublier ; elle boit de l'eau-de-vie, et sa femme de chambre, qui ne l'a jamais quittée, lui arrache la bouteille des mains en s'écriant :

— Oh ! madame, dans votre état...

Sa sœur arrive encore à temps pour la réconcilier avec sa famille et avec Dieu. Mᵐᵉ Dorval était bien belle dans ce rôle ; elle en avait saisi toutes les nuances, et elle faisait en même temps honte et pitié. C'était bien là l'idée de l'auteur.

On ne joua pas longtemps *Dix ans de la vie d'une femme*, mais les représentations furent très fructueuses. C'était, il me semble, en 1832.

Dans ma maison, au-dessus de moi, logeait un des rois de la célébrité, Litz. On ne l'appelait plus le petit Litz, mais il était encore bien jeune. Il avait cependant déjà fait le voyage fameux, qui nous a valu les *Lettres d'un Voyageur*, un des plus charmants ouvrages de cette fée génie qui se fait nommer George Sand.

Je le rencontrai souvent, et je vois d'ici sa longue figure pâle et maigre, pleine d'originalité, et que l'on trouvait très belle. Il descendait l'escalier droit comme un spectre, et en faisant beaucoup de bruit, beaucoup moins cependant que son ami, son élève appelé *Pozzi* dans l'intimité et qui est devenu, par la grâce de Dieu, un des plus merveilleux moines de ce siècle ; c'est aujourd'hui le père Hermann. Il a mis, dans l'amour de Dieu et de ses fonctions saintes, toute la passion dont son cœur est susceptible. Il consacre, aux louanges du seigneur, les talents profanes qu'il avait acquis. Tous ceux qui lui ont entendu toucher l'orgue s'en souviendront comme moi.

En 1833, ce n'était qu'un petit garçon tapageur, vêtu d'une blouse, courant dans les escaliers et dans la cour ; il avait la turbulence de son âge et de son état d'artiste apprenti. Qui nous eut dit alors, que nous assisterions à des homélies prêchées par lui ?

Litz était le voisin le plus incommode qu'on put avoir. Il ne jouait jamais ni un morceau ni une improvisation. Il donnait quelques leçons à des privilégiés, et quant à lui, il faisait, pendant des heures de suite, une cadence double, des deux mains, sur la même note ! Ou bien il adoptait une phrase, comme l'évocation des nonnes de Robert ; il jouait :

« Nonnes qui reposez, sous cette froide pierre ! »

Et puis il recommençait, en variant les tons et à n'en plus finir, mais toujours la même phrase.

Une nuit, ce fut le commencement du *dies iræ* et il n'en sortit plus. Il y avait de quoi devenir fou, je vous assure. Aussi toute la maison se réunit-elle pour demander son expulsion. Nous l'eussions obtenue, mais il ne nous en donna pas la peine : il s'en alla lui-même. Il habitait là avec ses parents ; ils y restèrent seuls. Vers 1835 il devint le héros de l'illustre aventure dont on a tant parlé : une grande dame s'éprit de son génie, et ce n'était pas une grande dame de contrebande.

Irréprochable, jusque-là, bien qu'entourée d'hommages, elle se laissa séduire par un homme dont la position la sortait de sa sphère. Remplie d'esprit, très instruite, elle avait la tête ardente et l'imagination exaltée. Il lui fallait quelque chose d'étrange, il lui fallait un homme qui ne ressemblât pas aux autres. Elle les avait tous dominés. Ils furent vengés par celui-là. Coquette, féroce, elle avait en ce moment autour d'elle, à ma connaissance, seulement cinq ou six hommes, qui tous en étaient amoureux fous.

Nul n'eut l'instinct, excepté un pourtant, de songer à ce rival dont le nom d'artiste se mêlait à leurs noms de gentilshommes ; le jour où ils le découvrirent, ils en furent atterrés. Pourquoi ne savaient-ils pas lui plaire autant que celui-là ?

Elle n'était pas précisément jolie, mais elle avait une élégance, une distinction, des cheveux blonds, des yeux, un charme qui en faisaient une beauté. On oubliait sa maigreur, qu'elle *angélisait* dans des flots de mousseline et de tulle. On cherchait involontairement ses ailes.

Aussi les poètes l'adoraient et la chantaient, sur toutes les cordes de leur lyre. J'en sais un, bien grave aujourd'hui, qui tout bonnement s'empoisonna en apprenant son départ et son amour éclatant pour un autre. Il en fut certainement mort, si dans sa volonté de sortir de ce monde, il ne s'était administré triple dose, de je ne sais quel opium. Heureusement aussi, car c'eut été une grande perte pour l'art et pour ses amis, un de ces amis-là entrait à ce moment.

On le sauva avec beaucoup de peine; il en fut longtemps malade. Nous disions de lui qu'il voyait blond, qu'il parlait blond, qu'il pensait blond, tant ces merveilleux cheveux couleur des épis l'avaient ensorcelé.

La belle dame préféra, à tous ces amours-là, celui qui lui offrait le plus de dangers et de péripéties. Elle fit ce que la passion dicte presque toujours à une femme de cœur : elle se perdit. Elle abandonna sa position pour les hasards d'une vie aventureuse, et pour appartenir uniquement à celui dont elle avait fait choix.

Qu'on me pardonne de le dire, c'est toujours une sottise et une folie. L'amour passe inévitablement; et l'on se trouve alors en face de deux alternatives.

L'homme qui risque, et qui abandonne bien moins que nous cependant, s'aperçoit le premier qu'il a quitté le chemin de tout le monde, qu'il s'est fait une situation anormale, et qu'il s'est fermé les portes de l'avenir. La chaîne qu'il a rivée lui-même lui a paru légère jusqu'ici : tant que la passion l'a dorée de sa flamme, il s'en est paré avec délices. Mais quand cette lumière s'éteint, il sent ce qu'il traîne, il regarde la marque de ses fers qui le blessent.

S'il est honnête homme, il cache cette impression; il se dit qu'après avoir accepté, provoqué souvent un tel sacrifice, il ne peut abandonner celle à qui il ne reste plus que lui. Eût-elle tous les torts possibles, s'ils lui sont prouvés d'une façon irrécusable, il peut se séparer d'elle; toutefois, il doit lui rendre à peu près l'équivalent de ce qu'il a pris, en lui conservant au moins quelque appui sur la terre.

Il résulte de cette nécessité, que l'homme est malheureux, que la femme s'en aperçoit ; si elle est aussi généreuse que tendre, elle lui rendra sa liberté en conservant pour elle seule tout le poids de sa faute. Quelle destinée alors que celle de cette pauvre créature !

A-t-elle été illusionnée, au contraire, par son sentiment? Au lieu d'un homme d'honneur a-t-elle aimé un misérable? Il l'abandonne sans autre forme de procès ; lorsqu'elle aura cessé de lui plaire, il la jettera de côté comme un jouet brisé et inutile, sans s'informer de ce qu'elle est devenue, sans se soucier de ses douleurs et quelquefois de son dénûment. Elle a tout oublié pour lui seul ; à son tour, il l'oublie, il la dédaigne. Elle est trop heureuse quand, pour s'excuser, il ne la calomnie pas.

Ainsi le veut le ciel ; c'est la punition inévitable de la révolte contre les lois divines et humaines. Il me revient à l'esprit des vers très inconnus, d'une femme auteur, il y a cinquante ans, dont nul ne se souvient plus : Mme Dufresnoy. Ils expriment bien cette pensée :

> Celui qu'on aime, au prix de son devoir,
> Est le vengeur des torts que ces lois nous reprochent.
> Et la divinité lui remet son pouvoir.

Si les femmes calculaient bien tout ce qu'il leur coûte de larmes, de désolations, de bouleversements d'existence, en cédant à une passion coupable, elles s'en abstiendraient, même honneur à part.

Mais calcule-t-on quand on aime véritablement ?

On m'a cité un vilain mot d'un homme très connu, qui compromettait une femme. Un de ses parents alla le trouver, au nom de sa famille, et le supplia de ne pas poursuivre une séduction, qui porterait le déshonneur dans une maison respectable et qui serait la cause de grands malheurs.

— Je poursuivrai, répliqua-t-il.

— Vous en êtes donc passionnément amoureux ?

— Non, c'est pour ma biographie : cela fera bien.

Cet homme-là avait-il du cœur ? Il est permis d'en douter. Je plains la femme, si elle s'y est laissé prendre.

Probablement pour se dédommager des hivers précédents, on dansa beaucoup celui-là. Il y eut entre autres un ravissant bal costumé, chez la comtesse de Chateau-Villards. Il y avait de bien beaux travestissements. La personne qui m'est le mieux restée dans la mémoire, c'est Mme de la Brunetière, fille de Mme Talien, dont je parlais dans le chapitre précédent. Elle ressemblait à sa mère, si belle, et elle la rappelait à tous ceux qui l'avaient connue.

Elle était vêtue en bergère Wateau. On ne songeait guère à ce siècle-là encore ; tout était au gothique, tout au plus au temps des Valois, les plus avancés au Louis XIV. Je la vois d'ici : sa robe de brocart vert, semé de roses, était posée sur un fort grand panier et relevée sur une jupe de satin blanc. Elle avait partout des guirlandes de roses ; sa houlette en était entourée, et son petit chapeau, campé de côté sur un crêpé poudré à frimas, en avait encore.

Mon Dieu que c'était joli et qu'elle était belle !

La mode des courses, déjà introduite depuis quelques années, devenait bien plus grande, grâce à la fondation du Jockey-Club, fondation à laquelle je reviendrai tout à l'heure. En cette année, il n'y avait encore à ces réunions hippiques que des femmes de la société. Les autres n'y allaient point ou très peu, parce que les hommes n'auraient pas osé s'occuper d'elles devant leurs mères, leurs sœurs ou leurs femmes. Maintenant personne ne s'en fâche et les deux mondes vivent en bonne intelligence.

Ce fut, ce me semble, la première année de Chantilly ; que c'était charmant ! Quelles parties l'on y faisait ! La croix de Berny était dans toute sa splendeur.

Les voitures s'y rendaient en foule, et la route était un véritable salon.

La femme à la mode, celle dont on parlait le plus et dans tous les mondes, était la comtesse Lehon. Je ne crois pas avoir vu une plus belle taille ; mince comme une guêpe, elle avait des épaules splendides. Le visage était bien, sans être d'une beauté régulière : des yeux magnifiques et des cheveux blonds d'une nuance délicieuse en faisaient une merveille, bien qu'il fût un peu plat et la bouche un peu dédaigneuse.

Ajoutez à cela une suprême élégance, des toilettes que l'on citait partout. Joignez-y un esprit rare, beaucoup d'instruction, un grand sérieux dans ses idées, sous une apparence légère, et vous comprendrez le grand succès de l'ambassadrice de Belgique.

Il y avait dans la société une autre personne qui lui ressemblait parfaitement de visage, Mme de Loynes. Elle avait les mêmes cheveux, presque les mêmes traits, la même élégance de tournure, mais la taille n'était pas aussi remarquable.

Cette année-là, l'impertinence commença à devenir de mode. Une coterie de jeunes femmes imagina de la mettre en honneur, et elle s'en acquitta en perfection.

Tout ce qui n'était pas absolument de leur bande, fut traité de Turc à Maure ; elles ne se levaient plus pour saluer, même les femmes âgées ; elles toisaient des pieds à la tête ceux qui leur parlaient et qui ne leur convenaient pas; je leur ai vu donner plus d'une leçon par des hommes qu'elles maltraitaient ainsi.

CHAPITRE XV

Quatre femmes incontestablement belles. — La baronne F... — La comtesse A. de V... — Mme de S.-C... — La duchesse d'I... — Plusieurs autres jolies femmes. — L'Opéra et le bal de Gustave. — Les gens du monde sur la scène. — Une femme y reconquiert son mari. — Mme Alexis Dupont et Mazillier. — Cornélie Falcon. — Son début. — Succès immense. — Une mauvaise fée lui fait perdre sa voix. — Essais infructueux dans *les Huguenots*. — Mon voisin de loge. — Ce qu'il était. — Suzanne Brohan. — Début de Mlle Plessis. — Conseils et excuses. — Martin Bouffé. — *Michel Perrin*. — La troupe et les pièces du Gymnase. — Appréciations de *Jacques*, de Mme George Sand. — Auguste Kernok et *le mousse*. — Romieu. — Vers de Mlle Ondine Valmore à 12 ans.

Il y avait à Paris quatre femmes d'une beauté incontestable. Elles pouvaient ne pas plaire, mais nul ne songeait à leur disputer la régularité des traits et la magnificence de la taille.

La première était Mme la baronne F... Rien de plus beau qu'elle. Il m'est arrivé de rester pendant des contredanses tout entières à la contempler. Il ne lui manquait rien, pas même la modestie. On la disait sans esprit, qu'importe? Sait-on si Vénus en avait?

Mme la comtesse R. de V..., dont j'ai déjà parlé, venait ensuite. Elle avait plus de physionomie, mais moins de pureté dans les lignes ; le nez était un peu busqué, la taille superbe. La grâce manquait peut-être, ou plutôt le charme, mais elle produisait un grand effet dans un bal lorsqu'elle était très parée.

De ces trois déesses, M⁽ᵐᵉ⁾ de S.-C... est la seule qui survive. On voit encore les traces de cette merveilleuse beauté ; ceux qui l'ont connue jeune la retrouvent ; ceux qui ne l'ont pas connue n'ont pas besoin de la chercher : ils sont frappés de ce port de reine, de ces beaux yeux, de tout ce que les années n'ont pu lui ôter et ne ne lui ôteront jamais.

Enfin, la quatrième, qui vit également, est la duchesse d'I... : c'était une de ces beautés qui saisissent et dont on ne saurait détourner les yeux. Peut-être était-elle la moins discutée des quatre, et pourtant la régularité était moins remarquable. Elle plaisait davantage ; pourquoi? Qui le sait?

Je pourrais encore nommer bien des femmes charmantes, si ce n'est aussi magistrales : ainsi la duchesse d'O..., M⁽ᵐᵉ⁾ P..., M⁽ᵐᵉ⁾ d'A..., M⁽ᵐᵉ⁾ de K..., ce serait des litanies de lettres alphabétiques qui n'intéresseraient personne, excepté ceux qui devinent les rébus.

Les théâtres étaient assez suivis, même pendant le carnaval, ce qui est rare. Nous avions à l'Opéra *Gustave* et son bal masqué, qui faisait rage. On a prétendu que des hommes et même des femmes de la société avaient obtenu de M. Véron, alors directeur, la permission de figurer parmi la foule de costumes qui tournoyait sur la scène. J'ai quelque raison d'en être sûre pour les hommes et pour *une* femme au moins. Elle voulut aller voir de près une danseuse, qui lui enlevait son mari, et prit place un soir parmi les dominos roses ou bleus qui garnissent les banquettes. La pauvre créature fut au moment de se trouver mal, en voyant sa rivale, plus jolie peut-être de près que de loin, causer avec un magicien, qui lui sembla être l'infidèle qu'elle pleurait amèrement.

Elle eut le courage de se taire jusqu'à ce que la ballerine fût seule, ou du moins jusqu'à ce que le magicien l'eût quittée ; alors elle alla vers cette folle beauté, l'entraîna derrière un portant, pendant que Mme Alexis Dupont et Mazillier dansaient d'une façon si charmante leur pas styrien, et, là, elle se fit connaître : elle parla avec tant de cœur, de pathétique, que la danseuse en eut les larmes aux yeux et lui promit de lui renvoyer son mari ; elle a tenu parole. Cette petite aventure ne fut connue que beaucoup plus tard.

Mlle Falcon était alors dans toute sa gloire. Je ne sais pourquoi je n'ai pas parlé de son début, auquel j'assistai pourtant par hasard. C'était le jour de ma naissance ; mon oncle me demanda ce que je voulais ; je lui dis : une loge à l'Opéra. On donnait *Robert le Diable*, que je ne voyais jamais assez. Il y avait bien sur l'affiche une débutante, mais comme on n'avait fait sonner aucune trompette, je fus plutôt fâchée que bien aise de n'avoir pas Mme Dorus.

C'était en plein été ; la salle n'avait donc pas sa composition brillante des jours de carnaval. On vit entrer cette jeune fille qui tremblait, et dont le costume de ballerine dissimulait le visage ; on ne l'applaudit pas, on n'en attendait pas grand'chose peut-être. Mais après les premières mesures du récitatif, lorsque cette voix pure et fraîche, commença l'air :

> Va, dit-elle, va, mon enfant !

Il y eut d'abord un murmure d'étonnement, puis un grand silence ; et, à la fin, un tonnerre d'applaudissements, un enthousiasme qui alla croissant, à un tel point, qu'au cinquième acte les hommes mettaient leurs mouchoirs au bout de leurs cannes et les agitaient, ne sachant plus quel témoignage d'admiration inventer.

De ce jour, Cornélie Falcon devint la favorite du public. Elle était plutôt grande que petite ; ses cheveux et ses yeux noirs comme l'aile du corbeau. Son teint chaud et uni lui donnait l'air de ces belles Orientales des tableaux anciens ; de là le bruit très répandu de son origine juive, ce qui était faux. C'est assurément la cantatrice la plus complète que l'Opéra ait eue de nos jours. Tragédienne consommée, elle eût pu, comme Nourrit, débuter à un théâtre de drame. Rien ne lui manquait : ni l'expression, ni la noblesse, et la beauté lui prêtait un charme de plus.

Sa réputation de sagesse et de cruauté, qui se maintint pendant bien des années, lui donnait, pour adorateurs, tous les hommes qui l'écoutaient. Quelle avalanche de déclarations, en vers et en prose, elle recevait chaque jour et qu'elle jetait au feu ! Sa vie ressemble un peu à une vieille légende. On eût pu croire que quelque fée lui avait fait don de son génie et de sa voix, à de certaines conditions qui, n'étant plus remplies, devaient lui ravir l'un et l'autre.

Hélas ! l'admirable artiste, un jour, se trouva dans l'impossibilité de chanter. Elle employa tous les moyens imaginables, alla demander au ciel de Naples de lui rendre ce qu'elle avait perdu. Elle crut, à force de soins, avoir reconquis son trésor merveilleux. Elle revint en France et se fit entendre à l'Opéra, à une représentation à son bénéfice dans Valentine, des *Huguenots*, un de ses triomphes. Elle commença admirablement ; elle était heureuse et nous aussi. Elle croyait avoir retrouvé sa voix.

Tout à coup, elle ouvre la bouche, et il n'en sort plus aucun son ; je ne saurais rendre ce qui se passa alors, le cri qui s'échappa de toutes ces poitrines, comme si chacun eût voulu lui donner de son souffle. Elle essaya en vain ; alors sa physionomie exprima une douleur que rien ne saurait peindre ; elle se trouva mal et il fallut baisser la toile. Le public emporta un sentiment de tristesse indicible, que rien ne put effacer. Depuis lors, on ne l'a plus revue. Elle sera allée en Russie où, dit-on, elle a tenté le drame. Son organe lui a même refusé ce service.

Revenons à *Gustave*, qu'elle chantait si bien avec

Nourrit et Levasseur. Je n'étais pas à la première représentation, mais à une des suivantes, et je ne saurais oublier ce qui m'arriva. J'étais avec le plus jeune de mes frères; nous entrâmes dans une loge de secondes de face, où se trouvait déjà un monsieur qui, fort poliment, se leva et nous donna la place de devant, en priant mon frère de prendre l'autre. C'était un homme assez âgé, qui avait été beau, qui conservait une grande distinction et une taille majestueuse.

L'opéra commença; nous causâmes avec lui; il nous parut très instruit de ce qui se déroulait sur le théâtre; il nous donna également de très grands détails sur Gustave III et sur ce qui se passait à sa cour. Nous l'écoutions avidement, car il parlait à merveille, et ce qu'il disait avait un cachet de vérité incontestable.

Quand arriva le cinquième acte, et le moment de l'assassinat, il nous raconta une foule de choses d'un intérêt extrême et qui nous empêchèrent presque d'écouter la pièce, mais nous ne nous plaignions pas, certes. Mon frère, ne pouvant s'expliquer cette science, lui adressa quelques questions, ce que je n'aurais pas osé faire.

— Vous êtes donc Suédois, monsieur?
— Oui, monsieur.
— Vous étiez en Suède quand s'est passé ce funeste événement?
— Je le crois bien, que j'y étais, je suis un des *conjurés*, et j'ai beaucoup aidé à la mise en scène de cet ouvrage par mes souvenirs.

Nous fûmes atterrés tous les deux; pour nous, que le drame avait mis du parti du roi, conjuré voulait dire *assassin*. Le comte le comprit et se mit à sourire.

— Vous êtes bien heureux, ajouta-t-il, et vous ne comprenez pas, que parfois, la vie d'un homme peut être indispensable au salut d'un pays, et que, dans ce cas, on ne doit pas se permettre de juger ceux qui en disposent. Vous saurez cela plus tard.

Il nous salua très gracieusement et sortit. Non pas fâché contre nous, je l'espère, et j'en aurais été désolée, car, malgré son *crime* commis par un autre, j'avais senti pour lui une vive sympathie. C'était le comte de R*** qui s'était réfugié en France depuis l'attentat, et qui y a toujours demeuré depuis.

A la Comédie-Française, débutait Suzanne Brohan. Elle fut ravissante d'esprit et de talent, mais à elle aussi, la voix faisait défaut; elle ne put y rester et retourna au Vaudeville, où elle demeura jusqu'à sa retraite, qu'elle prit bien jeune encore pour la même raison. Nous aurons l'occasion d'y revenir.

Mlle Plessis, également, débuta vers la même époque. Elle était petite et grandit en moins d'un an. Je la vois encore jouant avec Mlle Mars dans *Une passion secrète*; elle était presque enfant, quinze ans à peine, mais elle était charmante. Mlle Plessis a été certainement une très belle personne; si elle voulait être simple et naturelle, il ne lui manquerait rien, mais elle gâte par une affectation constante les grandes qualités que la nature lui a données; c'est bien dommage. Elle a de l'esprit et beaucoup, et elle en diminue l'effet; ses yeux sont superbes, elle les tourne de façon à en annihiler l'expression. Elle a une voix adorable, et la traîne; elle a une démarche royale, et glisse au lieu de poser les pieds. Elle lance le mot avec prestesse, et le brusque. Elle est toute prête à jouer les coquettes; elle en a les séductions et les grâces et les minauderies. Elle écrit si clairement dans toutes les manières, qu'elle va attaquer le cœur de son adversaire : il doit nécessairement se mettre garde et ne point se laisser prendre à ses cajoleries.

Et puis, elle se laisse habiller par des étrangers qui se servent d'elle comme d'une poupée, à cause de sa célébrité, et qui l'affublent comme elle l'était dans *Maître Guérin*. Comment une femme de son talent, et de sa beauté, peut-elle céder à de telles directions? Elle est trop accomplie pour n'avoir pas du goût naturel, et pour ne pas comprendre que ces excentricités sont indignes d'elle et de l'art sérieux.

Que Mlle Plessis me pardonne ces observations, personne plus que moi ne lui rend justice, personne n'a pour elle plus de sympathie, mais je voudrais la voir parfaite et cela lui est facile. Elle n'a qu'à rester elle-même, qu'à se montrer, qu'à paraître naturellement. Elle serait trop cruelle de nous refuser ce plaisir de l'admirer sans restriction.

Nous avions Martin, à l'Opéra-Comique; il était bien alors âgé de soixante-douze ans; il chantait encore admirablement; il était toujours un acteur parfait et personne n'a pu le remplacer dans aucun de ses rôles. Il avait une voix exceptionnelle, une voix dont le registre contenait trois octaves pleins. Il chantait les barytons, les ténors et les basses; il aurait presque chanté les soprani. C'était tout à fait *un*. Il ne resta que peu de temps et n'eut pas le succès qu'il méritait, près d'un certain monde. Déjà le mot *vieux* était une injure, dont on ne se relevait pas. On l'appliquait à Mlle Mars; et elle eut bien de la peine à en triompher; elle n'en triompha complètement qu'à sa représentation de retraite, ainsi que nous le verrons.

Bouffé était dans le fort de ses succès au Gymnase. Il jouait *Michel Perrin*, et bien d'autres pièces. Ce Gymnase avait une troupe hors ligne. Jenny Vertpré, cette adorable *chatte*, l'esprit incarné. Jenny Colon, qui ressemblait non pas à Marie-Antoinette; elle était loin d'en avoir la majesté ni la beauté souveraine, mais à Mlle d'Olive, la courtisane, qu'on eut l'infamie de faire passer pour elle, dans l'intrigue du collier. Léontine Fay et ses beaux yeux et sa passion. Julienne, la maîtresse duègne de Paris, avec Mme Guillemin, Mlle Despréaux, qui fut depuis Mme Allan, et qui était déjà digne de ce qu'elle devint. En hommes: Ferville, Paul, Bouffé, Allan, Legrand, Klein, Numa, et tant d'autres.

Je me rappelle surtout deux pièces qui n'étaient pas excellentes, mais où l'on voyait ce délicieux trio : Jenny Vertpré, Léontine Fay, Jenny Colon. Celle-ci chantait délicieusement ; nous la retrouverons à l'Opéra-Comique. Ces pièces étaient : *les Trois Maîtresses* et *le Pensionnat de Suresnes*; et pour Bouffé et Jenny Vertpré, dans *les Vieux Péchés*, Léontine et Mlle Despréaux dans *le Chaperon*, Julienne et Ferville dans *la Chanoinesse*, Mlle Despréaux dans *la Lectrice*, Paul et Léontine dans *les Malheurs d'un amant heureux*. Ce serait à n'en plus finir, si je citais tout ce que ce théâtre nous donna de jolies pièces et nous montra d'excellents interprètes.

A cette date, où certes j'étais loin de penser que, très peu d'années après, je m'occuperais de littérature, mes notes me présentent une appréciation du roman de *Jacques*, de Mme Sand. Je vais la transcrire, car ce jugement est celui d'une personne complètement désintéressée, dont les impressions étaient celles des gens du monde en général.

« — Ce roman a moins d'intérêt que les précédents. Jacques est un homme d'un caractère admirable, impossible. Il épouse une femme jeune et belle, qu'il adore, et dont il est aimé. Il a trente-cinq ans, elle dix-sept ; cette différence est grande, il est vrai, mais un homme de trente-cinq ans est loin d'être un vieillard : on ne dit pas en parlant de lui, le vieux Jacques et il ne propose à personne l'appui de ses cheveux blancs. Il y a ensuite Sylvia, une Lélia sensible. On la croit sœur naturelle de Jacques, sans jamais en être sûr, qui débite de singulières maximes. Clémence, l'amie de Fernande, femme de Jacques, a une raison dure et mal gérée qui donnerait envie de faire des sottises. L'amant de Fernande, Octave, est le personnage le plus naturel du livre. Il aime de bonne foi et trompe son ami, ce qui est un peu trop commun. En s'apercevant que sa femme ne l'aime plus, Jacques la quitte ; il la laisse avec celui qu'elle lui préfère : tout cela sans bruit, sans éclat, après que la conduite de Fernande a fait un scandale immense, pendant un voyage en Lorraine, sans son mari.

« Elle ne sait pas si Jacques a appris toute cette aventure, bien peu ordinaire. On n'a guère vu, que je sache, un corps d'officiers tremper tout entier dans une infamie; il s'en trouverait au moins quelques-uns pour protester. Ils soupçonnent une jeune femme de bonne famille, d'une réputation intacte jusque-là, d'avoir donné un rendez-vous; ils entourent sa maison; ils l'en laissent sortir, mais ils enferment son amant. Pourquoi? Qui leur donne le droit de perdre ainsi son avenir? Est-elle justiciable de leur jalousie ou de leur plaisanterie de mauvais goût? Cela me paraît difficile à accepter.

« Jacques, fatigué de la vie, après avoir encore, par sa présence, sanctionné la grossesse de sa femme, bien qu'il en fût très innocent, finit par se jeter dans un glacier et pousse la générosité jusqu'à laisser croire que c'est par accident.

« Le style de Mme Dudevant est une magie. Beaucoup de pages sont sublimes. La poésie des pensées et du langage y est semée à pleines mains. Quelle belle couronne les femmes devraient tresser pour la tête de ce grand écrivain! Peut-être se trompe-t-elle, peut-être veut-elle nous introduire dans une voie, qui n'est pas la meilleure, pour notre bonheur et notre repos. Elle est alors bien dangereuse, car elle nous entraîne, car elle nous donne l'envie de la connaître et de l'aimer. »

Il est très certain que les livres de Mme Sand sont pour un grand quart dans les sottises de cœur des femmes de notre génération. Elle fut *adorée* par nous toutes, c'est le mot. Comment ne l'aurions-nous pas crue? *Indiana* et *Valentine*, dont je n'ai rien dit, l'avaient élevée sur un piédestal; *Lélia* ne fut que très peu comprise. C'est un poème trop haut placé pour que tout le monde puisse y atteindre. Toute cette première manière de Mme Sand n'est peut-être pas la plus morale, mais c'est elle qui a produit le plus d'effet sur les esprits et sur les cœurs.

Je lis, quelques lignes plus loin, sur mon cahier :

« L'autre livre dont je veux parler est aussi d'une femme, et c'est une charmante chose. Il y a une naïveté, une grâce, dans les amours du mousse avec Jeanne, qui fait du bien au cœur. La mort de ce pauvre enfant est si touchante! Dans ce temps, on ne nous émeut qu'à coups de poignard, et à force de crimes : on est bien aise de pleurer pour quelque chose de vrai. »

Ce livre si *féminin*, qui s'appelait *le Mousse*, était d'un homme dont la réputation n'était pas le sentiment d'Auguste Romieu. Il l'avait signé Auguste Kernok. Lorsque je le connus, et que je lui montrai ces lignes, il se moqua cruellement de moi.

Il doit y avoir un peu de tout dans ces *Mémoires*; je veux vous faire connaître deux pièces de vers inédites, dont la première est de la fille de Mme Desbordes-Valmore[1], à l'âge de douze ans. Je ne crois pas qu'elle ait été oubliée. Cette enfant vit-elle encore? Alors pourquoi n'en parle-t-on pas, car il y avait en elle l'étoffe d'un poète. Elle s'adresse à M. de Lamartine, au moment où il venait de perdre sa fille unique :

> O! Lamartine, ô! toi, que le ciel a formé
> De tout ce qu'il avait de pur et de suave,
> Se peut-il? Se peut-il! ton âme douce et grave
> Est triste! ô! Lamartine, et pour avoir aimé,

---

1. Marceline-Josèphe-Félicité Desbordes (1786-1859) fut d'abord chanteuse à l'Opéra-Comique; elle épousa l'acteur tragique Valmore, quitta la scène au bout de quelques mois, pour se consacrer entièrement à ses travaux littéraires. Valmore était à la Comédie-Française, en même temps que Talma. Nous publierons des lettres inédites de lui, adressées à M. Félix Delhasse, chez qui il est mort à Bruxelles. C'était aussi un écrivain et un poète. Il a laissé un *Essai sur le théâtre* et une Étude sur Talma, qui paraîtront avec ses lettres, ainsi que beaucoup d'autres encore, fort curieuses, de sa femme.

Se peut-il, se peut-il ? Quand ta harpe divine
Berçait l'enfant joyeux, par ton cœur adoré,
La mort la regardait ! De sa piquante épine,
Elle cherchait le cœur de l'arbuste pleuré !
Père, console-toi, ta fille bien-aimée
Est montée où la mort n'entre que désarmée.
C'est Dieu qui l'a voulu, c'est Dieu qui l'aimera ;
Ainsi, ne pleure plus, père, il te la rendra.

Certes, cela n'est pas parfait ; il y a peut-être un peu trop d'obéissance aux travaux de l'époque ; le se *peut-il !* se répète trop ; mais parmi ces vers, il en est plusieurs dont les vrais poètes s'honoreraient ; les quatre derniers sont parfaits.

CHAPITRE XVI

Vers de Gavarni. — *Les Paroles d'un croyant.* — Le Jockey-Club. — Les autres cercles. — Lord Seymour. — Mort de M. de la Fayette. — Voyage à Vendôme. — M. Scudo. — *Le Fil de la Vierge.* — Maurice Saint-Aguet. — *Catherine ou la Croix d'or.* — Mlle Soye. — Où peut conduire l'erreur d'un bureau de diligence. — Mme de Ch... — Le duc et la duchesse d'A... — Le prince Elim Massalsky.

Voici maintenant des vers de Gavarni, envoyés par lui au masque, à la dame au *dos para dos*.

Minuit dans les bois.

Cette nuit, dans les bois, une calèche, errante,
De sa double lanterne éveillant l'écureuil,
A travers les rameaux, revenait sautillante,
    De Boulogne au bassin d'Auteuil.

La rêveuse, aux buissons d'une étroite chaussée,
Laissait, nonchalamment, balayer ses panneaux ;
Dans le sable, sans bruit, doucement balancée,
    Comme une barque sur les eaux.

Et, pour charmer encor ce nocturne voyage,
Dont la lune des bois gardera le secret,
Les jeunes baliveaux agitaient leur feuillage,
    Où la serpe d'argent brillait.

De projets de bonheur, la calèche était pleine ;
Nul ne sait quels regards venaient s'y caresser,
Ni quelle blanche main a quitté sa mitaine
    Pour cueillir un premier baiser.

Ni quelles voix ont fait de ces aveux qu'inspire
L'ombrage parfumé des arbres défendus.
Pourtant, bien des échos, au moins pour en médire,
    Voudraient les avoir entendus.

Beaux discours de secrets, vous perdez un mystère,
Echappé de Paris pour ce bel entretien.
Les paroles allaient tomber dans la fougère,
    Et le salon n'en saura rien.

De ces nobles panneaux les écussons s'effacent,
A l'heure où, dans le bois, va dormir l'écureuil,
Et vous ne saurez rien des lanternes qui passent,
    La nuit, près du bassin d'Auteuil.

Vous voyez combien ce spirituel dessinateur est poète ; et il n'en dit rien à personne ; il faut donc que les amis le disent.

Cette année vit paraître *les Paroles d'un Croyant*, de M. de Lamennais. Ce fut une révolution dans le monde, où deux camps se formèrent. Tout ce qui penchait vers les idées nouvelles, acclama ce livre et son auteur. On s'exalta de ce style admirable ; on accepta les principes, et l'on vit une rénovation de la foi dans ces pages brûlantes d'enthousiasme.

Les sévères crièrent anathème. Ils rendirent justice au talent et excommunièrent l'écrivain. Je ne sais s'ils étaient dans leur droit, du moment qu'ils accordaient la liberté d'examen sur les matières divines. Le génie humain est borné ; il est des matières qu'il ne doit pas approfondir, sans les mettre au niveau de son intelligence ; et, comme il ne les comprend pas, il les nie. Le meilleur, selon moi, est de croire et de ne pas discuter. C'est une si bonne et si douce chose que la foi, un si excellent oreiller pour la douleur. Ne nous exposons donc pas à la perdre, en nous lançant dans des sphères au-dessus de la nôtre.

Quant à moi, je n'ai lu ni *le Maudit* ni *la Vie de Jésus*, ni tous les livres de ce genre. J'ai reçu de mes pères une croyance ; je veux la conserver intacte ; il semble que c'est le meilleur parti.

Il existait, à Londres, un Jockey-Club ; dès lors Paris devait avoir le sien, d'autant plus que l'amour du cheval se répandait de plus en plus, dans les classes élevées surtout. Quelques jeunes gens élégants, du haut monde, imaginèrent donc de se former en société hippique, et le Jockey-Club prit naissance, modestement d'abord. Ils trouvèrent le premier étage de la maison qui fait le coin du boulevard et de la rue du Helder, au-dessus de Dalisme, et s'y établirent. L'appartement était convenable mais médiocrement grand, et bien moins magnifique que ceux des autres cercles déjà existant.

On les comptait ; il y en avait seulement cinq ou six, dont les principaux étaient celui de *l'Union*, au coin de la rue de Grammont, boulevard des Italiens, et l'*Ancien cercle*, en face du passage des Panoramas. Ils étaient surtout fréquentés par des hommes d'un certain âge ; les jeunes gens n'y passaient pas leur vie comme à présent ; on s'occupait encore des femmes, et l'on n'eut pas consenti à se priver de leur société pendant la majeure partie des soirées. La fondation du nouveau club fut le premier et le plus terrible coup porté à la société : de ce jour, il fut de bon goût d'en être et de s'y maintenir. On fut très difficile pour l'admission.

Lord Seymour[1] fut nommé président et cela lui revenait de droit. Il était trop en vue pour qu'on n'en parlât pas dix fois davantage. Le Jockey-Club prit son rang tout de suite ; il fut un des lieux les plus élégants de Paris, il fonda des prix et des courses. On sait ce qu'il est devenu.

---

1. Henry Lord Seymour-Conway, né en 1805, frère cadet de Francis-Charles-Ingrane Seymour-Conway, marquis de Hertford, comte de Yarmouth, etc.

Nous n'eûmes pas assez de prévisions pour deviner les conséquences de cette fondation, et nous nous en occupâmes beaucoup pour la louer. La mort de M. de la Fayette nous inquiéta bien moins que les noms sortis de l'urne pour la nouvelle association. L'enterrement du général attira tout le monde, non comme acteurs, mais comme spectateurs. On s'attendait à quelque manifestation : il n'y en eut point. L'auteur de *la Meilleure des républiques* s'en alla en terre comme M. de Malborough, avec quatre *zofficiers*. On entendit plus de plaisanteries et de mots ironiques sur son passage que d'oraisons funèbres. L'éternel cheval blanc revint à toutes les mémoires, et cette pauvre médiocrité laissa peu de regrets, si ce n'est à sa famille et à ses amis, car il était bon.

Le marquis de La Fayette dénia sa noblesse, et cependant il lui devait tout. Né bourgeois, avec les mêmes idées, il eût fait partie de l'expédition d'Amérique, il eût combattu obscurément, et serait revenu vivre dans quelque coin de la France. Son nom, qu'il renia, fut toute sa gloire et presque tout son mérite.

J'allai, vers cette époque, faire un voyage à Vendôme, où, cette fois, je ne me plus guère. J'y fus accablée de fêtes; on nous en donna tous les jours, à cause du mariage de mon frère qui y avait conduit sa femme. Je fis connaissance avec plusieurs personnes distinguées. Une d'elles devait avoir, par les relations qu'elle me procura, une grande influence sur le reste de ma vie.

Dans une maison où l'on faisait de la musique, je rencontrai M. Scudo[1], le même qui est mort cette année, et qui est devenu un critique musical en renom. Il habitait Vendôme depuis quelque temps déjà, et donnait, je crois, des leçons de musique au collège. C'est

---

1. Paul Scudo, né à Venise en 1806, compositeur et littérateur; il devint un des premiers critiques de musique et publia plusieurs ouvrages sur l'art musical.

là qu'il composa cette délicieuse mélodie, qui fit sa réputation, *le Fil de la Vierge*, sur des paroles de Maurice Saint-Aguet, un enfant du pays. Ce dernier fit parler de lui pendant fort peu de temps; il eut comme une fusée de succès, brillante et lumineuse. Elle retomba vite, puis il disparut de la carrière.

Il avait fait un recueil de nouvelles, où il s'en trouvait une, *Catherine ou la Croix d'or*, qui frappa davantage les imaginations. Elle eut la bonne fortune d'inspirer deux vaudevilles qui réussirent à différents théâtres. Lafond y trouva un de ses beaux rôles, le sergent *Austerlitz*. Ce fut même, peut-être, l'origine de toutes les *Croix de ma mère, de mon père, de ma tante*, que nous avons vues depuis; le mélodrame s'empara de l'idée et nous la servit sous toutes les formes.

Je ne sais ce que devint l'auteur de *Catherine*. Probablement il renonça au Parnasse.

Scudo avait eu à Vendôme des amitiés dévouées. Il fut d'abord reçu à Abeslay, chez M. de la Porte, avec la bonne grâce et l'excellent cœur du châtelain. C'est même à son élève, Mlle de Lavau, nièce de mon vieil ami, qu'il dédia *le Fil de la Vierge*. Puis il changea d'habitudes et de principes; il abandonna ceux qui l'avaient accueilli et se tourna d'un autre côté. Je ne me prononcerai pas sur ce revirement; je sais seulement qu'on le blâma fort et que, lorsqu'on voulait faire causer, à cet égard, M. de la Porte, il ne s'expliquait pas; il disait seulement:

— Ne m'en parlez point! Nous l'aimions, il nous a bien trompés.

Pour être juste, j'ajouterai qu'il y avait peut-être beaucoup d'esprit de parti dans ces plaintes. Scudo commençait à montrer un peu de penchant pour les idées avancées et anti-religieuses; il se mit presque à la tête d'un parti, qui se formait dans ce sens dans sa province. Meslay, qui était la première autorité sociale, ne pouvait souffrir cette révolte d'un de ses commensaux assidus. Il y eut discussion, tiraillements, et finalement séparation complète. Scudo eut, dit-on, le tort de ne pas ménager, dans ses propos, ceux qui lui avaient été secourables. Une grave accusation d'ingratitude pesa sur lui et y pèse encore.

Il se donna entièrement à une maison, où il trouva des opinions plus conformes aux siennes, jointes à des talents remarquables et à une intelligence supérieure. A celle-ci il fut fidèle jusqu'à la mort; et on lui voua le même attachement, car il repose aujourd'hui dans cette même ville, qui était devenue sa patrie d'adoption.

Je ne jugerai jamais sans être bien au fait des circonstances; je puis cependant exprimer mon impression. Scudo n'était pas d'un abord sympathique, bien qu'il fût assez joli homme. Il n'avait pas l'air bon. Son esprit incontestable était pointu et ironique. Je n'en sais pas davantage; je parle de Scudo, en 1834; depuis lors, il avait beaucoup vécu; il s'était peut-être modifié; c'est possible, c'est probable même. Il était devenu, du moins quant au physique, entièrement méconnaissable. En le revoyant, il y a cinq ou six ans, j'ai vainement cherché l'homme d'autrefois. Ses cheveux blancs et sa physionomie ne ressemblaient plus du tout au jeune homme brun de nos belles années; j'ai eu peine à croire que ce fût lui.

J'avais passé un mois en Touraine et j'allais partir; ma place était retenue depuis Tours. Je vins à la ville avec mes paquets, après avoir fait mes adieux à Courtiras. Par un hasard qui n'arrivait *jamais*, il y avait un malentendu, et cette place n'était inscrite à Tours que pour le lendemain; la voiture était pleine. Je m'en allais fort contrariée, lorsque je rencontrai M. de la Porte avec un jeune homme. Il apprit ma mésaventure, et me pria tant que je consentis à passer chez lui ces dernières vingt-quatre heures.

J'insiste sur ce détail, parce que très probablement sans cette rencontre, je n'aurais jamais été ce que je suis, et la comtesse Dash n'existerait pas.

Je trouvai à Meslay une cousine du châtelain, la comtesse de M..., une vieille femme qui avait été belle et qui avait fait parler d'elle dans les premières années de la Révolution, et auparavant à l'étranger. Elle passait pour être du dernier bien avec le duc d'A.... La duchesse ne s'en taisait point et disait très haut :

— S'il me délaissait pour quelque rose printanière, je ne me plaindrais pas, mais pour cette fleur d'automne, si mal conservée pour l'hiver, c'est par trop impertinent !

La dame portait, en effet, le nom d'une des fleurs d'automne les plus recherchées, sans parfum toutefois. M. de la Porte était garçon, d'une bonté et d'une indulgence extrêmes ; il accueillait sa parente dont la position était peu aisée et ne s'inquiétait pas des méchancetés du monde. Il n'y croyait pas, et il avait raison ; il est souvent bien trompeur et bien trompé.

Le jeune homme qui accompagnait M. de la Porte était le prince Elim Massalsky, un Russe attaché ici à l'ambassade pour la partie littéraire. Poète dans sa langue et dans la nôtre, qu'il parlait et qu'il écrivait dans la perfection, il était en même temps grand seigneur jusqu'au bout des ongles. Il avait des façons et des airs qu'on ne pouvait méconnaître. Son visage offrait le type russe, presque cosaque, tempéré par une expression de douceur et de mélancolie ineffable ; ses cheveux blonds, ses yeux bleus, son sourire empreint d'une finesse égale à la bonté lui prêtaient un charme qui s'emparait des plus récalcitrants. On ne pouvait le voir sans désirer le connaître, et le connaître sans l'aimer.

D'une taille au-dessus de l'ordinaire, excessivement mince, il avait l'air souffrant ; on voyait qu'il ne devait pas vivre, et l'on s'y intéressait tout d'abord, ne fût-ce qu'à cause de cela. Sa conversation était charmante, exempte de toute prétention ; jamais on ne fut plus simple et plus naturel.

Son cœur excellent avait deux défauts : la faiblesse

et la légèreté. Je me trompe dans mon appréciation : la faiblesse était dans son cœur et la légèreté dans son caractère. Il se laissait influencer facilement, surtout par le malheur ; il s'illusionnait sur les autres et les voyait à travers ses qualités parfaites. Il ne croyait pas au mal ; aussi fut-il victime et martyr toute sa vie : son cœur le tua. C'est une triste histoire que la sienne.

Alors il n'en était pas encore là, et n'y croyait pas arriver. Il jouissait délicieusement d'une vie, qui s'ouvrait très belle devant lui. Sans être très riche, il avait une fortune suffisante ; ses capacités lui promettaient un avenir que de hautes protections devaient rendre plus certain. Madame sa mère était sœur du prince Czernicheff, un des favoris de l'empereur Nicolas, celui qui produisit tant d'effet à la cour de Napoléon Ier quand il y vint, et que toutes les femmes s'arrachaient.

Il s'occupait peu de la politique ; son temps se partageait entre le monde et l'étude. La nature même de ses fonctions le rapprochait des littérateurs ; il devait tenir sa cour au courant de tout ce qui se produisait de nouveau et de remarquable ; il avait donc bien des raisons pour se rapprocher des écrivains, des artistes ; la meilleure de toutes, c'est qu'avec eux il était véritablement à son aise et que ses goûts l'appelaient à les fréquenter.

CHAPITRE XVII

Histoire d'un seigneur espagnol. — Deux âmes jumelles. —
Jusqu'à la mort. — Un nouvel amour. — Un an d'épreuve.
— Il y résiste. — Mariage. — Il se trompe. — Une femme
sans cœur. — Deux aventures. — Une effrontée. — Pauvre
mari. — Respect et pitié. — Dévouement. — Admirable
scène à un lit de mort. — Elle y résiste. — Le miroir et le
rouge. — Les Russes. — Les mœurs changent. — Un grand
scandale et sa punition.

Je veux tout de suite raconter l'existence d'un pauvre jeune homme, un seigneur espagnol que j'ai beaucoup connu autrefois. Je dirai les choses telles qu'elles sont ; ce n'est pas un roman que j'écris ici, c'est une histoire.

Dès son enfance, il y eut de la poésie dans son âme et dans ses actions. Il était par le fait bien plus poète, par son cœur que par son intelligence, ou plutôt par son esprit. Il faisait des vers qui n'étaient pas excellents, en français du moins ; ils appartenaient essentiellement à l'école romantique. Ils en avaient toute l'exagération ; ils péchaient plus par la forme que par la pensée.

Sa famille était liée avec celle de deux jeunes filles, dont l'une était absolument de son âge, née le même jour que lui. Ils habitaient très près l'un de l'autre, et se voyaient à chaque instant. Ils prirent l'un pour l'autre un sentiment qui ressemblait beaucoup à ceux qu'éprouvent les jumeaux. On eût dit que la vie leur était commune. Quand l'un souffrait, même à distance, l'autre souffrait aussi. Ils avaient les mêmes impressions, les mêmes goûts. La petite fille s'appelait Stella, et il avait ce nom sans cesse sur les lèvres.

Quand vint l'âge de l'éducation, on les sépara forcément. Le jeune homme fut remis à un gouverneur, il voyagea; néanmoins la même sympathie continua, les mêmes symptômes se manifestèrent. On ne les empêcha pas de s'écrire et de se communiquer leurs pensées. Ils atteignirent ainsi seize ans. Il fut alors question de marier Stella, tandis que le prince était un enfant. Ce fut elle qui lui annonça cette nouvelle.

Ils étaient si parfaitement innocents, qu'ils n'y virent aucun inconvénient et qu'ils ne crurent à aucun changement dans leurs relations. Stella écrivait :

« — Je vais avoir un mari bon, beau et riche; on assure que je serai heureuse. »

« — Tant mieux, répondait le prince, nous serons deux à vous aimer. »

Il n'y avait pas en tout ceci le moindre amour, et la jalousie ne parvint pas à naître; le frère était trop jeune pour cela.

Stella épousa le marquis, et s'en alla avec lui courir les quatre parties du monde. Elle ne revit son ami qu'à de rares intervalles; ils n'en restèrent pas moins unis de loin comme de près; c'était une union tout idéale; les choses d'ici-bas n'y entraient pour rien. Ils s'écrivaient rarement, mais leurs pensées se rencontraient dans l'espace; ils étaient merveilleusement instruits de ce qui leur arrivait, comme par une seconde vue. Il semblait que des anges les visitassent dans leur sommeil, et vinssent leur apprendre ce qui touchait l'autre moitié d'eux-mêmes.

« — Il est bien malade, dit un jour la marquise en se réveillant, mais il n'en mourra pas; je vais écrire à sa mère de ne pas se tourmenter. »

Elle était à Naples et lui à Madrid ; cela était vrai, il avait une pleurésie; il fut entre la vie et la mort, mais en réchappa.

Stella savait quand il était heureux, quand il était triste, et n'en faisait pas de mystère ; leur tendresse était pure et tranquille comme le cristal d'une fontaine ; ni son mari, ni sa famille ne pensaient à s'en alarmer, à y mettre obstacle.

Les grands et douloureux événements de la vie furent toujours devinés par cette âme tendre. Lors de son funeste mariage, elle fut désolée : elle prévoyait l'avenir. Sa santé était plus frêle encore que celle de son ami. J'ai souvent entendu celui-ci dire, alors qu'on s'étonnait de le voir subitement indisposé :

« — C'est le mal de Stella qui augmente. »

De même, lorsqu'il fut enfin condamné par les médecins, et qu'il ne fît plus que gémir sur un lit de tortures, Stella annonça toutes les phases de son agonie. Le matin même de la mort du poète, elle l'annonça à son mari, qui chercha à la détourner de cette idée.

« — Non, dit-elle, il est mort; quelque chose s'est brisé en moi : je ne tarderai pas à le suivre. »

Elle s'éteignit quinze jours après.

Je ne crois pas qu'il y ait un second exemple d'une liaison de ce genre. On peut bien la qualifier d'angélique, sans être taxé d'exagération. Elle lui envoyait, je m'en souviens, des brimborions insignifiants, dont il faisait des trésors, entre autres une petite *casa veiea* en velours vert, modèle de celle de la marquise, et qu'il garda sur sa table pendant des années; il la maniait souvent et lui parlait comme si Stella avait pu l'entendre.

J'ai beaucoup admiré cette constance et cet attachement, que rien ne pouvait ni rompre ni même entraver.

Le comte passa plusieurs années à Paris et dans d'autres villes. Il resta longtemps en Italie. Il y eut des amours passagères, car il était fort inconstant. Quand il retourna en Espagne, il laissa derrière lui bien des souvenirs. Dans un voyage à Majorque, il rencontra une jeune fille d'une grande beauté, appartenant à une famille de petite noblesse et sans fortune. Il en devint si amoureux, qu'il résolut de l'épouser. Ses parents ne l'avaient jamais contrarié en rien. Il ne douta pas d'obtenir leur consentement, tandis qu'au contraire il les trouva décidés à la résistance. Il ne se plaignit pas, il tomba malade. On craignit pour ses jours ; sa mère, au désespoir, lui promit pour le sauver, que si, dans une année, il conservait les mêmes sentiments, elle ne s'opposerait plus à sa volonté.

Elle connaissait son caractère ; elle espéra qu'il en serait cette fois comme les autres. Elle se trompa ; cette passion n'avait pas été satisfaite : elle ne s'était pas épuisée, elle résista. Le jour où le douzième mois expirait, il entra chez sa mère, vint lui rappeler sa promesse et la somma de la tenir. Il n'y avait pas moyen de l'éviter. Comme il avait repris ses habitudes ordinaires, et qu'ils n'avaient pas échangé un mot à cet égard depuis son rétablissement, elle l'avait cru guéri. Ce fut pour elle un coup terrible.

J'ai encore la lettre qu'il m'écrivit dans sa joie. Quelle ivresse ! quel délire ! Il voyait en cette femme la réalisation de tous ses vœux, de toutes ses illusions. Pauvre enfant !

Il l'amena ici et nous la fit connaître ; elle ne nous plut pas, bien qu'elle fût adorablement jolie. Ils s'en allèrent ensuite en d'autres pays, et là, après quelques années de mariage seulement, elle le rendit si parfaitement ridicule qu'on l'aurait montré au doigt, s'il n'eût eu un de ces caractères et un de ces amours qui imposent le respect.

Elle eut, entre autres, deux aventures qui se répétèrent partout, et qui la stigmatisèrent à jamais.

Elle avait laissé son mari dans une ville d'Allemagne, à Vienne je crois, et elle s'en alla faire une excursion au bord du Rhin ; elle en avait montré le désir ; il ne savait rien lui refuser et il la laissa partir. Elle y rencontra un officier prussien, qui lui plut et qui l'aima, comme l'aimaient ceux qui ne la connaissaient point. Tant qu'elle resta aux eaux, il fut aussi favorisé que possible. Quand elle partit, ils se séparèrent avec larmes, se promettant de s'écrire et de se revoir le plus tôt possible.

La comtesse rejoignit son mari, et oublia tout à fait l'officier qui ne l'oubliait pas. Il attendit vainement de ses nouvelles et, comme il n'en recevait pas, il quitta tout pour en aller chercher. Il se présenta chez elle, mais ne fut pas admis ; apprenant qu'il y avait un bal où elle devait se trouver, il s'y rendit le cœur palpitant. En l'apercevant, il courut à elle et la salua d'un regard exprimant tout son bonheur.

Il rencontra des yeux plus qu'indifférents, étonnés, qui semblaient lui dire :

« — Qui êtes-vous ? Je ne vous connais pas ; je vous trouve bien hardi ! »

Il s'approcha alors tout à fait, et prononça tout bas quelques mots pleins de tendresse ; elle se recula :

— Pardon, monsieur, reprit-elle avec une hauteur dédaigneuse, vous vous trompez. Je ne vous connais pas, je ne vous ai jamais vu.

— Moi ? mais je suis...

— Ah ! fit-elle d'un air plein d'innocence.

— En vérité, madame, c'est impossible. C'est bien à la comtesse à qui j'ai l'honneur de parler ?

— Oui, monsieur.

— Eh bien ! rappelez-vous...

Il lui cita diverses circonstances de leurs amours.

Sa physionomie ne changea pas, elle continua à le regarder avec la même surprise.

— J'ai beau chercher, monsieur, je ne sais ce que vous dites, et si vous continuez, je croirai à un parti-pris de me manquer de respect, j'appellerai mon mari.

A cette réponse, le Prussien, revenu à ses façons de caserne, laissa s'échapper un juron et une phrase que je suis désolée de ne pouvoir transcrire, mais elle est impossible à répéter. Elle est fort drôle et tout à fait en situation. Il n'insista plus, guéri par le mépris que lui inspirait une telle duplicité.

Ne croyez pas que j'aie rien ajouté à ce caractère. C'est pour moi la seule femme, complètement sans cœur, que j'aie vue en ma vie.

Elle était belle, et je comprends qu'elle ait été très aimée lorsqu'on ne la connaissait pas. Sans être remarquable par l'esprit, ce n'était pas une sotte. Elle ignorait seulement ce qui est sérieux.

Je revins à Paris, après avoir passé à Meslay une journée délicieuse. Nous restâmes dans la bibliothèque, très garnie et très complète. Il y avait beaucoup de manuscrits, d'estampes, d'autographes. M. de La Porte nous en montra en quantité, ainsi que des curiosités sans nombre.

Le prince Massalsky était charmant d'esprit, je l'ai dit déjà. Il savait beaucoup, parlait facilement plusieurs langues et sans le moindre accent étranger. Nous lui fîmes raconter ses voyages. Il s'en tira avec beaucoup d'agrément. Les Russes ont cette facilité remarquable qu'on ne reconnaît pas leur nationalité au premier moment. Il faut les entendre pendant quelque temps pour deviner leur origine.

J'aime beaucoup cette nation, et je n'ai jamais eu qu'à me louer d'elle. Dans mes voyages, j'ai été à même d'apprécier ce qu'elle vaut, et tout ce que j'ai vu de Russes ici m'a toujours plu extrêmement. Il y a contre eux, chez quelques personnes, des préventions fausses. Je les ai toujours combattues, je ne cesserai de les combattre, et cela parce que je suis persuadée que ce sont des préventions.

Peut-être l'amitié très intime que j'ai eue pour le

prince Elim et pour sa famille, au commencement de ma carrière littéraire, a-t-elle influencé mes dispositions. Je ne saurais l'assurer, mais je les ai gardées et je les garderai.

La société commençait à se transfigurer à cette époque. Les habitudes et les mœurs changeaient déjà beaucoup, sans avoir encore acquis la perfection qu'elles ont atteint maintenant.

Ainsi, la fondation du Jockey-Club fut, comme je l'ai écrit, le signal de la vie entre hommes, pour les jeunes gens ; de là à la fréquentation des femmes d'une certaine catégorie, il n'y avait qu'un pas : il fut bientôt franchi. Les réunions chevalines donnaient lieu à des dîners, à des soupers où l'élément féminin manquait. Il fut remplacé par un autre, d'une essence moins distinguée, mais d'un haut goût plus excitant. Une fois qu'ils en eurent goûté, ils ne voulurent plus que cela.

L'année suivante eut lieu un véritable attentat, bien autrement grave que les plaisanteries de mauvais goût qui devinrent si funestes, sous la Restauration, à des jeunes fous à Cambrai, ainsi que je l'ai raconté. Cette fois, il ne s'agissait pas d'une petite fille sans conséquence et qui, après tout, s'était attiré ce qui lui arriva, par une conduite un peu échevelée : la femme était mariée, elle portait un nom honorable, et l'insulte fut odieuse.

Il faut dire aussi que l'opinion publique se prononça énergiquement ; elle flétrit d'un mépris indélébile l'homme assez lâche pour perdre ainsi une femme aux yeux de tous. Il ne s'en releva pas. Jusqu'à sa mort, cette infamie lui fut reprochée. Elle resta attachée à son nom.

La femme s'en vengea en devenant une des grandes illustrations de l'époque, en se faisant admirer de tous, et aimer de ceux qui la connaissent. Elle fut plus heureuse que lui. Et c'était justice.

CHAPITRE XVIII

La princesse Catherine Massalsky. — Le prince Czernicheff. — Mme Oleskewich. — Une maison charmante. — Sèvres. — Alexandre Soumet. — Mme d'Altenheim. — Le chaticide. — Un drame improvisé. — Jules de Saint-Félix. — Le comte Horace de Vieil-Castel. — M. de Courchamps. — Escarmouches.

Aussitôt après mon retour à Paris, le prince Elim vint me voir et me présenta à sa mère, qui habitait Sèvres pour la belle saison. Elle avait une maison charmante, ouvrant dans le parc de Saint-Cloud, où se réunissait une société aussi intelligente que distinguée.

Elle était sœur du prince Czernicheff, alors un des favoris de l'empereur Nicolas, le même qui avait fait tant de bruit à la cour sous l'Empire, lorsqu'il y fut envoyé et qu'il s'empara si adroitement des plans de campagne de Napoléon Ier. Je n'ai jamais vu une plus véritablement grande dame. Elle avait dû être très belle. Elle était imposante comme un portrait de Louis XIV, avec ses cheveux blanc de neige et son teint d'un blanc de mousseline.

Son esprit, l'affabilité de ses manières, mettaient chacun à son aise avec elle, malgré sa dignité. Bonne, serviable, elle aimait son mari le prince Pierre, qui venait peu à Paris ; surtout elle adorait Elim, et elle avait raison, car il le lui rendait bien.

Elle avait pour amie et pour compagne une Polonaise de beaucoup de cœur et de mérite, Caroline Oleskewich. Pleine de talents, elle écrivait très bien en français; elle parlait plusieurs langues, elle peignait à merveille et était bonne musicienne. Gracieuse, aimable, elle se faisait rechercher par tous et contribuait pour une grande part à l'agrément de cette maison déjà si agréable.

C'était une intimité charmante, sans un grand luxe pourtant. A cette époque, il est vrai, le luxe n'était pas indispensable comme aujourd'hui. Les goûts de la mère et du fils les portaient vers les arts et vers la littérature surtout. Ils réunissaient journellement toutes les célébrités de l'époque. J'ai fait chez eux mes premières relations littéraires.

La princesse nous donna à Sèvres plusieurs soirées dont le souvenir mérite d'être conservé. J'en trouve le détail dans mes notes, et les noms que je vais citer ne sont pas de ceux qu'on oublie.

D'abord, Alexandre Soumet[1] : il avait aux environs une villa où il habitait avec sa fille, Mme d'Altenheim[2] ; il me semble qu'elle était déjà mariée alors. Il venait souvent chez la princesse, et je l'y ai rencontré bien des fois en petit comité. C'était un bel homme, souffrant déjà et sur le retour. Ses cheveux noirs, son

---

1. Alexandre Soumet (1788-1845), auditeur au Conseil d'État en 1810 ; il chanta, dans ses vers, Napoléon *le conquérant de la paix*, le *divin* Roi de Rome, puis les Bourbons et enfin la monarchie de Juillet. Soumet fut un poète délicat, un coloriste qui sacrifia tout aux beautés de la forme. Il avait été nommé bibliothécaire du palais de Saint-Cloud en 1822, de celui de Rambouillet en 1824, et avait été transféré à Compiègne, en la même qualité, en 1830.

2. Gabrielle Soumet, dame Beuvain d'Altenheim, née en 1814, fille unique de l'auteur de la *Divine épopée* ; elle collabora à plusieurs ouvrages de son père et publia elle-même de nombreux ouvrages en vers et en prose.

teint pâle, son œil ardent, sa physionomie et ses manières distinguées l'eussent fait remarquer partout. Il avait un organe délicieux et disait des vers en perfection, non seulement les siens, mais ceux des autres. Je l'avais baptisé le Frogoletto littéraire, et le nom lui resta. Il tenait en même temps des classiques et des romantiques. Ainsi il appelait Mme Dorval la *cuisinière de Melpomène*, et il plaçait *Lélia* au-dessus de tous les livres modernes. Il n'était pas assez dégagé des idées de sa jeunesse pour s'élancer dans la voie où son imagination l'emportait. Il en résulta un talent mixte qui ne fut franchement acclamé par aucun des partis, mais qui ne fut pas blâmé non plus.

Je me rappelle une ode à la Poésie qu'il nous déclama un soir et qui nous transporta d'aise. C'était pour moi un véritable poète, un aigle aux ailes coupées, afin qu'il ne volât pas trop haut. Ses tragédies ont du mérite, *Jeanne d'Arc* surtout. On les connaît moins que cette plaintive élégie : *La pauvre fille*. Qui n'a pleuré en la lisant pour la dixième fois ?

Soumet causait à ravir ; peut-être seulement était-il un peu trop académicien pour un salon. Il avait pourtant de la gaieté et du trait, lorsqu'il se laissait aller à la bonhomie. Nous jouions des charades et, puisque j'y suis, je veux raconter tout de suite, afin de ne pas l'oublier, un tour de force dont je fus témoin, chez la princesse Massalsky. Je vais mettre en scène deux nouveaux personnages, que je dépeindrai après et que je nommerai seulement pour ne pas interrompre le récit.

On avait fait de ces scènes improvisées une sorte de lutte d'amour-propre et de talent, qui intéressait autant les acteurs que le public. C'était à qui inventerait quelque chose de nouveau et d'inattendu. Un soir, on nous annonça un drame entre trois hommes, sans femmes, et nous devions être plus émus que nous ne nous attendions à l'être.

On prépara le théâtre qui était un des côtés du salon ; on nous fit asseoir en face, puis la porte s'ouvrit ; nous vîmes entrer un moine, admirablement costumé, vêtu d'une longue robe blanche, avec de longues manches et un capuchon ; une corde pour ceinture n'allait pas jusqu'aux sandales, par exemple. Ce moine était Jules de Saint-Félix[1], l'éminent poète, alors bien jeune, mais déjà connu. Un gentilhomme en costume de voyage le suivait ; c'était le prince Elim.

Ils jouèrent une scène pleine de finesse d'abord et de douleur ensuite. Elim arrivait dans le couvent et y demandait l'hospitalité. Saint-Félix était le supérieur ; il consentait à le recevoir et à le garder même quelques jours dans ce saint asile, situé dans le cœur de la Siera Morena. Elim employait toute son adresse à obtenir du prieur des renseignements sur les religieux ; le moine se tenait dans une réserve extrême, bien qu'il ignorât les motifs de cet interrogatoire.

Peu à peu, insensiblement, d'interrogé il devint interrogateur. Devinant chez l'étranger une grande douleur cachée, il chercha à s'insinuer dans sa confiance, non par curiosité, mais pour remplir la sainte mission de consolateur, au nom du Dieu qu'il servait.

Le jeune homme se laissa aller à ce besoin impérieux de parler de ses chagrins, d'ouvrir son âme, de faire panser ses plaies par une main amie. Il raconta avec une passion, dont beaucoup de vrais comédiens eussent été jaloux, qu'il était pour jamais voué au malheur.

Il avait épousé une femme qu'il adorait. Elle le rendit le plus heureux du monde, jusqu'au moment où il introduisit dans son intérieur un misérable, un faux ami, qui parvint à se faire aimer à sa place, et qui, non content de lui avoir enlevé le cœur de sa femme,

---

1. Félix d'Amoreux, connu sous le nom de Jules de Saint-Félix, né à Uzès en 1806, charmant poète qui produisit beaucoup. Il collabora à la *Revue de Paris*, aux *Cent et un* et au *Livre des conteurs*.

voulut les séparer complètement. Il l'enleva pendant l'absence du mari, sans que celui-ci pût découvrir leurs traces. Il les chercha vainement par toute l'Espagne. Le hasard lui apprit, longtemps après, le triste dénouement de leurs amours. Jeunes et imprévoyants, ils n'avaient emporté que peu d'or avec eux. La jeune femme avait même laissé ses bijoux. L'amant était un artiste français, sans fortune. Ils eurent bientôt dissipé leur faible pécule, et il fallut travailler, ce que le ravisseur fit avec beaucoup de courage, mais cette fleur de serre accoutumée à des soins, à des fantaisies devenus pour elle une condition d'existence, se fana bien vite, se pencha sur sa tige et mourut.

L'amant, au désespoir, disparut : ou il s'était tué, ou il s'était jeté dans un cloître. Depuis lors, ce mari que rien n'avait consolé de son malheur, ne songea plus qu'à sa femme.

Il ne ressentit plus que le besoin de la vengeance, bien plus pour elle que pour lui. Il jura de ne pas s'arrêter, qu'il n'eût retrouvé ce bourreau et qu'il ne l'eût puni. Des recherches soigneusement dirigées lui permettaient de croire qu'il vivait, mais qu'il s'était réfugié dans les solitudes inaccessibles de ces montagnes.

— Peut-être ici, mon père! ajouta-t-il, et vous ne refuserez pas de me le livrer, n'est-ce pas? si je suis assez favorisé pour le retrouver enfin.

Saint-Félix entonna là-dessus une homélie digne de Bossuet, et très touchante assurément. Il paraphrasa religieusement et poétiquement le pardon, à ce point qu'il nous fit pleurer.

En ce moment parut un autre moine, le comte Horace de Viel-Castel[1], et, le capuchon rabattu sur le vi-

---

1. Horace Comte de Viel-Castel, né en 1797, publia depuis 1826 plusieurs ouvrages historiques et des livres destinés à peindre les mœurs de la haute société contemporaine. Il fut nommé, en 1852, conservateur du musée des souverains, au Louvre, et a laissé des Mémoires.

sage, il laissait voir seulement sa longue barbe. Il venait silencieusement prendre les ordres du prieur qui, pressé de retourner au chapitre, le chargea de s'occuper de l'étranger, de lui préparer une chambre et de le conduire au réfectoire, mais sans rompre le vœu de silence et sans montrer des traits qui ne devaient plus être connus que de ses frères.

Alors commençait une scène que je ne pourrais vous rendre : Horace, caché sous cette robe blanche, ne disant pas un mot, nous laissant deviner un trouble violent. Elim le regardant, l'examinant, éclairé par sa haine, cherchant à vérifier ses soupçons, lui parlant d'abord avec douceur, puis avec exaspération, essayant de l'irriter, y parvenant quelquefois, mais n'obtenant pour réponse que des signes, que des tressaillements dominés par le souvenir des vœux prononcés. Enfin, perdant tout à fait patience, le mari furieux, à peu près sûr de reconnaître son rival, lui adressait des insultes directes; le moine rugissait, mais ne prononçait pas un mot. Elim parla de la femme qu'ils avaient tant aimée tous les deux. Horace sanglotait sous son froc, mais il se taisait. Au comble de l'exaspération, le prince renversa le voile qui lui cachait ce visage, et découvrit une tête dévastée, un œil éteint par les larmes, une vraie image du désespoir.

Il se recula involontairement, pendant que le coupable s'inclinait profondément sous son regard. Après le premier moment donné à la surprise, le mari trompé reprit sa rage; il accabla d'injures cet homme qui ne lui répondait pas.

— Comment, vous! si chatouilleux autrefois, vous êtes devenu un lâche?

— Il n'est pas devenu un lâche, interrompit le supérieur, qui s'élança entre eux, il est devenu un chrétien; il pratique les lois de Dieu, les préceptes de l'Evangile.

Je ne puis vous dire assez combien ces scènes étaient émouvantes, et avec quel talent les acteurs les jouaient.

Je passe quelques détails qui rendraient la situation plus vraisemblable et mieux posée. Le dénouement était un morceau d'éloquence de Saint-Félix, convertissant enfin le jaloux et l'amenant au pied de l'autel, où il se réconciliait avec son ennemi, comprenant comme celui-ci l'avait compris le premier, que là seulement est le repos et la consolation suprême.

Quand ils quittèrent le salon, nous étions tous émus. Jamais je ne vis un succès pareil. Tout cela avait été un peu préparé la veille, mais sans être écrit; ils improvisaient, et ils entraient si bien dans leur sujet qu'ils pleuraient de vraies larmes, et se seraient volontiers faits moines pour tout de bon, une demi-heure encore après leur pièce finie.

Horace de Viel-Castel, artiste jusqu'au bout des ongles, avait arrangé ces costumes avec des grandes couvertures de laine blanche rapportées de je ne sais où. Il s'était grimé, il avait grimé Saint-Félix de façon à faire une illusion presque complète; même de si près, c'était une vraie peinture.

Soumet était transporté et disait :
— Je voudrais avoir fait cela !

Puisque j'ai nommé Viel-Castel et Saint-Félix, je vais m'occuper d'eux immédiatement. Aussi bien ils sont restés mes bons amis, et ils étaient des intimes de cette excellente princesse, dont le salon eut une si grande influence sur le reste de ma vie.

Jules de Saint-Félix est bon gentilhomme; sa mère était la sœur du vicomte d'Agoult, mari de Daniel Stern. Il était très jeune alors, et il avait l'air de l'être plus encore. Petit, leste dans sa tournure, il avait les traits réguliers d'un méridional; ses manières étaient celles de la bonne compagnie.

Il prit très jeune l'amour de l'antique, et se livra à de grandes études à ce sujet. Comme il est essentiellement poète, il le prit du côté idéal d'abord, réel ensuite. Il a fait des livres magnifiques qui n'ont pas eu un succès de vogue, parce que le vulgaire ne les connaît pas. *Les Nuits de Rome, Cléopatre* et bien d'autres auraient suffi pour établir sa réputation, s'il eut été moins modeste et s'il eut voulu faire parler de lui davantage.

Il avait écrit aussi à cette époque un poème : *Gesabelle;* il a fait quantité de jolis romans, et parmi ceux-ci, une perle, la *Duchesse de Bourgogne.* Il a le tort de ne pas réimprimer. En ce temps-là, rien n'était amusant et drôle comme son charmant esprit; il avait des inventions, des mots inouïs. Il écrivait des lettres qui faisaient pâmer de rire. Je n'ai jamais vu personne s'ennuyer avec lui.

Intimement lié avec Elim, il passait sa vie chez la princesse ; elle le traitait comme son second fils. Il y restait d'autant plus, que sa famille afin de lui faire oublier sa littérature, lui coupait les vivres et le tenait de fort près. Son père habitait Uzès. Il avait eu une grande fortune par sa mère, créole de Saint-Domingue. Tout cela avait disparu avec les révolutions.

On voulait faire de Jules un diplomate, et sans la Révolution de Juillet on y aurait réussi, à cause de ses relations de parenté avec beaucoup de personnes appartenant à la cour de Charles X. Il eut pu cultiver son goût pour la poésie ; nonobstant, depuis l'avènement de Louis-Philippe c'était autre chose et sa carrière se trouva brisée. Il mena bien un peu la vie de Bohème, joyeuse et insouciante, mais toujours honorable et poétique. Il mettait de la poésie partout.

Quand il n'y eut plus moyen de tenir sur le pavé de la grande ville, il retourna près de son père et de là s'en alla voir les Massalsky, fixés à Nice, à cause de la santé du Prince. Il y retrouva une jeune fille, filleule de la princesse, qu'il avait connue enfant. Il en devint amoureux, et en fit une des plus excellentes femmes que je connaisse.

Après ce mariage, il s'imagina dire adieu à la littérature et se retira à Uzès pour faire valoir.

Son succès ne fut pas grand du reste. Il dut renoncer à cette nouvelle carrière et reprendre sa plume, dont il se sert trop bien pour l'abandonner. Le goût du temps n'était pas à ses études favorites; il a laissé les anciens dans son imagination, et il fait des livres pour tous les lecteurs. Il a dans ses cartons une certaine pièce romaine qui, si elle était jouée, ferait une vraie révolution dans l'art dramatique. Elle avait été, je crois, reçue à l'Odéon, et l'on a ensuite reculé devant la dépense. Il s'agissait de nous montrer la ville éternelle avec sa magnificence.

Il fallait des décorations gigantesques, des cirques, des gladiateurs, que sais-je? On a dû renoncer à représenter la pièce, l'auteur ayant refusé d'accepter autre chose que ce qu'il avait conçu. Il a bien fait.

Le comte Horace de Vieil-Castel était un homme fort remarquable sous beaucoup de points. Il avait de l'esprit et du plus fin; il dessinait et peignait en artiste; il sculptait et il écrivait; on le sait, il a fait des romans dont le succès n'a pas été contesté, et dans les dernières années de sa vie, des articles de journaux que l'on n'a pas oubliés.

Peu d'hommes ont été plus injustement jugés.

Il passait pour très méchant dans le monde, et cependant il y avait en lui beaucoup de bon. Caustique par sa nature, il maniait admirablement l'ironie et il n'épargnait peut-être pas assez les gens dont il avait à se plaindre; quant à faire du mal à quelqu'un je ne l'en ai jamais cru capable.

Très fin, très observateur, il prenait des notes et conservait tout ce qui pouvait servir à l'histoire de la société de ce temps. S'il ne les a pas détruites, on a dû trouver dans ses papiers des choses curieuses.

Il connaissait tout le monde, savait toutes les anecdotes, était un peu mêlé dans sa jeunesse aux aventures de ses amis. Il en eut beaucoup pour son compte, bien qu'il ne fut pas précisément un bel homme; des yeux, trop saillants, lui ôtaient de la physionomie et le défiguraient un peu. Si l'on se plaignait de lui, il eut, je le sais, beaucoup à se plaindre de ses liaisons. Ses livres sur le faubourg Saint-Germain furent des vengeances ; il aurait dû se les épargner, car elles lui firent un tort considérable. Mais s'il eut tort dans l'expression et dans le fait, il fut provoqué par des procédés que je ne raconterai pas, — on ne peut pas tout dire.

Petit-neveu de Mirabeau par sa mère, appartenant à une vieille race méridionale, il était très gentilhomme de façon et de savoir-vivre, quand il le voulait. Il avait la science de raconter des histoires impossibles sans que la bienséance en fut choquée, et rien n'était amusant comme de le voir aux prises avec un ennemi digne de lui.

Pendant tout un hiver, je dînai une fois par semaine avec lui, dans une maison où venait aussi son ennemi intime, l'auteur des souvenirs de la marquise de Créquy, M. de Courchamps, une autre curiosité dont nous nous occuperons plus tard. Ils se détestaient.

On n'a jamais bien su au juste pourquoi ils tiraient l'un sur l'autre de loin, mais quand ils se voyaient ils avaient l'un pour l'autre tous les égards possibles. Je n'ai rien vu d'amusant comme ces escarmouches ; leurs esprits étaient égaux, leur savoir-vivre également. Ils se mettaient la bouche en cœur, souriaient agréablement et se lançaient des épigrammes, qui chaque fois emportaient la pièce.

Un indifférent, qui n'aurait pas su le dessous des cartes aurait cru qu'ils se disaient des douceurs.

J'ai rarement vu une joute aussi spirituelle, aussi courtoise, en apparence, et aussi hérissée de pointes de fer que celle-là.

CHAPITRE XIX

Emile Deschamps. — Mme Emile Deschamps. — *Roméo et Juliette*. — Le poète à cheval sur les nuages. — Mme de J... — Sa voix. — Les couvertures de salon. — La comtesse de Sparre. — La comtesse Merlin. — La comtesse de La Riboisière. — M. Roy. — La marquise de Talhouët. — Les trois plus grandes fortunes de France. — Les bals de M. Roy. — Cendrillon. — Mme de ***, Mme de R... — Les chœurs. — Le prince de Belgiojoso. — Les comtes d'Appony. — Le colonel Caradoc, lord Howden. — La princesse B... — Les tireuses de cartes. — Singulière façon de payer ses dettes. — Les sorcières. — Mlle Lenormand. — Moreau. — C. D. V. — Prophétie réalisée. — Mort de la pythonisse. — Mme Lacombe. — Une troisième prophétie réalisée. — Promesse d'un trône.

Un autre habitué de ce charmant salon était un poète aimable, toujours poète et toujours aimable, bien que des années se soient écoulées depuis lors. C'est Emile Deschamps. Il était alors comme aujourd'hui, bon, généreux, désireux de plaire à tous. Sa gaieté me parut à moi tête folle et exaltée, au niveau de son talent. Je n'avais pas alors l'expérience de la poésie, je voulais les élus d'Apollon toujours à cheval sur quelque nuage ; s'ils touchaient la terre du bout de leur aile, ils se dégradaient à mes yeux ; je n'admettais pas qu'après nous avoir récité *Roméo et Juliette*, on put vivre d'une gaudriole et faire un calembour.

Je retrouve dans mes notes, une grande irritation à ce sujet, dont j'ai bien ri en la lisant et dont Emile Deschamps rirait bien lui-même : je le condamnais au sublime à perpétuité.

J'ai raconté comment nos familles étaient liées, et comment je l'avais connu dans mon enfance ainsi que son frère Antony. Depuis, il était entré dans l'administration de son père et s'était marié. Mᵐᵉ Deschamps n'était pas jolie, mais elle avait de l'esprit, peut-être un peu impérieux. Peut-être, encore, tenait-elle à montrer au monde l'ascendant sans bornes qu'elle avait sur le cœur du poète et, peut-être enfin, poussait-elle un peu loin la défense de la propriété de ce cœur. Qui eut pu le lui reprocher ? N'est-il pas tout simple d'apprécier ce que l'on possède, et n'est-ce pas le cas d'appliquer le fameux précepte italien :

— *Mira ma non tocca.*

Tout le monde connaît les ouvrages d'Emile Deschamps ; il jouit d'une célébrité que le temps confirmera. Ses amis aiment en lui un charmant caractère, une obligeance, une grâce qu'on ne saurait lui dénier. Depuis beaucoup d'années il habite Versailles, et l'état de sa santé lui permet très peu de venir à Paris. Il travaille toujours néanmoins et, de temps en temps, nous voyons éclore quelques vers de lui, qui nous consolent de son absence. Cette traduction de *Roméo et Juliette*, que je viens de citer, reçue à la Comédie-Française, n'a pas été jouée encore.

Nous entendîmes chez la princesse, avec un plaisir extrême, une femme de la société, dont la voix de contralto eut fait sa fortune, si elle avait eu besoin de cela. C'était Mᵐᵉ de J... La puissance de cette voix était indicible ; elle chantait fort bien ; elle avait des yeux admirables, des sourcils noirs et des cheveux blonds ; et on trouvait autant de plaisir à la voir qu'à l'entendre.

En ce temps-là, plusieurs femmes amateurs faisaient parler d'elles dans les concerts.

La comtesse de Sparre, jadis Mlle Naldi[1], méritait certes, par sa conduite irréprochable et sa beauté, la position qu'elle occupait. Son talent d'artiste resta à la hauteur de sa renommée.

A côté d'elle, sur la même ligne, était une personne adorable, bien connue et bien aimée de tous, la comtesse Merlin. Tout le monde a lu ses *Souvenirs ;* mais la génération actuelle ne sait pas combien elle était accomplie sous tous les rapports.

Née à la Havane, Mme Merlin[2] avait tous les charmes d'une Espagnole, avec l'esprit d'une parisienne. Elle écrivait comme l'on sait, causait avec un abandon, une grâce et un entrain que je ne saurais rendre. Surtout elle avait un de ces cœurs qui ne vivent que pour faire du bien et pour aimer. Elle obligeait tous ceux qui s'adressaient à elle, et sa charité était inépuisable.

Belle jusqu'à la fin, elle fut toujours sans prétentions et simple comme si elle eut été créée pour rester obscure. Son salon était un des plus agréables de tout Paris ; elle donnait des concerts splendides et de forts beaux bals : toutes ces magnificences ne valaient pas son intimité et ses soirées de causeries.

Elle habitait un étage du superbe hôtel de La Riboisière, rue de Bondy. Mme de La Riboisière[3], la

---

1. C. Naldi, comtesse de Sparre, fille du chanteur italien Giuseppe Naldi, qui fut tué par l'explosion d'une machine. Elle débuta au théâtre italien, en 1819, et quitta la scène, en 1823, pour épouser le général comte de Sparre. Son fils, charmant officier de zouaves, fut tué par un boulet mexicain, au siège de Puebla, en 1862.
2. Maria de las Mercédès de Jaraco, comtesse Merlin (1788-1852). Le général Merlin l'épousa à Madrid, en 1811, et l'amena à Paris, où elle fit sensation. Musicienne de premier ordre, écrivain distingué, elle brilla dans le monde parisien par son esprit, sa beauté et sa grâce incomparable.
3. Élisa Roy, comtesse de La Riboisière, est morte en 1851,

même qui a laissé sa fortune à l'hôpital qui porte son nom, était la fille de M. Roy, si connu dans l'histoire de la politique de l'Empire et de la Restauration. Sa sœur avait épousé le marquis de Talhouët.

M. Roy n'avait pas de fils pour hériter de son immense fortune, une des trois plus considérables de France.

La comtesse de La Riboisière avait été fort jolie dans sa première jeunesse ; une maladie l'avait tellement changée qu'il n'en restait plus de traces. Elle occupait à l'Opéra une des loges de face aux premières ; on l'y voyait chaque fois avec une toilette magnifique et un bouquet plus beau encore que la toilette.

Nous avions des bals tous les lundis chez M. Roy. Ils commençaient à huit heures, et à minuit précis, sonnant, ils finissaient. Si une contredanse était en train, au coup de l'horloge on s'arrêtait, et M. de Talhouët parcourait les salons pour veiller à ce que personne ne continuât. D'ailleurs, l'orchestre cessait. Le vieux Ministre semblait avoir quelque parenté avec Cendrillon.

Revenons aux cantatrices des salons.

Nous avions encore Mme de ***, Mme de R... qui avait été au théâtre, puis avait épousé un chef de bataillon de la garde royale.

Toutes ces dames faisaient les délices des concerts, lorsqu'on pouvait les réunir ; c'était une gloire et un mérite : en avoir une était déjà une vraie faveur. La mode aussi était de faire un appel aux femmes et aux hommes de la société assez bons musiciens pour former des chœurs irréprochables. C'était un passe-temps fort agréable que les répétitions.

Parmi les hommes, le chanteur le plus célèbre était

---

faisant aux pauvres de Paris un legs de trois millions qui ont servi à la construction de l'hôpital de La Riboisière.

le prince de Belgiojoso[1] ; sa voix était superbe et sa méthode digne de son pays. Il avait beaucoup de succès dans le monde en ce temps là. Les étrangers faisaient florès ; lui, les comtes d'Appony[2], qui apportèrent les premiers en France, la valse à deux temps, plusieurs Russes et en fait d'Anglais, le colonel Carradoc[3] devenu depuis lord Howden. « Rien au monde de si distingué qu'un grand seigneur Anglais, rien de si commun qu'un Anglais de la basse classe ». — Ce dicton est essentiellement vrai.

Parmi les grands seigneurs Anglais, il n'en était pas de plus distingué, de plus beau, que lord Howden. Son esprit était charmant, son caractère aventureux ; il passait presque à l'état de légende. Il contait à merveille et parlait français presque sans accent ; le peu qu'il en conservait ne rappelait en rien la Grande-Bretagne.

Ses conquêtes se comptaient comme celles de Don Juan ; son valet de chambre aurait peut-être pu chanter les *mille estre* de Leporella. S'il faut en croire la chronique, il suivait en amour les errements du terrible roué.

Marié en secret à la princesse B...[4], beaucoup plus âgée que lui, ils vivaient séparément, tout en se voyant chaque jour. Elle n'avait point pris le nom de

---

1. Émile, prince de Barbian et de Belgiojoso, épousa en 1824, Christine, fille de Jérôme-Isidore, marquis Trivulxio ; il mourut en 1858. Sa femme devint célèbre par sa haine contre les Autrichiens et son ardent patriotisme ; elle acquit aussi une certaine renommée dans les lettres.
2. Le comte Antoine-Rodolphe d'Appony, ou Apponyi, fut ambassadeur d'Autriche à Paris jusqu'en 1849.
3. John Hobard Caradoc, deuxième baron Howden, diplomate et pair d'Angleterre, né en 1799, major général en 1854, ministre plénipotentiaire à Rio-de-Janeiro en 1847, ambassadeur en Espagne en 1850. Il avait épousé une Skavronsky, petite-nièce de Potenkin.
4. Elle s'appelait Catherine Skavronsky, elle était qualifiée Excellence en Russie ; elle avait épousé lord Howden le 11 janvier 1830.

ce mari *in partibus infidelium*. C'était une étrange figure de notre époque que cette princesse B... presque toujours vêtue de blanc : son visage était aussi pâle que sa robe. Son goût dominant était la cartomancie; elle connaissait toutes les tireuses de cartes de Paris et dépensait beaucoup d'argent à les faire venir chez elle à tour de rôle.

Elle avait eu une fille charmante qui mourut à vingt ans, flétrie sur sa tige, comme une fleur que le vent a brisée. On chercha beaucoup de motifs à cette mort; et je n'en finirais plus si je racontais tous les romans qui furent répétés à ce sujet dans Paris.

Une autre manie de la princesse B..., c'était de ne vouloir jamais payer ses factures qu'après y avoir été contrainte par les rigueurs de la loi. Certes, l'argent ne lui manquait pas, ni la loyauté non plus, mais c'était chez elle un parti pris. Aussi les marchands qui la connaissaient ne prenaient pas la peine de lui demander de l'argent.

— Pourquoi la tourmenter? disaient-ils.

Au bout d'un temps voulu, ils décochaient le papier timbré, et lorsqu'on venait pour enlever les meubles, les gens prévenaient leur maîtresse : elle payait.

Puisque j'ai parlé des tireuses de cartes, je vais épuiser ce sujet tout de suite. Il est plus curieux qu'on ne pense. Je raconterai des faits que j'ai *vus*, mais je ne me charge pas de les expliquer.

On ne se figure pas combien de personnes vont consulter les sorcières en secret, et des hommes autant que des femmes. Mlle Lenormand et Moreau avaient une clientèle établie parmi les gens du monde et les filles entretenues. Moreau était plus effrayant que Mlle Lenormand; elle imposait moins que lui. Le frisson prenait à l'aspect de cet homme sale et laid dans son bouge.

Mlle Lenormand demeurait 5, rue de Tournon. Depuis sa mort, son appartement est voué à ses successeurs femelles; elles croient en même temps hériter de sa vogue et de sa science. Elle vous recevait dans un petit cabinet, ouvrant sur un jardin, vêtue de noir et rouge, avec une toque sur la tête. Elle regardait beaucoup sa *pratique* et l'interrogeait lentement. Chaque réponse se gravait dans sa mémoire, et servait probablement à l'horoscope.

Je ne répéterai pas ce que l'on a dit partout de ses prédictions à l'Empereur et à l'Impératrice Joséphine, mais voici un trait dont je suis sûre, et qui ne laisse pas d'être assez étrange.

Un de mes amis, M. C. de V... était aux gardes du corps. Il possédait une jolie fortune et il vivait très largement à Paris, à Versailles ou à Saint-Germain, suivant que sa compagnie occupait une de ces villes. Afin d'augmenter son revenu, il plaça ses fonds entre les mains d'un tripoteur d'argent de ses amis intimes, en qui il avait toute confiance et ne s'en occupa plus.

La fantaisie lui prit un matin d'aller voir la devineresse. Elle lui dit, entre autres avertissements, de se défier de tel mois; il devait lui arriver un grand malheur à une date qu'elle lui fixa — et, ajouta-t-elle, vous vous brûlerez la cervelle, mais il me semble que vous n'en mourrez pas.

C... plaisanta beaucoup avec ses camarades sur l'horoscope qu'il s'était fait tirer, et sur cette façon de se brûler la cervelle, ne s'en portant que mieux après. Il était fort drôle et très spirituel, et il amusa fort cette bande de belle jeunesse, si vraiment jeune alors, et s'occupant si peu d'autre chose que d'être jeune et d'en profiter de son mieux.

Elle a bien changé depuis!

Plusieurs années se passèrent sans que la prédiction s'accomplit. L'officier menait joyeuse vie et ne pensait pas au malheur annoncé, lorsqu'un jour, justement dans le mois indiqué par Mlle Lenormand, un ami vient le voir et lui demande s'il est vrai que tous ses fonds fussent chez Cendrié.

— Oui, répondit-il.

— Eh bien, prenez garde, je sais de bonne source qu'il est au moment de manquer.

— C'est impossible!... Il ne tromperait pas ma confiance. Du reste, j'y cours.

Il trouva l'homme d'affaires entouré de sa cour habituelle, et semblant parfaitement tranquille. Il lui avoua franchement le but de sa visite, et ce qu'on lui avait appris.

Cendrié ne se troubla pas et répondit :

— Je n'ai pas besoin de me défendre d'une pareille accusation : tu dois me connaître et être très sûr que si j'étais le moins du monde embarrassé, je commencerais par te rendre ce qui t'appartient, afin de ne pas te faire partager ma ruine. Mais puisque tu te défies, reprends l'argent sur le champ, je le veux, je l'exige.

Il appela son caissier et lui ordonna de remettre à M. C... tout ce qu'il avait déposé chez lui. La loyauté de la pauvre dupe se révolta ; il refusa d'accepter et s'échappa en faisant des excuses.

Deux jours après Cendrié partait pour l'étranger, emportant ces sommes là et bien d'autres.

Le malheureux jeune homme apprit cette nouvelle presque aussitôt. Il se vit complètement ruiné et incapable de vivre avec les douze ou quinze cents francs qu'il touchait du roi. Sa tête se perdit ; il était seul dans sa chambre, à l'hôtel des gardes du corps, aujourd'hui caserne de cavalerie sur le quai d'Orsay. Ces cellules sont séparées les unes des autres par de minces murailles, et d'ailleurs, ses camarades, qui savaient le désastre, se tenaient à portée de l'entendre, bien qu'il les eut priés de ne pas le troubler.

Il se décida à se brûler la cervelle, chargea ses pistolets, écrivit quelques lignes à sa mère, et se mit en devoir de se débarrasser de ses maux. Les écouteurs entendirent le bruit sec d'une batterie qu'on arme ; ils frappèrent ; il ne se dérangea pas, mit le canon dans sa bouche et fit feu.

Le coup rata. Il rata deux fois de suite. Pendant ce temps, on enfonçait la porte ; on se jeta sur lui, on lui arracha son arme au moment où il recommençait. Ce mouvement fit partir la balle, qui alla se loger dans une glace.

La prédiction était donc accomplie de point en point.

Plus tard, j'ai connu d'autres prophéties dont je veux m'occuper néanmoins pour n'y plus revenir.

On me signala une vieille femme, dans un bouge de la place de la Borde. Nous y allâmes en troupe et jamais je ne vis rien de pareil. Elle avait autour d'elle une dizaine de roquets affreux, méchants comme des teignes. Ils mordaient fort joliment les jambes ; un d'eux, même, s'élança et mordit au bras une dame qui m'accompagnait. Elle avait en outre un chat noir, qui trônait sur un lit et que les chiens respectaient. On ne savait où mettre le pied au milieu de tout cela.

La dame mordue par le chien tenta la première la fortune, en relevant sa robe avant de s'asseoir. On lui déclara que le soir même elle irait dans une réunion, qu'elle y verrait un homme, un étranger qui serait cause de beaucoup de chagrins pour elle, et qui l'aimerait à la passion. Il fut encore annoncé bien d'autres choses, qui se sont réalisées, mais que je ne puis dire.

On était au mois d'août ; il n'y avait pas la moindre soirée. Elle rit au nez de la Pythonisse.

En rentrant, elle trouva une invitation d'un vieil ami, qui improvisait un thé pour des dames russes. Il la priait d'y venir. Elle fut frappée de cette coïncidence, et n'y eut pas manqué pour rien au monde, la curiosité la talonnant.

Une grande partie de la soirée se passa sans que l'inconnu se montrât ; enfin, à près de minuit, elle vit arriver un jeune homme d'une beauté remarquable. Il regarda tout autour de lui, l'aperçut, et bientôt ses yeux ne la quittèrent plus. Il s'attacha à ses pas, la suivit : on lui ferma la porte au nez ; il revint le lendemain. Elle était sortie, il l'attendit. Elle ne put le renvoyer; comme elle était veuve et n'avait pas d'hommes chez elle, il fallut aller chercher un de ses parents pour l'expulser.

A dater de ce jour, elle eut tous les désagréments possibles, suivant les paroles de la vieille femme, et cet homme marqua dans sa vie comme un véritable ouragan. Ainsi se réalisa encore cette prophétie-là.

La pauvre sorcière eut une misérable destinée. Elle avait au moins soixante-dix ans. Attaquée d'une dangereuse maladie, elle se fit transporter à l'hôpital. Là, un carabin découvrit qu'elle possédait un petit magot; il feignit une passion pour elle et s'en fit éperdument aimer. Elle lui donna tout. Quand elle n'eut plus rien, il l'abandonna, bien entendu. La pauvre vieille en mourut de chagrin.

J'ai enfin connu une autre sybille, qui faisait des merveilles. Parmi ces différents faits, je n'en citerai qu'un. Il est très frappant.

En 1847, le neveu d'un prince régnant alla consulter cette femme, Mme Lacombe, morte maintenant.

Tout de suite, en ouvrant les cartes, elle dit au prince, qu'elle n'avait jamais vu et qu'elle ne pouvait pas connaître. Il était fort simplement mis, et rien ne révélait son rang.

— Monsieur, vous êtes un grand personnage : vous avez un parent sur un trône.

Il hésitait à répondre.

— Ne le niez pas, j'en suis sûre. Eh bien, il n'y restera pas dix-huit mois.

L'étranger se mit à rire.

— Il n'y restera pas, vous dis-je; et c'est vous qui le remplacerez.

— Moi ? Quelle folie !

— Ce n'est pas une folie, vous le verrez : je ne vous demande que de vous souvenir de moi, quand vous en serez là.

Le lendemain, je vis le Prince; il me raconta le fait

en se moquant de la sorcière et même de lui. J'ai toujours pensé qu'il y croyait un peu, cependant.

La révolution de 48 éclata huit ou dix mois après; ce fut une traînée de poudre pour toute l'Europe; après des troubles dans le pays, le Prince régnant fut renversé et son parent appelé à prendre sa place. Je l'appris par les journaux, et j'en fus toute saisie.

La sorcière avait dit, comme ses sœurs, à cet autre Macbeth :

— Tu seras roi !

Et il le fut ou à peu près.

Il ne s'ensuit pas, de ces exemples, qu'on doive croire aux cartes et qu'elles soient infaillibles : elles rencontrent vrai quelquefois, vous le voyez, mais elles se trompent aussi.

Depuis quelques années, nous avions Edmond, le nécromancien de la rue Fontaine-Saint-Georges. Il a disparu tout à coup d'une façon singulière et mystérieuse. Quelques fervents disent très sérieusement que le diable l'a emporté. Il lui a laissé le temps de faire une jolie fortune avant de le prendre, car il a gagné un argent fou. Ce n'est pas l'argent qui est fou, ce sont ceux qui le donnent en pareil cas.

CHAPITRE XX

Histoire singulière. — Un divorce. — Un mari repoussé devenu un amant chéri. — Les jeux de la destinée. — M°ᵐᵉ A. R... et ses romans. — Les Elssler et Taglioni. — *La Tempête.* — Splendeurs de l'Opéra. — Les usages du temps. — Les impertinences. — Les partis d'alors. — Ce qu'ils sont devenus. — Commencement de décadence. — Mort de Boïeldieu. — Encore les partis. — La rue Transnonain. — La démolition du monument de M. le duc de Berry. — Bals de la liste civile. — *Les Puritains.* — Grisi. — Tamburini, Rubini, Lablache. — Malibran. — Ce qu'elle était. — Duos qu'on n'oublie pas. — *La Juive.* — Falcon. — Nourrit. — Duprez. — Mlles Georges et Agrippine. — *La Nonne sanglante.* — *La Famille Moronval.* — Georges, Ida, Lockroy, Falcon. — Les bals des Tuileries. — Différentes physionomies des princes. — Espiègleries de jeunes gens. — Je ne voudrais pas être princesse.

Je vais placer ici une histoire bien plus ancienne, qui se trouve rappelée à ma mémoire par une circonstance, et que je suis fâchée d'avoir omise.

Avant la première révolution, un homme de plaisir, nommé M. B..., épousa très légitimement une jolie femme. Celle-ci se soumit à la volonté de ses parents. Mais soit délicatesse, soit antipathie, elle ne voulut jamais accorder aucun droit sur elle. Son mari fit tout au monde pour la fléchir ; elle s'y refusa nonobstant, et comme il n'était pas capable d'en mourir de chagrin, il la laissa avec sa cruauté, en allant chercher des consolations ailleurs.

Ce mari sans l'être appartenait à une administration financière. La révolution le porta à une position qu'il n'eut pas obtenue sous l'ancien régime, et en même temps le divorce le sépara de sa femme. Ils étaient des premiers à en profiter.

Le vent de la faveur avait soufflé sur M. B..., très capable du reste, et d'une vaste intelligence; il fut nommé directeur général d'une des nouvelles administrations.

Sa femme, qui ne comptait pas rester seule toute sa vie, trouva un autre mari; le hasard plaça justement ce second mari sous les ordres de l'autre.

Sa position était délicate; elle l'était d'autant plus que M. B... s'était remarié aussi; il avait choisi l'héritière d'un grand nom, que la révolution laissait sans protecteur; il eut l'adresse de lui faire rendre une partie de ses biens, et devint presque un grand seigneur.

Ses salons étaient ouverts; le meilleur moyen d'avancer dans la partie était de les fréquenter, mais Mme R... ne savait comment se présenter chez une femme qui la remplaçait si bien, tandis qu'elle-même y arriverait donnant la main à un autre homme; on n'était guère encore fait en France à ces arrangements de divorce, et elle cherchait vainement à sortir de cet embarras.

M. B... était un joli homme; il avait de l'esprit, de charmantes manières, l'habitude de plaire aux femmes, et je ne sais vraiment pas pourquoi la vertu ou la cruauté de sa première femme lui avaient si vivement résisté. Elle s'en repentait, c'était plus que probable, bien qu'elle affectât d'en être enchantée.

Une mutation dans les bureaux rendit indispensable une démarche auprès du directeur général. Mme R..., après avoir beaucoup hésité, se décida à la faire. Elle était toujours jolie. Ils avaient tous les deux trop d'esprit pour que l'entrevue ne fût pas courtoise : elle lui demanda une audience.

Je suppose que M. R... n'en savait rien.

Elle arriva très parée à son avantage. Une femme tient à être regrettée, même de celui dont elle n'a pas voulu. M. B... la trouva embellie, et le lui avoua ; il la reçut avec une galanterie exquise, ne lui laissa pas le temps de raconter ce qu'elle demandait, et lui dit :

— C'est accordé d'avance.

Puis il se mit à lui faire des compliments ; il déploya toutes ses grâces ; il fut si charmant qu'elle eut encore plus de regrets. Il s'en aperçut et mit insensiblement la conversation sur le terrain des souvenirs.

Si elle l'avait voulu, quel bonheur eut été le leur ! Combien il eut été fier de partager avec elle la fortune qui lui était échue ! Il n'avait jamais aimé qu'elle, il l'aimerait toujours, et maudissait la fatalité qui avait brisé leurs liens ; il lui demandait à rester au moins son meilleur ami, puisqu'il n'avait pas pu être autre chose.

Elle fit la coquette à son tour ; ils s'oublièrent ensemble, puis se revirent et, bientôt, le mari dédaigné devint un amant chéri.

Elle prit pour lui une passion sans bornes et leur liaison dura très cachée, pendant fort longtemps. Une indiscrétion involontaire, un de ces hasards que l'on ne peut dominer la trahit. Il fallut non pas rompre, mais en avoir l'air ; or la chose faisait assez de bruit pour leur nuire à l'un et à l'autre. Elle quitta Paris. M. B... fut placé en province.

Cette femme, qui eut pu aimer M. B... devant Dieu et devant les hommes, le repoussa et brisa leurs nœuds. Lorsqu'elle fut engagée à un autre, et qu'elle le revit, elle lui trouva des charmes qu'elle ne lui soupçonnait pas : il a été le seul amour véritable de son existence. Il mourut bien avant elle, et depuis lors une mélancolie qu'elle ne cherchait pas à vaincre s'empara d'elle.

Je l'ai connue très vieille ; elle est morte à plus de

quatre-vingts ans ; elle ne parlait jamais de cela et on eut été mal venu à lui montrer qu'on en était instruit. Elle a fait beaucoup de romans ; ils ont été imprimés et ils ont eu un certain succès dans leur temps. Ils sont oubliés aujourd'hui, à un tel point, qu'en la nommant, peut-être pas vingt de mes lecteurs se rappelleraient-ils son existence et sa réputation éphémère.

Cette année fut celle de l'arrivée des Elssler, qui débutèrent dans *la Tempête*, et nous eûmes à peu près une répétition des Gluckistes et des Piccinistes entre les partisans de Taglioni et de Fanny Elssler[1].

Fanny était une belle personne ; elle nous arrivait avec l'auréole de la passion inspirée par elle au duc de Reichstadt, dont on prétend qu'il mourut. Elle avait des attitudes et des poses admirables, et sa sœur la servait merveilleusement pour cela. C'était une danse plus voluptueuse, plus agaçante : elle n'était pas comme Taglioni, la sylphide ou la fille des nuages ; elle descendait sur la terre et ses regards inspiraient aux hommes des espérances infiniment plus positives, ce qui leur plaisait, même avec la certitude que ces espérances ne se réaliseraient pas.

Le succès des Elssler fut donc très grand ; il le fut davantage encore lorsqu'il se combina avec le départ de Marie Taglioni pour la Russie. On lui en voulut de nous abandonner. Je raconterai plus tard pourquoi et comment ce voyage eut lieu, et le caractère de la grande danseuse ne peut que gagner à être connu.

L'Opéra était dans ce moment-là même à l'apogée de sa splendeur ; il n'a jamais pu retrouver une pareille réunion de talents. Pour le chant, Nourrit, Le Vasseur, Massol, Alexis Dupont ; Mmes Damoreau, Falcon, Dorus, etc. Pour la danse, Taglioni et Elssler,

---

1. Fanny Elssler (sœur de Thérèse) danseuse allemande, née à Vienne en 1806 ; n'avait rien de commun avec Jane Essler qui naquit trente ans plus tard à Paris.

et cette pléiade de jeunes danseuses qui eussent été les premières en d'autres temps.

Les préoccupations politiques n'empêchaient pas les femmes de s'amuser et ne rendaient pas les hommes trop ennuyeux. Elles se traduisaient, dans les salons, par des taquineries, par de belles et bonnes impertinences. On n'invitait plus ceux qui avaient *tourné casaque*, et si on les rencontrait dans quelques maisons neutres, les ambassades par exemple, on ne les saluait pas : on les bourrait d'épigrammes, on ne leur donnait pas la main en figurant dans un quadrille.

J'ai vu pis.

Une femme que je pourrais nommer, qui avait beaucoup reçu M. le duc de Chartres, se trouvant au même quadrille que lui à l'ambassade d'Angleterre, lui lançait des coups de pied ; et le prince, soit ironie, soit excès de savoir-vivre, ne manquait pas de lui demander pardon chaque fois. Ils donnèrent ce spectacle tout le temps de la contre-danse ; j'en souffrais, je l'avoue. L'esprit de parti, selon moi, ne doit pas faire oublier les convenances et les principes de l'éducation.

On commençait à se lasser de la bouderie parmi les jeunes gens, et bien des salons se rouvrirent. Déjà un changement très marqué s'opérait dans les habitudes du monde. Le cigare gagnait du terrain ; les clubs s'établissaient et se peuplaient à petit bruit ; les demoiselles avaient gagné cinquante pour cent ; on ne s'affichait pas encore, mais l'on désertait déjà volontiers la bonne compagnie pour elles.

Boïeldieu mourut cette année-là. Il avait eu, sous la Restauration, une pension de trois mille francs, que lui supprima la Révolution de juillet. Il vit le succès de ses œuvres se continuer jusqu'à la fin : celui de la *Dame blanche* surtout, qui dure encore et qui durera toujours.

Les émeutes de la rue Transnonain, et leurs terribles suites, avaient exaspéré les républicains ; la destruction du monument expiatoire commencé sur la place Louvois, où avait été assassiné M. le duc de Berry, exaspéra les légitimistes. Louis-Philippe pouvait alors se vanter d'être entouré de haines vivaces qui eurent une destinée bien différente.

Les républicains le détestèrent de plus en plus; ils firent tout pour le détrôner et y parvinrent en 1848. Les royalistes le détestèrent également, mais la tiédeur s'empara d'eux; la foi, le dévouement, s'effacèrent; ils parlèrent beaucoup, mais ils n'agirent point; ils en arrivèrent peu à peu à l'indifférence qui les domine aujourd'hui, et qui s'est si bien prouvée dernièrement à la vente des tableaux de Mme la duchesse de Berry. C'est une vraie honte pour la noblesse française, que d'avoir donné à ses ennemis le droit de le remarquer; ils n'y ont pas manqué, je vous assure.

Les bals de la liste civile étaient fort courus dans les premières années. Celui de cet hiver eut lieu à l'hôtel Laffitte et fut magnifique. C'était le moment des grands succès des *Puritains* aux Italiens. Grisi, Rubini, Tamburini et Lablache formaient un de ces ensembles merveilleux, qu'on ne peut oublier, et qui se rencontrent si difficilement.

Grisi était alors dans tout l'éclat de sa grande beauté; son seul défaut était d'avoir le buste trop long. On aurait cru qu'elle marchait sur ses genoux. Son mariage avec M. de Melcy date, je crois, de cette époque[1]. Elle avait autant de succès dans les salons qu'au théâtre, et elle y chantait de préférence à tout autre artiste. Cependant on n'oubliait pas pour elle la Malibran, qu'elle était loin d'égaler. L'art était poussé au dernier degré chez Grisi, mais bien que la nature l'eût très heureusement douée, elle n'avait pas au même degré que la fille de Garcia ce feu sacré qui la dévorait et qui la tua.

---

1. En 1836, Giulia Grisi avait épousé, à Londres, M. Gérard de Melcy dont elle se sépara judiciairement.

Elle mettait à toutes les actions de sa vie la même passion. Elle regardait son corps comme l'esclave de son âme, et le forçait à lui obéir, en dépit de sa faiblesse. Son activité était au dessus de toute idée. Ainsi, le matin du jour où elle jouait un de ses rôles les plus fatigants, elle montait à cheval pendant cinq ou six heures, arrivait harassée, grignottait la moindre chose, buvait deux verres de vin de Bordeaux et entrait en scène, où elle achevait de s'épuiser.

On n'a pas manqué de dire qu'elle se grisait : l'envie bave toujours sur le génie.

Oh! la merveilleuse artiste que cette Malibran! Sans être régulièrement jolie, elle était plus belle que la beauté. Lorsqu'elle chantait un rôle, elle s'identifiait tellement avec le personnage, qu'elle en ressentait toutes les impressions. Elle pleurait véritablement ; elle souffrait, elle aimait, elle mourait. Comment ne se fut-elle pas usée en peu de temps!

Elle s'imagina une fois de jouer le rôle d'Othello, et la voilà grimée, noircie, un vrai maure ; elle avait pour Desdémona, Mme Schneider Devrient, une vigoureuse allemande, qui du bout du doigt en apparence l'eut envoyée au bout du théâtre ; aussi dût-elle mettre bien de la bonne volonté à se laisser étrangler par ces frêles mains. Lorsqu'elle eut exécuté son crime, la Malibran vint se tuer très près de la rampe. Elle était si convaincue de sa mort, si désespérée de l'infidélité de sa femme, qu'elle ne songeait à autre chose. Le rideau tombe, elle ne s'en aperçut pas et se trouva en dehors, les yeux fermés, étendue. La cessation de la musique la rappela à la réalité ; elle se releva à demi et resta assise, tout ahurie à regarder le public qui l'applaudissait à tout rompre.

Oh! les belles soirées!

Certainement les souvenirs les plus complets de l'art musical, conservés par notre génération privilégiée, sont les duos de Sémiramis, de Tancrède, etc., par la Malibran et la Sontag, et ceux de Moïse et de différents autres opéras par Tamburini, Lablache et Rubini. Il est impossible de les oublier et rien ne les a égalés depuis.

Cet hiver nous eûmes le magnifique spectacle de la *Juive*, d'Halévy. L'opéra ne l'a jamais surpassé et l'exécution en fut splendide. Aucune femme n'a chanté et joué ce rôle comme Falcon : elle avait tout, la voix, l'expression, la beauté. C'était la tragédienne lyrique dans toute sa perfection.

Nourrit n'avait qu'un défaut dans le rôle d'Eléazar : la beauté de son visage et ses grandes manières. Il ne pouvait se donner l'air assez ignoble. Sous ce rapport, Duprez lui était supérieur : sa petite taille, ses traits irréguliers, sa maigreur représentaient mieux le juif du moyen âge; Nourrit chantait merveilleusement. Jamais personne n'a dit comme lui le récitatif. Nous en parlerons longuement lors de ses débuts.

Mlle Georges était rentrée à l'Odéon, et jouait Agrippine, un de ses meilleurs rôles; elle n'attira pas le public néanmoins, en jetant aux nuages son peplum et ses draperies; elle s'en alla à la Porte-Saint-Martin où tout Paris vint la voir, dons la *Nonne sanglante*. Il y avait loin cependant de cette littérature aux beaux vers de Racine.

Nous avions vu, un peu avant ou après la *Nonne sanglante*, le début d'un homme de talent, à cette même Porte-Saint-Martin. M. Lafond y avait donné la *Famille Moronval*. Ce drame eut beaucoup de succès. Il était fort bien joué par Mlle Georges, Mme Ida et Lockroy. Mlle Falcon, qui avait un rôle odieux, se contentait d'être belle. Ce théâtre de la Porte-Saint-Martin avait d'excellents acteurs, et il était très littéraire, bien qu'il le fut déjà moins qu'au temps d'*Antony*, de *Marion Delorme* et de *Marina Valiera*. Il a bien changé depuis.

Les bals des Tuileries où j'allais peu, mais où j'allais enfin, parce qu'une femme doit obéissance à son mari, étaient un peu moins mêlés que dans les premières années de la Révolution : on épurait la liste. Ils l'étaient encore beaucoup; on y voyait d'étranges figures et des toilettes sans précédent. La reine était affable et bonne toujours, le roi fatigué et assez insouciant de ses convives ; il songeait à autre chose. Mme Adélaïde était gracieuse pour les gens qu'elle connaissait, très raide pour les autres : elle avait l'abord peu sympathique.

M. le duc d'Orléans était toujours un gentleman parfait; M. le duc de Nemours un véritable prince. On accusait la pauvre princesse Marie et M. le prince de Joinville d'être un peu moqueurs : on parlait tout bas d'un certain album, composé par eux et rempli des caricatures qu'ils voyaient dans ces réunions de tous les étages de la société. Il faut bien passer à la jeunesse la gaîté, et puis, ils n'avaient pas été élevés dans ce milieu-là. La princesse Clémentine était très digne.

On commençait déjà à parler des jeunes princes, ainsi qu'on l'a fait jusqu'à leurs mariages. M. le duc d'Orléans était fort aimé parmi les femmes de la cour. On lui a prêté bien des aventures vraies ou fausses, mais jamais en dehors des cercles officiels. Ses frères étaient moins exclusifs. On a ri souvent de leurs espiègleries. Ils avaient choisi chacun une maîtresse dans les chœurs de l'Opéra : c'étaient aussi deux sœurs connues sous les noms de *Titine* et de *Fifine*. Ils faisaient ensemble des soupers fins, et l'on racontait l'histoire d'une dinde aux truffes, chipée par M. le prince de Joinville à l'office et fournie aux divinités de l'Olympe. Elle avait été envoyée par je ne sais quelle ville du Périgord, en présent au Roi, et c'était une pièce monstre.

Elle reçut, on le voit, une singulière destination.

Ceci n'était pas bien grave : il faut que jeunesse se passe, et leurs ancêtres en avaient fait d'autres. La malveillance s'en empara, et les esprits mal faits leur reprochèrent ce qu'ils appelaient leurs désordres, tant il est vrai qu'une position hors ligne impose des devoirs particuliers, et qu'il est plus difficile d'être prince qu'on ne le croit généralement.

Ce n'est pas une position enviable, je le trouve du moins. On ne s'appartient jamais ; on n'a ni liberté ni intimité facile. Il faut s'observer sans cesse. Chaque mot porte et est interprété bien ou mal, suivant à qui on s'adresse. Il n'est pas permis de rester chez soi, les pieds sur les tisons, enveloppé dans sa robe de chambre, à causer avec un ami. Il faut représenter, fût-on malade, fût-on triste, eût-on le cœur brisé. On doit voir ceux qui déplaisent et fuir ceux qui sont sympathiques si la raison d'Etat l'ordonne. La dissimulation est une condition absolue, et, le visage des princes étant un miroir où chacun veut lire suivant ses vœux, ce visage devient un masque afin de ne pas compromettre celui qui le porte.

CHAPITRE XXI

Salon de la princesse Massasky. — Le comte Jules de Rességuier. — Ses poésies. — Ses fils. — Le baron de Mortemart-Boisse. — Ses fils. — M. Léon de Vailly. — Un sonnet. — Le comte et la comtesse Grégoire Schouwaloff. — Vers de Saint-Félix. — Vers du comte Grégoire. — Le comte Alfred de Vigny. — Eugène Sue. — Ses visites au duc de Fitz-James. — Laquais! — Barbier. — Henri Blaze. — Hans Werne. — La baronne Blaze de Bury. — Castel Blaze. — Elzear Blaze. — Le marquis de Ferrières Le Vayer. — Entrée dans la vie littéraire.

La princesse Massasky recevait le vendredi de chaque semaine, et son salon alors était sur un grand pied littéraire. Je n'en connais aucun à lui comparer aujourd'hui.

Cette galerie sera curieuse à examiner; je le ferai sans ordre et sans choix, à mesure que ma mémoire et mes notes me rappelleront un nom plus ou moins célèbre, me réservant de revenir sur les personnages, lorsque je les aurai mieux connus, et que je les rencontrerai dans ma vie; ceci n'est, pour ainsi dire, pour quelques-uns surtout, qu'un sommaire.

Un des plus assidus de ce cercle choisi était le comte Jules de Rességuier[1], dont les vers étaient à

---

[1]. Jules, comte de Rességuier, né à Toulouse en 1789, officier sous l'Empire; il devint maître des requêtes en 1814, et s'adonna à la poésie. Mainteneur de l'Académie des Jeux floraux, il prit une part active à la fondation de la *Muse française*.

cette époque très connus dans le monde. C'était un homme de fort bonne compagnie, dont le seul défaut était une affectation qui ressemblait à de la fatuité.

On eût juré qu'il sortait d'un baquet d'empois; ses gestes même étaient maniérés autant que sa parole. Quand il disait ses vers, c'était d'une voix saccadée, le bras éloigné du corps, les doigts levés, le tout avec des mouvements d'automate. Je me rappelle une certaine pièce qui commençait ainsi :

> La dame la moins... louée
> Et la dame la plus aimée.
> Etc.

Il prononçait tout sur le même ton, avec un accent méridional, et en jetant les dernières syllabes.

Du reste, parfaitement gracieux et aimable, ayant d'excellentes façons, fort occupé des femmes dont il avait été très aimé, il continuait le cours de ses succès, comme s'il eût eu encore trente ans; on lui prêtait beaucoup de bonnes fortunes.

Ses deux fils, un surtout, étaient aussi poètes. Je n'ai pas oublié un joli madrigal, où il était question *de ses yeux bleus comme le lapis* et des « cheveux blonds comme les épis », où une jeune fille disait :

> Au lieu des cheveux blonds que j'ai,
> Donnez-moi des cheveux de jais.

Horace de Viel-Castel s'obstinait à embrouiller les couleurs, lorsqu'il entreprenait de réciter ces vers, lui qui déclamait si bien : il en résultait des quiproquos sans fin.

Nous étions si gais et nous riions si bien de tout !

Un autre homme du monde se piquait également de littérature et avait deux fils qui s'en occupaient aussi, le baron de Mortemart-Boisse[1]. Il avait de l'es-

---

1. François-Gérôme-Léonard, baron de Mortemart de Boisse, né en 1787, servit avec honneur sous l'Empire, devint préfet

prit, mais il faisait tant de compliments, qu'on ne savait comment lui répondre. Je n'ai jamais vu un pareil amoureux ; il l'était en permanence et toujours avec des tragédies à faire dresser les cheveux sur la tête.

Ancien officier de l'Empire, il avait été très joli garçon ; il avait parcouru beaucoup de pays, et partout il avait laissé des parcelles de son cœur, ce qui ne l'empêchait pas de l'offrir tout entier à chaque passion nouvelle. Il écrivit des romans, des nouvelles surtout ; il en mettait encore bien plus en actions et il aimait à les raconter, en ne dissimulant que les noms, sous une gaze assez transparente.

Ses fils étaient de très remarquables jeunes gens, le dernier, Polamède, avait un des visages les plus distingués possibles. Le général Cavaignac était leur oncle ; ils ne sont pas de la même famille que la maison ducale de Mortemart-Rochechouart.

M. Léon de Vailly était fort distingué également, sans aucune prétention et très simple. Il avait l'air d'un homme malheureux ; on prétend qu'il l'était en effet.

J'ai envie de citer un sonnet de lui, que j'ai conservé sur mon album, qui est d'un genre tout à fait nouveau. C'est une traduction de Shakespeare, mais traduire ainsi, c'est créer.

> Ma maîtresse a des yeux moins vifs que le soleil ;
> Son sein, près de la neige, est très brun, je l'avoue ;
> J'ai vu bien des œillets panachés, mais sa joue,
> A ces fleurs rouge et blanc, n'a rien qui soit pareil.
>
> Ses lèvres de corail n'ont pas l'éclat vermeil.
> Nulle abeille abusée à l'entour de sa joue.
> Vénus, à son aspect, n'a jamais fait la moue.
> Le jour, pour se lever, n'attend pas son réveil.

et s'adonna avec succès à la littérature ; il écrivit sous les pseudonymes de *Marle-Mortemart*, de *Lady Mortimer* et de *Lord Wignore*.

> Je n'ai pas vu marcher la reine de Cythère ;
> Quand ma maîtresse marche, elle foule la terre.
> Son parler, qui me plaît, d'un luth n'a pas le son.
>
> Sa douce haleine a moins de parfums qu'une rose.
> Et pourtant mon amour, confrères, je suppose,
> Vaut bien tous les objets de vos comparaisons.

Je l'ai dit, je cite au hasard, en tournant les feuillets de mes souvenirs. Voici maintenant qu'il m'apparaît un jeune ménage, dont l'image est une des plus charmantes : le comte et la comtesse Grégoire Schouvaloff.

La femme selon moi, — je copie mes notes — n'est pas une femme. Saint-Félix a fait sur elle ces quatre vers qui la peignent admirablement :

> Toujours triste et plaintive,
> Au monde inattentive,
> Sous son aile, plié,
> C'est un ange oublié.

Cet ange semblait pleurer le paradis et espérer y revenir. Il y avait du regret jusque dans son sourire ; son corps gracieusement ployé, sa peau transparente et fine, ses cheveux si noirs et si brillants lui donnaient un aspect aérien. Je croyais avoir connu cette âme-là, ailleurs, et je me sentais fortement attirée vers elle.

Son mari avait, au contraire, l'apparence de la force et de la santé ; ses joues colorées et sa taille un peu ramassée ne ressemblaient pas à sa poésie ; cependant il faisait bien les vers et cela, en français, qu'il savait admirablement.

Ce ménage était fort uni ; ils s'aimaient avec une tendresse qui faisait du bien à voir et qui reposait l'âme. Ils s'étaient connus dès l'enfance et, ni l'un ni l'autre, ils n'avaient eu d'autre amour que celui-là.

Ceci est exprimé par les strophes que l'on va lire, et qui furent dédiées par le comte à sa femme.

> Heureux qui sut aimer, dans ses rêves d'enfance,
> La femme, être idéal, que devinait son cœur,

Et, plus tard, étreignit, sans soupçonner l'offense,
Celle qu'il nomme encor et sa femme et sa sœur.

Je veux rêver à vous, brûlante poésie,
De mon premier amour, pudique nudité,
D'un esprit vierge encor, divine fantaisie,
D'un amour révélé, magique volupté.

O! vague sentiment, espérance muette,
Douce mélancolie, heureux qui vous aima !
Pour lui le ciel brille comme en un jour de fête,
Le monde en paradis, pour lui se transforma.

Je veux rêver à vous, ô mystère de l'âme,
D'un cœur avec son Dieu, secrète affinité ;
Je veux rêver à vous, idéal de la femme :
Beauté, pudeur, amour, humaine trinité.

La comtesse Schouvaloff mourut quelques années après; on devinait qu'elle ne pouvait pas vivre ; ce monde était trop imparfait pour elle.

Son mari, au désespoir, ne pouvait pas non plus y rester, dans ce monde où elle n'était plus. Il devint catholique et se fit dominicain. Il a remplacé par l'amour de Dieu l'amour qu'il portait à cette créature que le ciel lui avait reprise.

Le comte Alfred de Vigny venait quelquefois aussi ; il avait cette parfaite tenue de gentilhomme, et cette froideur qui ne révélait pas l'auteur de *Cinq-Mars* et de *Stella.* Son visage était assez beau ; ses cheveux roux qu'il portait tombants et droits le faisaient ressembler à une tête de Christ. Il s'animait peu, causait très bien, mais sérieusement. Quand il donnait son avis sur une œuvre ou sur une personne, c'était sans vivacité, presque avec indifférence. Bien qu'il fut un des chefs du romantisme, il n'avait rien en apparence de cette école. Son costume parfaitement soigné n'offrait rien d'excentrique. Il suivait la mode sans l'exagérer, de façon à ce qu'on ne le remarquât pas; il semblait vouloir passer inaperçu : était-ce véritablement son intention? N'y avait-il pas un peu d'affectation dans cette modestie ? Je ne sais, mais il n'y paraissait pas.

C'était un contraste frappant avec Eugène Sue, qui venait plus souvent encore. Celui-là n'avait rien d'un gentilhomme, bien qu'il fût d'une grande élégance et qu'il fît beaucoup parler de lui. C'était un très fort garçon, ce que dans certaines provinces on appelle un bellâtre. Il était grand, les épaules larges, la taille épaisse, la figure plate. Les yeux seuls avaient de la physionomie. Il portait un collier de barbe, s'habillait en dandy et ne dissimulait pas ses prétentions. Il n'avait rien de distingué dans les manières ou, pour parler plus juste, son air était commun naturellement, car il avait acquis, en voyant le monde et en se frottant à la bonne compagnie, un certain vernis qui lui donnait l'apparence plutôt que le fond.

Il avait de l'esprit en conversation, plus que dans ses livres ; il posait franchement et ne se souciait pas qu'on s'en aperçût. Il outrait les raffinements de la recherche et de la mode, ainsi que le faisaient certains beaux de cette époque qui croyaient ressembler tout à fait à des grands seigneurs.

On s'était fort engoué de ses premiers livres, et je ne sais pourquoi lui et Balzac furent reçus un an ou deux dans le vrai faubourg Saint-Germain. Cela ne dura pas, et cela ne pouvait pas durer. Balzac s'attacha au char d'une grande dame que le faubourg ne voyait plus ; il se concentra chez elle. Il lui doit beaucoup sur son expérience du monde et son esprit profond.

Eugène Sue rompit avec le monde pour d'autres motifs : il y eut incompatibilité d'humeur. On raconta de lui plusieurs traits de suffisance qui ne prirent point ; en voici un entre autres :

Le duc de Fitz-James[1], l'ami de Charles X, était cer-

---

1. Édouard, duc de Fitz-James (1776-1838), après avoir émigré et servi à l'armée des Princes, il fut fait pair de France et s'acquit de la célébrité comme orateur politique ; il avait, dit

tainement un des plus grands seigneurs de France, un des plus haut placés, un de ceux que son âge, sa situation et son caractère rendaient les plus respectables ; chacun comptait avec lui et peu d'hommes eussent songé à lui refuser une déférence qui lui était due sous tous les rapports.

Il rencontra un soir Eugène Sue dans un salon ; celui-ci le salue à peine, prend avec lui des airs d'égalité, très démocratiques peut-être, mais qui n'étaient nullement à leur place dans le milieu où il se trouvait. Il s'excusa pourtant, de n'avoir pas été rendre une visite au duc, que celui-ci lui avait faite, après qu'il eût été présenté chez lui. Il chercha des prétextes qui n'en étaient pas et qui montraient la corde de la mauvaise volonté. Il finit par lui dire, comme compliment :

— Je ne fais jamais de visites, monsieur le duc.

— Il est très heureux pour moi, monsieur, répondit M. de Fitz-James, que monsieur votre grand-père n'ait pas eu la même aversion.

Ceci fut prononcé avec le plus aimable sourire et une courtoisie parfaite ; l'écrivain n'en fut pas moins déconcerté. Le mot de cette épigramme était que le grand-père d'Eugène Sue était médecin et qu'il avait accouché la duchesse de Fitz-James, qu'il soignait et qu'il visitait, par conséquent.

Eugène Sue était d'un abord peu sympathique, ce qui n'ôtait rien à son mérite ni à son talent. Il croyait peu à la vertu des femmes, et se défiait même de leurs sentiments, en quoi il avait tort peut-être ; s'il fut trahi, était-ce une réciprocité, et peut-être n'avait-il pas le droit de se plaindre d'un prêté rendu.

Tout le monde sait l'histoire de la pauvre femme à qui il joua un si méchant tour. Elle était venue visiter l'atelier d'un peintre célèbre, ami d'Eugène Sue. Le peintre n'était pas chez lui ; le romancier l'attendait :

M. de Cormenin, « le laisser-aller, le sans-gêne, le déboutonné d'un grand seigneur parlant à des bourgeois. »

elle prit l'un pour l'autre ; il ne la détrompa pas et lui adressa des galanteries fort empressées, lui demanda la permission de la revoir et fit si bien, après une cour assidue, qu'elle l'aima sous son nom d'emprunt.

Leur bonheur dura huit jours ; au bout de ce temps elle conçut des soupçons sur l'identité du personnage, et désira s'assurer si son amant était bien véritablement l'artiste célèbre dont il prenait le nom et se rendit chez lui. Elle sonna ; un domestique en gilet rouge, en tablier, le plumeau à la main, lui ouvrit. Il était de bonne heure ; elle désirait trouver l'artiste seul. Elle reconnut l'homme qu'elle aimait dans ce valet de chambre. Vous jugez quels cris elle poussa.

Elle s'échappa désespérée, sans dire un mot, sans faire un reproche, mais la mort dans l'âme, convaincue de sa dégradation involontaire. Quelque temps après, se promenant aux Tuileries, elle rencontra l'auteur de *Mathilde,* dans toute la gloire de ses manchettes et de ses gilets flambants. Tout son sang reflua vers son cœur. Elle ne put retenir ce mot, qui lui échappa, et dans lequel elle mit tout son mépris :

— Laquais !

Elle fut entendue, et l'on en rit !

Le monde n'a de pitié que pour les souffrances normales, et se moque de ce qu'il appelle des extravagances. Il chanterait volontiers, à ceux qui sont malheureux par leur faute, le fameux refrain :

> V'là c'que c'est :
> C'est bien fait,
> Fallait pas qu'y aille !

C'est qu'il n'y va jamais, là où on pleure de vraies larmes.

Barbier avait publié ses *Iambes*. Quelque temps auparavant j'eus le bonheur de lui entendre réciter des fragments, entre autres les vers admirables sur Bonaparte. Barbier était un petit homme maigre et brun ; il ne payait pas de mine, mais lorsqu'il parlait cette belle langue de la poésie, lorsque sa physionomie s'animait de sa pensée et de son exaltation, il était sublime !

Malheureusement, on le voyait bien peu.

Henri Blaze de Bury[1], encore tout jeune, écrivait sous le nom de Henry Werner. Il avait déjà fait une partie de la traduction de *Faust*, et bien des vers inspirés par les chefs-d'œuvres allemands. Il parle cette langue comme si elle était sienne.

Il a peu changé ; c'était à cette époque-là un jeune homme mince, ni grand, ni petit, très bon, très spirituel, très drôle, même quand il se laissait aller à la gaieté de son âge, et très sérieux en même temps. Il riait de si grand cœur et s'amusait si bien de peu de chose !

Très poète, il l'était dans sa vie comme dans ses ouvrages : je lui ai connu deux passions idéales pour deux célèbres cantatrices, et Dieu sait les rêves qu'il faisait tout éveillé !

Depuis, il s'est marié à une personne très remarquable, Mlle Stewart[2]. Elle écrit dans un genre sérieux et distingué qui lui a fait une place importante et spéciale dans la littérature. Son salon est très bien composé. Elle appartient au meilleur monde et elle a toujours su garder une dignité remarquable au siècle où nous vivons. C'est la qualité la plus rare chez la gent intelligente ; il y aurait un long chapitre à faire sur les génies qui se galvaudent.

Henri Blaze est le beau-frère de M. Buloz, de la *Revue des Deux Mondes*. Il est le fils de Castil Blaze qui nous a donné en français les plus beaux opéras des écoles allemande et italienne ; il eut une grande vogue en

---

1. Ange-Henri Blaze, dit de Bury, né à Avignon, en 1813 ; il ajouta le nom de sa mère au sien ; et, bien vite, s'acquit une juste réputation dans les lettres.
2. Marie-Pauline-Rose Stewart, d'une ancienne famille écossaise ; elle écrivit sous les pseudonymes d'*Arthur Dudley* et de *Maurice Flassan*.

ce temps-là et c'était un homme de talent. Son frère, Elzéar Blaze, a fait un livre sur la chasse qui restera parmi les classiques spirituels de l'art de la vénerie.

On voit que cette famille-là avait tous les droits à l'illustration.

Un des hommes que nous voyions le plus souvent rue de la Ferme-des-Mathurins était Théophile de Ferrières, mort ambassadeur en Belgique l'année dernière et devenu le marquis de Ferrières Le Vayer par l'adoption et l'héritage de sa tante, la marquise Le Vayer.

Il avait alors à peine vingt ans et l'un des plus beaux visages que j'aie vu de ma vie. Ses yeux eussent fait l'envie de bien des jolies femmes. On vantait beaucoup un livre qu'il venait de publier sous le titre de *Il vivere*. C'était la mode de chercher un titre original, sans s'inquiéter beaucoup s'il répondait au contenu du volume dont il était l'enseigne. Ce *vivere*, mot italien dont la traduction littérale est le *vivre*, ne peut guère se rendre parfaitement en français. Le recueil de nouvelles était charmant, surtout pour les salons ; il ne fit que peu de bruit ailleurs.

Plus tard, quand il fut diplomate, M. de Ferrières riait de ces succès-là, mais dans cette fleur de jeunesse, il en était fort satisfait, et il avait raison.

Nous le retrouverons dans un temps plus éloigné.

Je reviendrai sur le salon de la princesse Massalsky. La galerie n'est pas complète, il s'en faut. Mais ici s'arrête la première partie de ces Mémoires ; ici finit ma vie purement mondaine et commence ma vie littéraire. Je me mis alors à connaître les célébrités et à fréquenter la société la plus intelligente de l'univers. C'est elle surtout dont je veux conserver le souvenir, et dont les portraits auront le plus d'intérêt pour le lecteur.

CHAPITRE XXII

L'hiver est gai. — Les vendredis de la comtesse de Sully. — Ce qu'était la comtesse. — La duchesse d'Abrantès. — Son talent de comédienne. — Son caractère. — L'opium. — Travail enragé. — Une dernière illusion envolée. — Un mariage manqué. — La reine Amélie. — Le salon de la duchesse. — Ses enfants. — Son talent. — Ses mémoires. — Le baron et Mlle d'Ivry. — Curiosités et tableaux. — Les vases Céladon craquelés et la jambe de bois d'un invalide. — Le comte Alexis de Pomereu. — Le comte Emilien de Nieuwerkerke. — Le baron Pasquier, chancelier de France. — Ses oncles. — Mme et Mlle Pasquier. — La dame à la paille et à la robe de velours. — Un ami de M. de Lamartine, M. de Champeaux. — Delphine Gay. — La marquise de Portes. — La baronne des Etards. — Première représentation des *Puritains*. — Grisi, Rubini, Tamburini, Lablache. — *La Famille Glenaron*. — Félicien Malleselle. — Mme Darcey. — Guyon.

Cet hiver fut très gai dans tous les mondes ; on dansa partout. Ce fut pour moi le dernier, exclusivement du monde. Mais j'avais déjà commencé à voir la société littéraire, et je m'y plaisais plus que dans toutes les fêtes splendides, les jouissances de l'esprit étant, selon moi, et plus vives et plus agréables que celles mêmes de la coquetterie et que les succès de salon.

J'avais le vendredi, le même jour que la princesse Massalsky, une autre maison où je me plaisais aussi beaucoup, celle de la comtesse de Sully, dont le mari était directeur de la Monnaie. J'ai déjà parlé d'elle à propos de son fils, Honoré de Sully, un de mes bons amis.

Mme de Sully était Mlle Morine, la fille d'un des personnages du premier empire. M. Decazes avait épousé sa sœur en premier mariage. C'était avec la vicomtesse de Ruolz, que le lecteur n'a pas oubliée, une des femmes les plus spirituelles de la société. Elle avait une façon de dire les choses qui n'appartenait qu'à elle. On ne se lassait pas de l'entendre.

Elle recevait beaucoup de l'ancienne société de son père, qu'elle avait connue dans sa jeunesse. C'est chez elle que je vis pour la première fois la duchesse d'Abrantès, dont on s'occupait beaucoup en ce temps là.

Elle venait de publier ses curieux Mémoires; ils avaient un grand retentissement. Elle avait tant vu de gens et tant connu de choses! Elle avait été jolie; il n'y paraissait pas; excepté ses yeux, tous les traits de son visage étaient déformés et le teint devenait de la couperose, ainsi que cela arrive à beaucoup de femmes lorsqu'elles ont eu une belle peau.

Sa physionomie était agréable et son regard aussi charmant que son esprit. Elle avait malheureusement un organe de rogome, bien qu'elle ne bût pas; cet organe la déparait plus que toutes choses; il était commun et lui ôtait de la distinction. Ce qui est étrange, c'est qu'elle jouait la comédie à merveille, et que cette voix n'était pas désagréable sur le théâtre. Je lui ai vu jouer *Défiance et Malice*, sur le théâtre de M. de Castellane, alors que ce théâtre était encore un salon, et une autre fois, avec Mme Mélanie Waldore, le *Roman d'une heure*. Je ne me rappelle pas qui était l'homme. Je crois pourtant que c'était M. Sauvage, un des meilleurs comédiens de société du temps. L'un et l'autre avaient un vrai talent d'artiste.

Mme d'Abrantès était une excellente femme, dévouée à l'excès, généreuse comme l'or. Elle ne savait pas compter; c'est ce qui fit son malheur.

On se demande comment les sommes énormes que

Junot toucha, sous le Premier Empire, se sont dissoutes en fumée. D'abord, l'empereur exigeait une grande magnificence de ses lieutenants; il leur défendait de faire des économies, et voulait être royalement représenté dans les pays conquis.

La duchesse avait les goûts artistes; elle était jeune, belle, adulée; elle se laissa entraîner à des dépenses que sa position justifiait. Bien d'autres en eussent fait autant à sa place, mais bien d'autres n'eussent pas, comme elle, distribué en bienfaits une grande partie de ces trésors. Elle a fait beaucoup d'ingrats, ainsi qu'il est d'usage, et ces ingrats sont devenus ses ennemis; ils ont été les premiers à l'accuser.

Je n'ai connu Mme d'Abrantès que très peu personnellement; nous avons eu plusieurs amis communs et je l'ai suivie par eux jusqu'à la mort. Sa position était horrible; elle se tuait de travail sans arriver à mettre les bouts. Elle écrivait le jour; elle écrivait la nuit, et son sang était si agité qu'elle ne pouvait trouver de repos. Elle ne dormait qu'à force d'opium; elle en devait, à sa mort, à son apothicaire, pour une somme affreuse.

Sur la fin de sa vie, abreuvée de tant de chagrins, elle en eut un nouveau, le plus poignant de tous, et les femmes comprendront cela, celles surtout qui ont passé quarante ans.

Un des hommes les plus distingués de Paris, en même temps homme du monde et homme de lettres, possesseur d'une grande fortune, portant un beau nom, vint assidûment chez elle et commença à lui faire la cour. Je ne le nommerai pas : il est mort; je l'ai beaucoup connu, et il m'en coûterait d'appliquer cette tache à sa mémoire.

Il était, je crois, un peu plus jeune qu'elle et, assurément, mieux conservé; son esprit était charmant; il avait des façons de l'ancien régime et une conversation des plus attrayantes.

Il fut question bientôt de mariage : la pauvre duchesse accepta d'abord pour ses enfants, à qui elle pourrait ainsi venir en aide, et, insensiblement, heureuse de se croire aimée, elle retrouva les impressions de sa jeunesse, elle renaquit à l'espérance et à la passion. Tout son être refleurit comme un automne prolongé. Ce fut pour elle une régénération, une résurrection pour ainsi dire. Elle aima de toute son âme : elle le dit, elle le montra. C'était en même temps de la reconnaissance, du dévouement, une tendresse infinie, un enivrement très concevable, en retrouvant ce qu'elle croyait perdu sans retour, un sentiment plein de charme, un cœur qui sût apprécier et comprendre le sien.

Pour quelle raison le marquis se décidait-il à cette union ? C'est ce que l'on n'a jamais bien su. Il y en avait plusieurs de vraisemblables, outre du mérite de la fiancée.

Elle eut le tort de laisser trop voir ce qu'elle éprouvait, les curieux et les méchants s'en emparèrent. On en rit, on tourna cette joie, cette affection en ridicule. Le marquis fut circonvenu par ses soi-disant amis, qui ne lui épargnèrent pas les propos du monde, et comme il n'avait pas pour elle un de ces penchants qui résistent à tout, il se laissa convaincre et rompit.

Ce fut, pour la malheureuse femme, le coup de la mort, d'autant plus qu'il fut donné brusquement et que les regrets de l'infidèle ne l'adoucirent pas. Elle ne fit que souffrir depuis lors, et s'éteignit fort peu de temps après : son bonheur éphémère avait usé ses dernières forces.

La reine Amélie se conduisit dignement ; elle se chargea de tous les frais de la dernière maladie et des obsèques. Ce fut une action royale envers une personne telle que Mme d'Abrantès, dont la place dans le monde avait été si grande.

Son salon, pendant quelques années, fut peut-être le plus remarquable de l'époque : les célébrités y abondaient. Balzac y passait sa vie, et presque tous les hommes illustres de ce temps en étaient les habitués. Il a fini malheureusement, juste à l'époque où j'aurais pu y être présentée.

Elle a laissé plusieurs enfants : le duc d'Abrantès, mort depuis quelques années ; il avait un esprit de répartie et de mots bien connus. On en cite de lui quelques-uns qui resteront.

Le duc d'Abrantès est un officier fort distingué, digne héritier de son père.

Mme Aubert, dont le talent fin et distingué la place au premier rang, parmi les femmes qui s'occupent des plaisirs et des goûts de leur sexe, sait donner un tour charmant à ses chroniques de modes et rendre intéressante la description des robes et des chapeaux. C'est un vrai tour de force.

Mme Amet, sa dernière fille, se consacra d'abord aux soins des malades, chez les sœurs de Saint-Vincent-de-Paul. Sa santé ne lui permit point de continuer ; elle dut quitter le couvent : plus tard, elle se maria.

Comme auteur, Mme d'Abrantès pourrait être rangée dans la catégorie de Mme de Genlis. Ses mémoires sont même beaucoup mieux faits que ceux de l'ancienne gouvernante de Louis-Philippe ; elle est beaucoup moins personnelle et ne chante pas ses louanges sur tous les tons, ainsi que le fait l'ex-marquise de Sillery. Ces mémoires sont du reste la meilleure partie de son bagage littéraire : ils resteront. Tous ceux qui voudront savoir dans ses détails l'histoire de la jeunesse de Napoléon Ier, devront y avoir recours. Ils sont spirituels, bien renseignés et de bonne foi. Le style en est un peu lâché, comme celui d'une grande dame, qui n'a pas de pédantisme, et qui n'écrit pas à coup de dictionnaire.

Ses romans sont moins bien réussis ; il y a pourtant de jolies pages dans l'*Amirauté de Castille*.

La mort de Mme d'Abrantès laissa un véritable vide qui n'a pas été rempli, et ses amis ne sauraient l'oublier.

J'allais encore beaucoup dans le monde, et Paris était d'un brillant inouï, malgré la bouderie de la partie sérieuse du faubourg Saint-Germain. Les jeunes n'étaient pas si difficiles ; ils secouaient peu à peu le manteau de deuil et se mêlaient à la partie de la société qui ne le portait pas.

Au milieu de mes notes un peu confuses et qui n'étaient certes pas destinées à l'impression, je retrouve le souvenir de quelques personnes et de quelques fêtes que je veux mentionner ici ; c'est encore une face de la société parisienne.

Il y avait des bals fort nombreux chez le baron d'Ivry, dans son hôtel, dont il ne reste pas vestige. Le baron était veuf ; il avait deux fils et une fille plus âgée qu'eux, qui n'a jamais voulu se marier et qui, pour être logique avec elle-même, avait adopté la contenance d'une femme. Elle portait des diamants, des cachemires, elle avait sa voiture, ses gens, elle recevait dans son appartement, le matin, et faisait le soir les honneurs du salon de son père ; comme elle avait beaucoup de fortune, un visage agréable, de l'esprit, une belle taille, nul ne peut croire qu'elle n'eût pas trouvé un mari. Elle est morte très vite, encore fort jeune, plusieurs années après.

Son père était un grand amateur des arts et des curiosités ; il avait chez lui un vrai musée de tableaux et de magnifiques vases, des bahuts, des chinoiseries de toutes sortes et cela avant la mode. Je me rappelle, entre autres, des céladons craquelés qu'on ne se lassait pas de voir.

Il faisait moins heureusement de la peinture. Horace de Viel-Castel avait déniché de lui une certaine toile, représentant le portail de Notre-Dame par un grand brouillard, où tout était nuage, sauf sur le devant, la jambe de bois d'un invalide. Mon Dieu ! que cela nous amusait !

J'ai connu chez le baron d'Ivry, le comte Alexis de Pomereu, petit-fils du marquis d'Aligre ; il était très jeune alors. Je l'ai retrouvé souvent depuis. Alors c'était un danseur; maintenant il est devenu un homme d'esprit.

Cet hiver là, le comte Émilien de Nieuwerkerke[1] fit son entrée dans le monde; il avait dix-sept ou dix-huit ans peut-être, et on remarqua fort sa beauté; à une belle fête au Luxembourg, chez le comte de Sémonville, grand référendaire de la Chambre des Pairs. Madame sa mère me présenta ce futur directeur des Beaux-Arts et me demanda pour lui une contre-danse.

Ceci me ramène vers une anecdote dont le théâtre fut également un salon officiel; celui de M. Pasquier, chancelier de France, en ce temps-là. Il avait des cercles fort ennuyeux une fois par semaine; tout ce qui tenait à la magistrature, de près ou de loin, se faisait un devoir de s'y présenter: il en résultait des réunions étranges où la province dominait. Les femmes étaient assises dans le grand salon, droites comme des cierges, sur leurs fauteuils, ne parlant qu'à leurs voisines et quelquefois pas du tout.

Avant d'arriver à ce « sénatoire », où présidaient de chaque côté de la cheminée, la baronne Pasquier et Mlle Pasquier, sa belle-sœur, il fallait traverser trois ou quatre grandes pièces où les hommes se tenaient par groupes; on passait sous ces yeux-là et le nom était répété d'un huissier à l'autre, tout haut. Il y avait là de quoi perdre contenance.

Ce n'était rien encore et la principale épreuve était la dernière. Mme Pasquier, Mlle Pasquier, étaient des saintes, très bonnes mais très sérieuses; elles parlaient peu. Je ne sais plus laquelle des deux avait une terrible dent en cheval de frise. Elles étaient presque toujours en noir, avec des toques à plumes. Quand

---

[1]. Alfred-Émilien, comte de Nieuwerkerke, né en 1811, statuaire et membre de l'Institut; Directeur général des musées en 1849, il devint intendant des Beaux-Arts de la maison de l'Empereur.

on annonçait une nouvelle venue, la chancelière se levait, faisait quelques pas, ou restait à sa place, suivant l'importance de la personne. Si elle la connaissait, elle lui adressait quelques paroles de bienvenue, et puis un huissier préparait un siège, que la baronne montrait de la main ; celle-ci prenait rang près de la dernière arrivée, et tout était dit jusqu'au départ. On ne recevait pas longtemps.

Pour les gens timides, ce trajet de la porte à la cheminée était terrible ; il y avait là cinquante femmes peut-être, s'ennuyant au superlatif, enchantées de découvrir une distraction, tirant à boulets rouges sur celles qui subissaient leur tour de carcan, sans penser qu'elles venaient d'exécuter le même exercice.

Un soir, j'étais là avec mon amie, femme d'un procureur général, qui m'entraînait avec elle dans ce parlement où je n'avais que faire, et que je suivais par bonté d'âme, pour qu'elle s'ennuyât moins.

On annonce à grands fracas une Mme Legrand, ou je ne sais quel nom aussi commun que celui-là. Elle sentait d'une lieue Carpentras ou Quimper-Corentin, une province quelconque à deux cents lieues de Paris. C'était quelque femme de juge. Elle avait une robe de velours noir, de sa corbeille bien sûr, faite dix ans auparavant, nullement à la mode, et conservée dans un tiroir pour les solennelles occasions. Ce n'était pas le pis ! A cette robe pendait un brin de paille d'une demi-aune, traînant par derrière, enseigne terrible, en ce temps où la démocratie commençait seulement à épeler.

Les fiacres étaient bourrés de paille, et venir en fiacre à la chancellerie, par un temps de neige, c'était ne pas entrer sous la porte cochère, descendre sur la place Vendôme, au milieu des quolibets de la valetaille, c'était par conséquent avouer que l'on n'avait pas vingt francs dans sa poche pour prendre une remise.

La malheureuse paille fut commentée, regardée ; on

se passa la plaisanterie sous l'éventail ; une voisine perfide eut la méchanceté d'avertir la victime, qui perdit contenance et se sentit prête à pleurer.

Je la lui aurais ôtée, sans lui rien dire. C'était une cruauté.

Que de petites infamies de ce genre le monde renferme, et combien il est odieux ! Il ne pardonne pas à la pauvreté, et la moquerie est une arme qui tue certaines natures aussi sûrement qu'un coup de poignard.

Je ne veux pas citer les autres bals inscrits pour cette année ; la liste serait trop nombreuse ; je m'occuperai seulement des noms qui peuvent offrir quelque intérêt. Il est question parmi les valseurs, d'un homme insignifiant en ce temps-là, qui devint un personnage, et cela, par son dévouement à un grand poète, à M. de Lamartine.

Il s'attacha à lui, comme un chien à son maître, bien avant ses grandeurs. Il ne le quitta pas, partagea sa bonne et sa mauvaise fortune ; veillant sur lui, pour lui épargner le plus d'ennuis, le plus de chagrins possible, c'était un vrai séide ; cet attachement, complètement désintéressé, ne trouva sa récompense qu'en lui-même, et probablement dans la reconnaissance qu'il inspira. M. de Champeaux était peu riche ; il ne le fut jamais davantage et mourut sur la mer Méditerranée, il me semble, en accompagnant son idole dans son voyage d'Orient.

Qui nous eût dit cela, quand nous dansions de si beaux cotillons ?

Je vis pour la première fois Delphine Gay, Mme de Girardin, à un bal chez la marquise de Portes. Qu'elle était belle ! Grande, un peu grosse, elle avait des bras superbes, des épaules statuaires, ses magnifiques cheveux blonds retombant en boucles sur son cou de cygne. Son teint de lis et de roses, sans métaphore, ne le cédait qu'à l'éclat de ses admirables yeux bleus. On la regardait fort, car en ce temps-là, on ne la voyait guère dans le monde. Quant à moi, j'en fus éblouie.

La marquise de Portes était une femme charmante, pleine de grâce et de désinvolture. Aucune femme ne dansait le galop aussi bien qu'elle, si ce n'est la vicomtesse de Courcel, ma cousine et la baronne des Etards qui eût été adorable si elle n'eût pas eu les dents gâtées. La bouche fermée, c'était une vraie tête antique.

Hélas! la marquise de Portes est morte bien jeune encore, et la pauvre Mme des Etards a été emportée en quelques heures par le choléra de 1852, je crois.

Nous eûmes deux bals de la liste civile à l'hôtel Laffitte. J'avais été, avant le premier, entendre les *Puritains* aux Italiens; c'était la première et la seconde représentation. La Grisi était dans tout l'éclat de sa beauté et de son talent, que pourrai-je dire de plus? Les autres rôles étaient tenus par Rubini, Tamburini et Lablache. Quelle réunion! Le fameux duo *des Trombes* retentit dans tout Paris-Première représentation; cette fois c'était à l'Ambigu, et le début d'un jeune auteur, devenu un homme de beaucoup de talent, Félicien Mallefille. La pièce s'appelait *la Famille Glenawon;* elle eut un succès immense et elle le méritait. Je ne crois pas qu'après les maîtres du genre, il y ait eu un commencement de tant d'espérance. L'intérêt, le dramatique, la science précoce du théâtre, tout y était. La princesse Massalsky pratiquait fort une charmante actrice, Mme Darcoy, qui jouait le premier rôle. Il est impossible d'être mieux placée dans le monde; elle avait de jolis traits, et si elle n'eût pas été un peu trop forte, elle eût été belle. C'était la distinction même, jointe à une sorte de bonté qui donnait envie de voir souvent ce visage blanc et rose.

Comme actrice, elle ne manquait pas d'un certain talent, surtout dans la comédie, qu'elle s'obstinait à ne point jouer pourtant.

Glenawon mit en relief un fort beau comédien dont on a beaucoup parlé depuis, c'était Guyon. Bien jeune alors, il avait en germe toutes les qualités qui brillèrent un instant, et qui s'éteignirent ensuite par les préludes de la triste maladie de cerveau qui l'emporta.

Il eut justement, presque à cette époque, une aventure qui fit beaucoup de bruit dans la société et dont on ne peut parler qu'avec des ménagements infinis.

CHAPITRE XXIII

Histoire d'une étrangère. — Une infidélité. — Difficultés d'un amour derrière la rampe. — Le langage des doigts. — Découverte. — Colère. — Séparation. — Différence entre le Paris de 1834 et celui de 1865. — Un pays perdu. — Les trois billets doux en papier à sucre. — Erreur d'une plume de cuisinière. — La vicomtesse de la Guérivière et son fils. — Soirées du comte Jules de Rességuier et du baron de Jouvenel. — Départ pour Poitiers. — La dernière des Petrucci, comtesse de la B... et son mari. — Une aventure dans le royaume de Naples. — Les prisonniers. — Les sbires. — Une compagnie de grenadiers pour sage-femme et pour berceuse. — La bague. — Insouciance.

Il y avait alors, dans le haut monde, une jeune femme étrangère, mariée à un Français. Elle était charmante, bonne, un peu vive et son imagination exaltée ne s'arrangea pas de la prose d'un intérieur tranquille; elle se laissa séduire par un homme dans une brillante position et commit la faute énorme de tout abandonner pour le suivre.

Ils eurent la hardiesse de rester ensemble à Paris; elle rompit avec sa famille et avec la Société. Sa maison fut le rendez-vous des hommes de bonne compagnie, qui ne se déclassaient pas encore, comme aujourd'hui, bien qu'ils eussent déjà beaucoup changé.

Où connut-elle Guyon ? où le vit-elle? Je l'ignore, mais elle en devint folle; son amant ne s'en doutait point, il la laissait aller au théâtre où le beau comédien jouait; elle se plaçait à l'avant-scène, et là des signaux s'établissaient entre elle et le nouvel objet de sa passion.

Tout alla bien pendant quelque temps : une pareille liaison était si invraisemblable dans leurs positions respectives, que nul ne conçut de soupçon.

Je comprends à merveille qu'une femme se monte la tête pour un homme de talent, beau, jeune, distingué; cela est naturel; mais ce que je ne m'explique pas, c'est qu'il en résulte une intimité. Comment peut-elle s'établir? La rampe est une barrière infranchissable posée entre eux. Dans la masse des spectateurs, un artiste ne peut distinguer expressément, plutôt celle-ci que celle-là. Il est d'ailleurs trop occupé de son rôle, pour suivre les nuances de physionomie qui pourraient le trahir.

Il faut donc qu'une femme fasse les premiers pas, qu'elle attire forcément son attention, qu'elle le force à voir qu'il est préféré; c'est là un terrible parti à prendre car on peut être refusée! On peut ne pas plaire et quelle humiliation! Cependant on doit trouver des moyens, car cela arrive souvent, à ce que l'on assure.

Quoi qu'il en soit, cette fois du moins, l'intelligence s'établit. La pauvre créature avait bien de la peine à cacher ce sentiment qui s'était emparé de son être. Elle osa répondre un jour à son amant, qui la trouvait de plus en plus indifférente, et qui lui demandait ce qu'il fallait être pour lui plaire :

— Il faut être grand, brun, beau, fort, avoir du talent et s'appeler.....

Je ne me souviens plus du nom de baptême de l'artiste, je crois que c'était Auguste; elle le dit sans hésiter.

Un ou deux amis clairvoyants avisèrent enfin ce qui se passait; on en parlait au théâtre où tout se devine; l'amant fut prévenu, il surveilla.

Un soir, la pauvre folle était à côté de lui dans la loge. Guyon était en scène, tout ce qui semblait obscur fut expliqué. Le proverbe dit qu'un homme averti en vaut deux : il a raison. L'amant avait appris à sa maîtresse un certain langage des doigts, ressemblant beaucoup à celui des sourds-muets, ou des petites filles en pension. Placé un peu en arrière, il la vit parfaitement, alors qu'elle semblait tout occupée de la pièce, donner un rendez-vous pour le lendemain à l'endroit ordinaire.

Il eut la force de se contenir pour un instant ; enfin sa patience, qui n'était pas longue, lui échappa ; il repoussa brusquement sa chaise et annonça qu'il voulait rentrer immédiatement et qu'elle devait le suivre. Elle y fut obligée sous peine d'un scandale et se douta de ce qui l'attendait ; elle connaissait son caractère, il était de ceux qui ne ménagent rien.

En effet, aussitôt qu'ils furent seuls, il éclata en reproches et finit par la battre bel et bien, d'autant plus qu'elle ne céda pas, qu'elle lui dit crânement qu'elle ne l'aimait plus, et qu'en effet elle adorait son heureux rival. Il entra alors dans une telle rage qu'il l'aurait tuée, si un ami envoyé par le ciel ne la lui eût pas ôtée des mains. Ils en vinrent à des extrémités de propos et de faits après lesquels il ne leur restait plus qu'à se séparer.

On eut mille peines à empêcher l'offensé de ne pas chercher querelle à celui qui lui enlevait une pareille conquête. On y parvint, en lui remontrant combien l'éclat serait affreux pour une famille respectable et déjà si cruellement atteinte. Cette famille s'empara sur le champ de la coupable ; on l'emmena dans son pays, et depuis lors, elle a totalement disparu de la scène du monde ; il ne s'en est plus occupé.

Inutile d'ajouter qu'à cette époque Guyon n'était pas marié ; sa cousine, la belle Émilie Guyon, qui devint sa femme, n'était pas au théâtre ; elle avait à peine quinze ans.

Dieu sait comme les langues s'exercèrent sur cette aventure, et quelles belles histoires cela fit.

Lorsque je me représente le Paris de 1834 et celui d'aujourd'hui, je ne m'y reconnais plus. Ainsi il est question, dans mes notes, d'un bal dans l'avenue Marbœuf, aux Champs-Elysées; j'en parle comme de la Sibérie; il semble qu'en descendant cette pente je croyais aller aux antipodes; à présent c'est un endroit du plus bel air. Il arriva à ce bal une assez drôle d'aventure, qui pourrait servir de premier chapitre à un roman.

Une jeune femme fort à la mode s'y trouvait un peu dépaysée; elle n'y connaissait presque personne, mais comme elle était jolie, élégante, bien mise, et qu'elle dansait bien, elle fut engagée pour toutes les contredanses. Elle avait laissé à sa place un mouchoir de poche, ainsi que le faisaient les femmes comme il faut : on ne portait pas de poches aux robes de bal, et on n'étalait pas des broderies et des valenciennes comme aujourd'hui.

En revenant après une valse, elle prend ce mouchoir et le trouve lourd; au coin était noué un billet, écrit sur du papier à sucre. Son premier mouvement fut la surprise; elle ne se connaissait pas de soupirants parmi les gens qui l'entouraient; elle songeait déjà à se débarrasser du poulet anonyme sans le lire, lorsque l'idée lui vint au contraire de le conserver. Bien que ce fût une honnête femme elle était coquette, elle aimait les hommages et la curiosité lui vint de savoir le nom de ce hardi galant; elle introduisit tout doucement, dans sa robe à la ruche classique, des billets doux, ce gros papier, qui meurtrit tant soit peu sa peau délicate, puis elle recommença à danser.

Une heure après, seconde missive, tout aussi rugueuse, déposée de la même manière. Et, enfin, un peu plus tard, une troisième; l'amour était pressé, paraît-il. Elle avait une envie enragée d'en savoir davantage, et contre son ordinaire elle pressa l'heure du départ. En arrivant chez elle, elle s'enferma dans son cabinet de toilette, afin de se débarrasser de son mari, qui peut-être eut cru les choses plus avancées qu'elles ne l'étaient réellement.

Elle ouvrit le premier billet : il ne contenait que deux lignes impératives. Je veux vous parler, d'où vient votre froideur? qu'avez-vous? ou quelque chose de ce genre.

Le second était plus impatient encore, et le troisième cassait les vitres. Il traitait l'héroïne de tous les noms et la menaçait, si elle ne s'humanisait pas, de lui faire une scène publique..... c'était tout.

On n'en a jamais su davantage. La curieuse en fut pour le désagrément d'avoir transformé son corsage en bibliothèque ; probablement toute cette prose était destinée à sa voisine, qui n'avait garde de répondre, — le furieux se trompait d'adresse. Il sortait en ébullition ; il arrachait une bribe d'enveloppe à quelque paquet dans l'office, et traçait son martyre avec la plume de la cuisinière, ce qui est bien autre chose qu'une plume d'auberge, et permet encore plus les fautes d'orthographe.

J'avais été conduite à ce bal par la vicomtesse de la Guérivière, dont j'ai déjà parlé; son fils y était avec nous. La vicomtesse était sœur de la duchesse de Reggio. M. de la Guérivière était un garçon d'esprit; il comprenait la charmante musique, et il avait une grande originalité[1]. On le voyait beaucoup dans le monde. Il ressemblait à s'y méprendre à Derval, du Palais-Royal, si ce n'est qu'il était plus grand. Il est mort très jeune encore et ce fut dommage, car il eut occupé, j'en suis sûre, un rang distingué parmi les compositeurs de salon. Il choisissait les paroles, parmi les plus inédites, et parmi celles que composaient les

---

1. Odoard-F.-A.-E., vicomte du Pin de la Guérivière (1807-1845) ancien page du roi, puis officier aux carabiniers de Monsieur. Il brisa son épée en 1830.

gens du monde. J'ai entendu de délicieuses mélodies sur les vers du comte Jules de Rességuier et du baron de Jouvenel.

J'éprouvais depuis longtemps un vif désir de revoir mon pays natal; il fut décidé qu'au printemps je partirais pour Poitiers, et en effet au mois de mai je me mis en route.

Je ne compte pas, on le sait, raconter mes aventures particulières; je veux parler de ce beau pays peu connu, et aussi de quelques personnes dont l'histoire ou le caractère peuvent offrir de l'intérêt. Ainsi, la première amie que je retrouvai en arrivant fut la comtesse de La B.... C'était une italienne, dernière descendante des Petrucci, ducs de Sienne[1]; elle recevait de sa ville une pension en cette qualité. Pendant les guerres de l'Empire, elle avait épousé un beau capitaine de grenadiers, le plus excellent des hommes. Elle vint avec lui se fixer en Poitou, à sa terre d'Artigues, près de Chauvigny.

M. de La B... m'a raconté un épisode curieux de ses campagnes. Je me suis toujours promis de l'écrire.

Il était alors sous-lieutenant de grenadiers et sortait de l'école militaire; j'ai rarement vu un plus bel homme; les italiennes le remarquaient fort et Victoria Petrucci fit mieux que de le remarquer.

Il était aux environs de Naples, et conduisait sa compagnie dont on lui avait confié le commandement, malgré son inexpérience, à cause de la disette d'officiers où l'on se trouvait.

Ils marchaient en deux files sur la route, plaisantant, chantant, disant des lazzis, ainsi que nos soldats l'ont fait de toute éternité. Le jeune homme rêvait à son pays, à ses amours peut-être, lorsqu'ils virent arriver une compagnie étrange, qu'ils remar-

---

[1]. Elle descendait de Pandolfo Petrucci, tyran de Sienne, (1450-1512), qui fit assassiner son beau-père, Nicolas Borghèse, en 1500.

quèrent même au milieu des choses étranges où ils vivaient sans cesse.

Elle se composait de quatre personnes escortées par des Sbires, gens fort peu sociables et fort méprisés.

Devant les autres, marchait un homme d'une cinquantaine d'années; son visage était encore jeune, bien que ses cheveux fussent tout à fait blancs. Il avait de beaux traits, une physionomie caractérisée, d'une expression résolue et presque sauvage, bien que le type de toute sa personne fût une grande distinction. Ses mains étaient liées et ses poignets meurtris. Il était facile de voir que, sans ces précautions, on n'eut pas eu bon marché de lui; il était vaincu et non dompté. Ses regards se tournaient vers ses gardiens, avec une expression menaçante, et vers le ciel comme pour lui demander vengeance et justice.

Un groupe tout différent le suivait.

C'était d'abord une jeune femme, affaissée sur un âne; son visage pâle comme un linge révélait des souffrances atroces; des larmes de douleur roulaient à flots sur ses joues. Elle poussait des cris étouffés et serait certainement tombée si elle n'eût été soutenue, d'un côté par une femme âgée, qui pleurait aussi, et de l'autre par un jeune homme aussi pâle qu'elle.

Tous les deux l'appelaient des noms les plus tendres; ils cherchaient à la consoler, à lui donner du courage; ensuite, ils accablaient les sbires d'injures, tandis que le vieillard ne prononçait pas un mot. Toute son attitude parlait avec une éloquence plus expressive que les injures même.

Le jeune lieutenant comprenait parfaitement l'Italien. Il n'eût pas de peine à découvrir un acte arbitraire, dans ce qui se passait devant lui. A dix-neuf ans, on est toujours un peu Don Quichotte et redresseur de torts. Il s'approcha de cet homme, d'une apparence si noble, et lui demanda s'il pouvait lui être utile à quelque chose. Le prisonnier ne répondit que par un geste, en lui montrant ceux qui s'avançaient péniblement.

Dès que la vieille femme découvrit en lui un protecteur, elle l'appela et éleva vers lui des bras suppliants. En quelques mots, aidée par les gestes répétés de son pays, elle lui eut appris que son mari, sa fille, son gendre et elle-même avaient été arrêtés dans leur château. On les conduisait en prison à Naples. Ils étaient partisans des Bourbons; sa fille avait été prise en route du mal d'enfant; et les sbires, malgré leurs instantes prières, refusaient de s'arrêter.

— Je suis sûre qu'elle va risquer sa vie, ajouta-t-elle. Je ne leur demandais pourtant qu'une heure de repos : les barbares ne me l'ont pas même accordée. Que la foudre les écrase !

— Une heure de repos, madame, vous l'aurez; et plus même, si cela vous est nécessaire.

Il se retourna vers les sbires et appela leur chef; il savait que c'étaient de lâches coquins.

— Déliez sur le champ ces seigneurs et ces dames, leur dit-il, et permettez-leur de faire ce qu'ils jugeront convenable, ou bien je vous fais mourir sous le bâton.

— Mais, seigneur officier, j'ai ordre de les tenir au plus grand secret, de ne les laisser communiquer avec personne, et de les conduire sans perdre un instant au château de l'Œuf. Ce sont les plus dangereux de tous les conspirateurs en faveur des Bourbons, et vous allez, s'il vous plaît, nous laisser continuer notre route sans nous en plus demander.

— Vos ordres ne peuvent être de faire mourir cette jeune dame, avec une telle cruauté. Si le roi Murat était à ma place, il ferait ce que je fais; pas un Français ne souffrirait une telle infamie. Je prends tout sur moi, obéissez !

— Pourtant, seigneur français, je ne puis... Ils vont vous parler, vous dire leurs noms qui doivent rester inconnus.

— Ils ne parleront pas. Je vous donne ma parole d'honneur de ne pas les interroger : ils donneront la leur de ne me rien dire. N'est-ce pas, messieurs?

Ils s'y engagèrent sans hésiter. Que n'auraient-ils pas fait pour cette victime? Les sbires eurent beaucoup de peine à céder, mais les grenadiers s'en mêlèrent, et ils commencèrent par couper les cordes, sans autre forme de procès. La jeune femme fut portée par son mari au bord du fossé, à un endroit où la mousse formait un épais tapis. Sa mère se mit en devoir de l'aider. Le lieutenant, ne se croyant plus nécessaire, ordonna à ses hommes de marcher vivement pour réparer le temps perdu.

Le jeune mari courut après lui.

— Quoi ! monsieur, s'écria-t-il, vous nous abandonnez? Mais vous ne serez pas hors de vue, que ces misérables nous forceront à les suivre, sans s'inquiéter des suites. Au nom de Dieu, achevez votre œuvre, ne partez pas!

M. de La B*** se trouva fort embarrassé; sa responsabilité était engagée vis-à-vis de ses chefs. Les grenadiers devaient arriver à Naples à une heure fixée; s'ils y manquaient, il serait sévèrement puni.

— Ah bah! dit-il, on ne me chassera pas du régiment pour cela; et je ne laisserai pas ces honnêtes gens à la disposition de pareilles canailles.

Il réunit ses soldats et leur exposa la situation. Tous s'écrièrent qu'ils étaient prêts à partager le sort de leur officier, quel qu'il fût, quelque punition qu'on lui infligeât, mais qu'ils ne laisseraient pas ce brave homme et ces malheureuses femmes aux prises avec les sbires.

Les étrangers se confondirent en remerciements.

— Nous sommes bien heureux que nos défenseurs nous restent, continua la mère; cependant, ma pauvre fille se trouve cruellement gênée de voir tant d'hommes réunis...

— N'est-ce que cela? Je vous garantis que ni eux

ni moi ne la gêneront davantage, sans nous en aller.

Tout aussitôt, un commandement militaire rangea les grenadiers sur une ligne, de l'autre côté de la route; un autre commandement leur fit tourner le dos. Henri de La B*** fit comme eux, et pas un ne songea à enfreindre la consigne en retournant la tête.

Ils restèrent ainsi jusqu'à ce que la jeune femme fut délivrée, c'est-à-dire une demi-heure environ, causant à voix basse, plaignant cette malheureuse famille, et ne demandant que la permission du lieutenant pour assommer les sbires et mettre les prisonniers en liberté.

— J'en serais ravi, mes enfants, mais je ne peux pas; il paraît qu'ils sont contre nous et le roi Murat, et le colonel pourrait bien trouver la plaisanterie mauvaise.

Au premier cri de l'enfant, né dans de si singulières circonstances, ces moustaches grises frémirent et plus d'un œil se mouilla.

— Pauvre petit! disaient-ils, il a tout de même de drôles de sages-femmes!

La mère revint vers l'officier tout émue :

— Hélas! comment faire? Nous n'avons pas de quoi couvrir ce petit garçon, pas un chiffon pour ma fille.

— Vous allez en avoir, mesdames. Grenadiers, qui veut sacrifier une chemise pour cet innocent et sa mère?

— Ma foi, mon lieutenant, nous n'en avons pas beaucoup, mais nous aimerions mieux nous en passer toute notre vie que d'en refuser à ce chérubin.

Tout aussitôt les sacs furent posés par terre et fouillés jusqu'au fond; on mit en réquisition la charrette de la cantinière qui suivait, et en quelques minutes, on eut réuni une masse de linge suffisante pour les premiers besoins. Ce fut un curieux spectacle, que cette jeune femme accouchant sous les auspices d'une compagnie de grenadiers.

Il fallut bientôt penser au départ. M. de La B***, ne songeait pas, sans une certaine émotion, au rapport à faire sur son retard, et les sbires menaçaient du roi Murat et du gouverneur de Naples. On accommoda du mieux possible la mère et l'enfant; on les rejucha sur l'âne en les soutenant, et la triste caravane partit.

Au moment de se séparer de son protecteur, le vieux rebelle, pénétré de reconnaissance, lui remit une bague qu'il tira de son doigt, en lui recommandant, s'il avait jamais besoin d'un ami dans le royaume de Naples, de porter cette bague, très simple du reste, chez un notaire qu'il lui désigna. Quoi qu'il demandât, il l'obtiendrait, en ce qui ne dépassait pas la puissance d'un des hommes les plus riches et les plus importants du pays. Il n'avait qu'à montrer l'anneau, ce serait le : *Césame, ouvre-toi!*

L'officier n'a jamais revu cet homme; il n'a même pas eu la curiosité de s'en informer à l'adresse qu'il lui avait donnée. Ce nom, que la promesse du gentilhomme l'a empêché de lui faire connaître, il l'eût appris ainsi. Il n'y a pas pensé : l'insouciance de la jeunesse et la guerre aidant, il oublia presque cet événement, dont il se souvenait avec mélancolie à l'automne de l'âge. Il n'a donc pas pu m'apprendre la suite de ce roman, encore plus bizarre que celui de tout à l'heure.

CHAPITRE XXIV

Mon couvent. — Dieu! — Réflexions. — Curzay, Lusignan. — Château de Champigny. — Légende. — Asiles des protestants. — Les Dunes, la grotte de Coligny. — Une cave. — Rouffon. — Bangé. — Noelli. — Savigny. — L'énigme de ses tombeaux. — La bataille de Poitiers. — Le bac du roi. — Châtellerault. — Anne de Pisseleu. — Souvenirs de la Vendée de 1832. — M. d'A... — Une nuit de guerre. — Une princesse gardée par le respect. — Persac. — La vicomtesse de L... — Sa mort. — Limoges. — Le voiturier. — Saint-Léonard. — J. Sandeau. — Joli pays. — Bourganeuf. — Emile de Girardin. — Un château sans nom. — Aubusson. — Saint-Avit. — Pontgibaud. — La chaîne des pays. — Le Puy-de-Dôme. — Clermont. — Gergovia. — La baronne de R... — Cathédrale de Clermont. — La fontaine de Saint-Alyre.

La plus grande émotion que j'aie ressentie à Poitiers, après une si longue absence, c'est la vue de mon couvent. Je ne saurais la rendre : c'étaient des regrets et du bonheur ; c'était de l'humilité et une sorte d'orgueil ; c'était de la reconnaissance envers Dieu et un regret sincère de l'avoir oublié. Il y avait de tout cela. Je me jetai à genoux dans cette église ; je priai les larmes aux yeux ; toute mon âme était au ciel. Il y avait si loin de ces paisibles jours d'innocence à la vie agitée que je menais! Je reconnaissais jusqu'aux arbres du jardin ; j'étais dans une véritable extase de joie.

Je commençais à comprendre déjà une dévotion exaltée chez une femme qui n'est plus jeune; plus tard, je la compris encore mieux; il y a différentes phases dans l'existence. Quand on a beaucoup aimé, et que l'amour échappe, il faut quelque chose à un cœur tendre, à une imagination vive, et qu'est-ce qui reste quand on est désillusionnée de tout? quand on a perdu ces douleurs des passions qui valent, à ce que l'on croit, toutes les joies de l'indifférence; qu'est-ce qui reste, si ce n'est Dieu? Dieu qui ouvre ses bras à tous les malheureux; Dieu qui ne change pas et dont la miséricorde est infinie! Il y a une idée sublime dans ce mot *Dieu :* c'est l'éternité tout entière, c'est l'avenir, et lorsqu'on n'en trouve plus en ce monde, l'on pense à l'autel.

La femme qui se fait rêveuse par besoin d'aimer, nourrit encore des chimères; elle rêve, elle a des espérances qu'elle ne s'avoue pas et des extases qui la trompent. La seule qui soit véritablement et irrévocablement guérie de la folie des passions est celle qui, dans la plénitude de son jugement, en voit le vide et la vanité. Alors elle s'appuie sur l'intelligence; elle cherche les jouissances de l'esprit, et tue ses regrets par la raison; elle en arrive à tout découvrir sous son véritable jour, et les déceptions ne l'atteignent plus; j'entends celles de l'amour, car pour celles de l'amitié, on n'en est jamais à l'abri et l'âge n'en saurait préserver.

J'ai tout dit sur Poitiers, mais j'ai peu parlé des environs, et c'est surtout dans les campagnes que mon voyage s'est écoulé.

Ainsi, le château de Curzay, près de Lusignan, est une magnifique terre, toute seigneuriale. J'y étais chez les anciens amis de ma famille; j'ai déjà raconté ce qu'ils étaient, et je n'en parle que pour mémoire et pour ce qui va suivre.

Curzay est tout près de Lusignan, dont les ruines lui servent de point de vue. Le style est ravissant, il ne reste presque plus rien du manoir que l'esplanade. Dans la ville, on rencontre encore des vieilles maisons avec des ogives et des armoiries à demi effacées. L'église est curieuse. On y remarque plusieurs tombeaux, dont les inscriptions sont malheureusement indéchiffrables.

Ces souvenirs de la grande maison de Lusignan poursuivent dans toute la province : le Poitou en est rempli. J'ai dit cela à propos de Bourges.

Un château, fort curieux et que j'ai visité plusieurs fois avec plaisir, c'est celui de Chauvigny. Il se compose de trois parties distinctes, toutes de différentes époques.

Dans le haut est un donjon ; il date assurément des premiers temps de la monarchie, peut-être même des ducs d'Aquitaine.

Ensuite vient le grand manoir, bâti dans le moyen âge ; les ruines en sont magnifiques. Un pan de mur, tout droit, reste debout ; il soutient les colonnettes et les voûtes de la chapelle ; c'est d'une hardiesse qui fait trembler ; il a pour le moins, cent pieds de haut.

La troisième partie est un délicieux bâtiment de l'époque de la Renaissance, qui servait de prison quand je le vis. Il est enclavé dans les deux autres ; on ne devine pas à quel usage il était réservé. On nous en a montré l'intérieur. Il y a un cachot dont un prisonnier s'est évadé par un travail digne des Romains et en une nuit. On n'a pas pu le rattraper.

L'enceinte immense de ce manoir, sa position qui commande la Vienne et tout le pays environnant, révèlent son importance. Il est impossible que les barons de Chauvigny n'aient pas été de puissants seigneurs. Cependant, l'histoire du Poitou en parle peu, m'ont dit plusieurs savants ; elle se tait sur la cause de leur décadence. Voici tout ce que j'ai pu puiser dans les chroniques ; c'est une légende très répandue dans la contrée.

Un châtelain des environs, on ne dit pas de que

endroit, devint amoureux de damoiselle de Chauvigny, belle comme le jour, ajoute le conteur. Elle ne fut point insensible à cet hommage; son père le repoussa.

L'amoureux repoussé revint à la charge avec les raisonnements de ce temps-là : le fer et la flèche. Il assiégea le castel dont les hautes murailles défièrent tous les efforts. Ivre d'amour et de désespoir, il met le feu à ces tours imprenables, l'incendie se répand; le jeune audacieux s'élance avec ses soldats au milieu des flammes. Il parvient à l'oratoire où sa bien-aimée n'attendait plus que la mort, la saisit et l'emporte.

Arrivé à la chapelle qu'il espérait traverser avant sa destruction, la clef de voûte se détache, les pierres tombent; les malheureux amants sont ensevelis sous les décombres avec le père inhumain qui les avait séparés dans la vie, et qui ne put les empêcher de s'unir dans la mort.

Depuis, le château est inhabité; de vastes souterrains s'étendent au-dessous, on n'en connaît pas l'issue. On y trouve souvent des débris de vaisselle; peut-être ont-ils servi de refuge aux protestants pendant les guerres de religion; il y a quantité de ces retraites par tout le Poitou. Ainsi, entre autres, la grotte de Coligny, dans ce qu'on appelle les Dunes, sur le bord du Clain, où ce célèbre amiral trouva une retraite sûre; ainsi la cave de la maison Bouchet, occupée par mon père à Poitiers. Elle est ensevelie à soixante pieds sous terre et présente tous les caractères d'une église : de hautes et sveltes colonnes, des voûtes, des niches, des statues. C'était probablement une crypte, construite par les chrétiens persécutés, qui depuis servit aussi de refuge aux réformés; on l'assure du moins.

Non loin de Chauvigny, en suivant le cours de la Vienne, on rencontre un adorable château, Rouffon, qui appartenait jadis à la famille de Chateigner. C'est Chambord en petit; vu de la rivière il est magique.

Près de là, se voient encore les ruines du Rheil et celles de Zevoux Martin, d'un médiocre intérêt.

Sur la route d'Artigues à Châtellerault, nous aperçûmes les restes d'une assez belle abbaye appelée Baugé; puis, dans un autre canton, plus près de Poitiers, les cloîtres de Noellet, ancien couvent des Bénédictins. On est sûr qu'ils ont mis leur nom à tout ce que le passé nous a légué de beau, en fait d'édifices de ce genre.

Au milieu d'une vallée retirée, presque sauvage, bien que parsemée d'arbres et entourée de ruisseaux, on découvre ces flèches, ces immenses bâtiments, et l'intérieur de l'église. Les stalles des moines, le trône de l'abbé, en chêne sculpté, des colonnes entourées de pampres, d'une élégance achevée. Le pupitre est un aigle, en bois sculpté aussi; ses ailes déployées soutiennent le livre. La sculpture en est admirable; on compterait les barbes de ses plumes; c'est un morceau d'or.

Malheureusement, les vitraux ont été cassés pendant la révolution.

Il y a surtout un jubé remarquable, et c'est une chose rare qu'un jubé; on ne parle pas assez de ce vieux monument. Je voudrais que les antiquaires du Poitou, et il n'en manque pas, s'en occupassent davantage.

Un lieu plus extraordinaire que tout cela, c'est Savigny; il n'a pas son pareil en France et personne n'en dit rien.

Ce village situé sur le bord de la Vienne, entre Chauvigny et Lussac, a peut-être été une ville considérable, du moins il s'y est passé de grands événements; dans un espace assez étendu, on trouve une quantité innombrable de tombeaux, masqués par une pierre affectant la forme d'un cercueil, c'est-à-dire tous semblables de façon à se toucher.

Cette espèce de cimetière était beaucoup plus grand, puisque le champ mortuaire est entouré d'une sorte de mur composé de pierres tumulaires placées debout, absolument pareilles aux autres.

Qu'est-ce que cela ?

L'histoire se tait, et la tradition également, à ce que je crois du moins ; quelques-uns veulent que ce soient les restes du vieux Poitiers et cela me semble absurde : l'ancienneté est prouvée par les églises et ses monuments.

D'autres prétendent que, là, fut livrée la fameuse bataille du Roi Jean. Ils confirment leur opinion, qui ne manque pas d'une certaine vraisemblance, par le nom conservé au bac de la Vienne, situé près de là, et qui s'appelle encore *le bac du sac*. On assure que le monarque le passa avant sa défaite ; tout cela est très incertain.

En nommant Châtellerault, tout à l'heure, j'ai négligé de signaler deux tours placées à la tête du pont. Ce sont les seuls restes d'un château construit par Henri II pour Anne de Pisseleu, duchesse d'Etampes et de Châtellerault. Le corps de bâtiment qui les réunissait a été détruit pour faire place à la voie publique.

Je ne raconterai pas mes pérégrinations dans les différents châteaux de la province ; il était encore, ce vieux Poitou, sous l'influence de la prise d'armes vendéenne de 1832. Je rencontrais partout des jeunes gens qui y avaient pris part. Ils parlaient, avec enthousiasme et avec rage tout à la fois, de Mme la Duchesse de Berry. Tous l'avaient adorée ; ils auraient donné la dernière goutte de leur sang pour elle, non seulement comme princesse, mais comme femme. Sa grossesse les avait mis dans un état épouvantable ; ils en restaient enragés.

Ils racontaient des épisodes très curieux de cette guerre. Malheureusement je n'en ai pas pris note, et je ne m'en souviens que confusément.

Je me rappelle entre autres un M. d'A... étrange garçon, une sorte de marbre à façonner par une femme intelligente. Il avait un caractère presque sauvage, une tête exaltée, de l'esprit et les plus beaux yeux du monde. Il nous fit un récit très imagé d'une nuit passée dans une grange sur de la paille; la princesse, seule de femme, a vu les trente ou quarante gentilshommes, tous amoureux passionnés d'elle, sachant qu'ils n'étaient pas mieux traités l'un que l'autre, la regardant, veillant sur son sommeil avec un respect et une admiration sans bornes. Ils avaient vécu, pendant ces quelques mois, au milieu des dangers, des privations de toutes sortes, par l'exaltation de leur dévouement, plus que toute la génération actuelle dans toute sa vie.

Aujourd'hui les mêmes circonstances se représenteraient, qu'il ne se trouverait pas cent preux pour recommencer les exploits de leurs pères. Il n'y a plus de foi, et le dévouement est mort.

Une dernière halte fut au château de Persac, chez ma poétique amie, la vicomtesse de L... Tous ceux qui l'ont connue l'ont aimée, et tous ceux qui l'ont aimée ne se consoleront pas de l'avoir perdue. Elle a laissé deux volumes de vers fort remarquables, sans compter tous ceux qu'on a dû trouver après elle. Sa poésie était dans son cœur, et Dieu sait si ce cœur a chéri ses enfants, sa famille et ses amis.

De Persac, je m'en allai à Limoges, que j'ai à peine vu, et de là à Clermont, rejoindre mon mari, qui y était en garnison. Ne trouvant pas de place dans le courrier ni dans la diligence avant plusieurs jours, je me décidai à prendre un voiturin, manière de voyager assez en usage alors et que les chemins de fer ont détrônée. Elle avait bien son agrément. On voyait le pays au moins.

Le déjeûner, le premier jour à Saint-Léonard, que c'est joli! quel lieu ravissant! Le village est situé sur la pente d'une montagne; il est entouré de ruisseaux, accidentés de petites cascades. A la porte de la mauvaise auberge, où je me suis arrêtée, se trouvaient deux bornes, deux fragments de colonnes à canelures corinthiennes de la plus haute antiquité. D'où venaient-elles? Peut-être de quelque temple romain détruit depuis des siècles : *Sic transit gloria mundi*.

Sandeau a placé dans ce coin du monde, si frais, si retiré, si charmant, la scène d'un de ses livres; il l'a décrit comme il sait le faire; en le lisant je croyais y être encore.

De Saint-Léonard à Bourganeuf, où j'ai couché, ce sont des sites délicieux. Les plus jolies petites montagnes couvertes de bruyères de toutes couleurs et d'éclatants orchis[1]. De temps en temps, la pointe d'un clocher gothique ou les ruines d'un vieux castel accidentent le paysage. Et puis, comme mélodies, les chants des bergers, les aboiements des chiens, les bêlements des troupeaux, les sonnettes de quelques vaches favorites, parcourant les vastes pâturages dont les collines sont couvertes : c'est enchanteur !

Bourganeuf est une vieille ville; elle n'est plus connue maintenant que par le bruit de l'élection d'Emile de Girardin, à peu près vers la même époque, je crois. Elle est fort ancienne; il s'y trouve plusieurs maisons curieuses, des portes, des fenêtres sculptées avec un art admirable. Il y a aussi plusieurs tourelles, hardiment élancées, et les tours d'un ancien manoir, d'une belle conservation.

A quelques lieues, Bourganeuf m'apparut un château avec des créneaux, des machicoulis, tout ce qui constitue une demeure seigneuriale, conservée comme dans une boite.

Je traversai de la sorte Aubusson. Cette petite ville, située dans une gorge, auprès d'un torrent, étale avec orgueil ses vastes manufactures. Au centre de la montagne et élevée sur un rocher perpendiculaire, se trouve une tour ronde, qui, d'après sa construction a dû servir de fanal. Elle était placée là pour éclairer les voyageurs dans ces précipices, dans ces ravins à

---

1. Plantes de la famille des orchidées.

perte de vue. Immédiatement en face, sur une autre pente, s'élèvent les restes d'un bâtiment conique, flanqué de tours et entouré de beaux arbres.

C'était l'habitation du maître de cette contrée pittoresque, un hardi baron, sans cesse en querelles avec les bourgeois de la ville, toute pleine de charmants moments de cette époque. Au moins dix maisons, dans l'espace que j'ai parcouru, dataient du quatorzième ou du quinzième siècle. Une fontaine m'a surtout frappée par son élégance.

Le pays est toujours montueux, jusqu'à Saint-Avit, où j'ai couché. De Saint-Avit à Pontgibaud, on entre tout à fait dans la chaîne des montagnes d'Auvergne. C'est grandiose, mais c'est nu. C'est bien moins beau que les Vosges; ce sont des montagnes classiques avec leurs volcans éteints, leurs herbes fines et leurs fougères; les Vosges, au contraire, sont romantiques avec leurs sapins, leurs ruines, leurs cascades. Les pays d'Auvergne, sont tous séparés, plantés un par un, comme des quilles, tous ronds ou bien en pain de sucre. C'est surtout en approchant de Clermont que cela devient sensible.

Le Puy-de-Dôme est le plus élevé, mais il est pelé comme les Buttes-Chaumont.

Pontgibaud possède un château charmant, du temps des croisades, qui est parfaitement conservé. Il a encore ses tours, ses portes, ses cours intérieures et extérieures, même ses oubliettes, ses prisons et ses chambres de justice avec leurs accessoires. J'eus un grand plaisir à le visiter.

La chapelle, par une bizarrerie peu ordinaire, est dans l'intérieur du donjon, au premier étage. Elle est fort petite; il n'y reste que la place des images sacrées.

Le château a appartenu jusqu'en 1775 à la maison de Lafayette : ses armes y sont partout. C'est là que la belle amie de Louis XIII[1] pensait à son royal soupirant, avant de le quitter pour entrer aux Carmélites. C'est là aussi que l'auteur de *Zoïle* et de la *Princesse de Clèves*[2] a pu trouver le germe de ce talent délicieux, trop dédaigné aujourd'hui. La vue est superbe du haut des tours.

L'église, située à mi-côte, est parée des dons des seigneurs. Il s'y trouve des statues de bronze doré assez belles, quoiqu'un peu mignardes, qui portent le cachet du temps de Louis XV.

L'arrivée de Clermont est magnifique ; elle est d'une étendue qui étonne. La Limagne, si riche, que l'on voit à gauche, les pics élevés qui coupent toute la contrée à droite, les montagnes du Forez et du Cantal qui bornent l'horizon, à une longue distance, ne disent rien, ni à l'âme, ni à l'imagination. C'est comme un plan en relief de certaines parties de la Suisse.

Clermont est situé dans la vallée, un peu en amphithéâtre. La ville est laide et mal bâtie, sauf un ou deux quartiers et ses promenades. J'avais en face de mes fenêtres la montagne de Gergovia, où campa César ; elle a conservé son nom antique. J'y allais souvent au château de T..., un des plus beaux lieux de ces environs, appartenant à la baronne de R..., sœur de mon cousin, M. Léon de C...

Tout ce pays est splendide ; on l'admire, mais il n'exalte pas ; il ne plaît qu'aux yeux. Cela tient, je crois, à ce que le panorama est trop étendu. On ne se fixe sur rien, on ne voit rien, tant on perçoit de choses diverses.

La cathédrale de Clermont est belle ; elle a une horloge ancienne très remarquable ; elle date des plus

---

1. Louise de Lafayette (1616-1665), fille de Jean, comte de Lafayette et de Marguerite de Bourbon-Busset. Elle était entrée au monastère de la Visitation le 17 mai 1637.
2. Marie-Madeleine Pioche de la Vergne, comtesse de Lafayette (1634-1693). Elle avait épousé en 1655 le frère de Louise de Lafayette.

anciens temps, et représente le *Temps* entre deux autres figures qui frappent les heures sur sa tête. Le tout est en bronze et de grandeur naturelle.

Quant à la fontaine pétrifiante de Saint-Alyre, elle est assez curieuse, mais elle ne vaut pas sa réputation.

CHAPITRE XXV

Le Mont-Dore. — Les deux routes. — La Bourboule. — Sources de la Dordogne. — La Roche-Vandeix; son château est détruit. — La cascade de Lavernière. — La Scierie. — Le Capucin, la grande cascade. — Les Burons. — Le pic de Sancy. — Les chevaux de montagne. — La vue du Pic. — Le lac Pavin. — N.-D. de Valcivières. — La cascade de Quescuil. — Le lac Chambon. — Le château de Murol. — Les d'Estaing. — Saint-Nectaire. — Sa fontaine. — La Limagne. — Mon cousin de Cisternes de Vinzelles. — Le maréchal de Marcillac. — Machal. — Saint-Bonnet. — Les Martres, les d'Espinchal. — Mirefleur. — Tournoel. — Volvic. — Crousol. — Les Chabrol. — M. et Mme de Barante. — Aigueperses. — Saint-Louis. — Le château de Randan. — Un peu d'histoire. — M. d'Argoult. — Erreur. — Effiat. — Cinq-Mars. — Le maréchal. — L'école militaire. — Le château. — Il n'existe plus rien. — Montrognon. — Cordès. — N.-D. d'Orcival. — L'attentat de Fieschi. — M. Dejean.

Pendant mon séjour à Clermont, j'ai beaucoup monté à cheval et parcouru tout le pays. Une de mes premières excursions fut au Mont-Dore. Pour y aller de Clermont, il y a deux routes; la plus courte est la plus pittoresque; on ne peut pas y passer en voiture; la plus longue est moins accidentée, mais superbe néanmoins.

Après la grande montée au-dessus de la ville se trouve un long filet de montagnes, toujours une à une et toujours pelées; ce qui n'est pas d'une gaieté folle. Il y a dix lieues et demie de Clermont au Mont-Dore ; nous les fîmes à cheval, et nous arrivâmes pour déjeûner. Tout de suite après, nous reprîmes des bidets et nous commençâmes nos courses.

Nous vîmes la Bourboule, fontaine chaude à l'usage des gâleux et des scrofuleux..... Puis, la source de la Dordogne qui sort d'un rocher et coule en torrent dans la vallée pour aller ensuite arroser la patrie des truffes. Au-dessus est la roche Vandeix, où exista jadis un château fort, repaire de brigands pendant près d'un demi-siècle. Il fut livré par la trahison et détruit de fond en comble sous Charles VI.

Il n'en reste que la tradition et aucun vestige.

La cascade de Lavernière, que nous vîmes ensuite, est un filet d'eau assez mince, parfaitement encadré. Les sapins et les hêtres qui l'entourent lui prêtent une fraîcheur et un air de coquetterie tout à fait agréable. Le vallon de la Scierie est charmant; un ruisseau de cristal s'y promène en bruissant sur les cailloux, à l'ombre de chênes magnifiques. Quant à la montagne du Capucin, et à la grande cascade qui dominent le village, elles offrent surtout une vue pittoresque.

Les bains sont à vos pieds, avec leurs quelques maisons passablement bâties ; le clocher modeste et le mouvement perpétuel d'étrangers. De toutes parts, ce sont des montagnes élevées ; et puis ces roches éternelles, avec leurs sales bergers et leurs demeures ignobles qu'on appelle des *scesons*.

Ce qu'il y a de plus curieux, c'est le pic de Sancy, le point le plus élevé de toute la chaîne d'Auvergne. Le chemin, pour le gravir, est assez difficile; toutefois il n'y a rien à craindre, avec les chevaux qu'on vous loue. Ces petits chevaux au pied si sûr, qui vous descendraient dans un précipice, ne sont pas des chevaux montagnards. Ils viennent du Poitou et de la Vendée. On va les chercher au commencement de l'hiver ; on les conduit comme un troupeau, puis on les lâche dans la montagne jusqu'au printemps. Ceux qui sont maladroits tombent et se tuent, ils s'ensevelissent sous les neiges : on n'en entend plus parler. Ceux qui survivent ont appris à se tirer d'embarras, pour leur propre sûreté. Ils choisissent leurs chemins avec un instinct admirable; il faut les laisser se conduire; ils ne se trompent pas.

L'ascension du pic de Sancy est longue. La vue, du sommet, est splendide. On peut compter sept lacs, on aperçoit des villages innombrables. C'est un panorama superbe ; de là au lac Pavin le chemin est aride, et ce n'est pas la peine de le faire pour voir une contrée désolée comme Sodome et Gomorrhe, un cratère de volcan, qui rappelle la mer morte. Il est absolument rond et rempli d'eau jusqu'à la profondeur de 288 pieds. C'est un gouffre, un tourbillon où les poissons ne vivent pas; la navigation y est impossible; tout ce qu'on y jette tourne vivement et s'engloutit. Les oiseaux mêmes ne se posent pas sur ses bords, où il n'y a pas une branche. Je vous dis que c'est la mer morte.

Non loin de là est Notre-Dame-de-Valcivière : une chapelle miraculeuse, tout à fait inattendue, au milieu de ce pays sauvage dont on est vivement frappé. Là, est un pèlerinage très couru; il s'y rencontre toujours beaucoup de monde.

Nous revînmes à notre résidence par un chemin bien plus long que l'autre, car il y a de ce côté vingt-trois lieues entre le point de départ et celui d'arrivée. Nous partîmes dès l'aube, et nous n'arrivâmes qu'à dix heures du soir. C'est le plus bel exploit d'équitation de ma vie; je montai cinq chevaux; mon mari les avait envoyés d'avance échelonnés sur la route.

Nous visitâmes la cascade de Queseuil, la plus jolie de toutes ; le chemin qui conduit ensuite au lac Chambon est délicieux ; c'est ce que j'ai vu de mieux en Auvergne. Le lac est ravissant; il est suivi d'une forêt séculaire ; au milieu coule un torrent, qu'on aperçoit et qui disparaît tour à tour à travers les arbres.

A une lieue de là se trouvent les ruines de Murol, d'une belle conservation et d'une vaste étendue. Il y en a peu à leur comparer. Ce manoir appartenait à la maison d'Estaing.

Il y a à Saint-Nectaire une fontaine pétrifiante bien supérieure à Saint-Alyre. Les résultats sont presque des objets d'art. Je rapportai entre autres une tête de Napoléon en relief, qui était tout à fait remarquable.

De Saint-Nectaire à Clermont, il y a douze lieues. Nous traversâmes des villages très riches et très surmontés de vieux châteaux, que j'aurais bien voulu visiter ; tout ce parcours jusqu'à la grande route en est semé.

J'avais entendu parler toute ma vie de la Limagne comme d'une merveille. Je la traversai en allant chez mon cousin, M. de Cisternes de Vinzelles[1], à Machal, un vieux château de famille portant le millésime de 1391. Il avait épousé Mlle de Marcillac, descendante du maréchal, qui était une très agréable personne.

Quant à la Limagne, c'est la Beauce avec un peu plus de verdure et les montagnes pour cadre. C'est une riche plaine : du blé, du blé, encore du blé ! Cela est très utile, cela rapporte beaucoup d'argent, mais comme paysage cela n'a rien de bien agréable. Je voudrais y avoir des revenus et demeurer ailleurs. L'Allier la traverse. Il n'a ici, comme à Moulins, qu'un lit de sable. Sur ses bords, on distingue le vieux château de Saint-Bonnet et celui des Martres, à la famille d'Espinchal.

---

1. Pierre de Cisternes de Vinzelles, né en 1775, cadet-gentilhomme dans les chasseurs d'Auvergne en 1789, sous-lieutenant dans Royal-Comtois, à l'armée des princes et capitaine au régiment de Léon, en 1796. Brigadier-instructeur aux gardes du corps (1814), chevalier de Saint-Louis (1815) ; il avait épousé, le 1er septembre 1801, Martine Geneviève Arragonès de Laval de Marcillac. Il mourut, le 11 mars 1834, au château de Machal.

Dans une de nos promenades, nous allâmes à Mirefleur, ancien château des comtes d'Auvergne, admirablement situé. La vue est superbe; on domine tous les pays : on découvre le Mont-Dore, la Limagne, le Puy-de-Dôme, et des châteaux, et des chaumières, et l'Allier avec ses affluents. Les ruines de Mirefleur sont peu conservées; il y a seulement d'étranges fenêtres, rondes comme des œils-de-bœuf, prises dans la profonde épaisseur du mur, avec une dentelle au fond comme au bout d'un entonnoir.

Tournoel est une autre ruine, entièrement conservée, au contraire, surtout dans les détails. Il reste des portes parfaitement sculptées, des peintures dans la chapelle, et même une petite statue de la Vierge, très commodément placée dans sa niche. Ce château n'a été acheté par les Chabrol que depuis cinquante ans. Ils ont tout le pays à eux, et chaque branche porte le nom d'une de leurs propriétés. Ainsi Volvic, gentil petit village, tout près de Tournoel, Crousol, château assez vaste au pied de la montagne, tout cela est à eux. Le grand-père, le premier dont il est parlé, était un avocat au parlement de Riom[1], je crois.

Nous voyions très souvent à Clermont M. et Mme Anselme de Barante : le mari, receveur général, était le frère du célèbre historien des ducs de Bourgogne. Ils avaient une maison agréable, et ils étaient tous les deux pleins de bonté et de bonne grâce.

Nous fîmes ensemble plusieurs excursions. La première fut à Aigueperses, où nous vîmes en passant deux églises assez curieuses, une surtout, assez petite, dédiée à saint Louis. Une statue en marbre blanc de ce roi de très haute antiquité; de très larges fleurs de lis sont sculptées sur son manteau, et la teinte brune qu'on leur a donnée les met tout à fait en relief.

J'ai beaucoup envié un ravissant marteau de porte en fer ciselé, à la sacristie; c'était un véritable joyau.

---

1. Ce Chabrol a rédigé les *Coutumes d'Auvergne*.

Un habitant de la ville, M. Gillard, que je vois tous les ans à son voyage chez Benjamin Antier, notre ami commun, m'a dit dernièrement qu'on l'avait enlevé. Il a trouvé un amateur, et je le comprends.

D'Aigueperses à Randan le chemin est plat; on parcourt la Limagne, puis le Marais, où se trouve Riom; nous ne nous y sommes pas arrêtés. C'était autrefois le siège du parlement d'Auvergne.

Randan était alors à Mme Adélaïde, sœur du roi; c'est une splendide demeure historique. Il a appartenu aux comtes d'Auvergne, à la famille de La Rochefoucauld, aux comtes de Foix, au fameux duc de Lauzun qui y enferma sa famille, aux ducs de Lorge et enfin, après bien des péripéties, à la maison d'Orléans. On y montre encore la fenêtre qu'escaladait le chevalier Bayard pour venir voir sa mie, la dame de Randan. D'autres furent, en revanche, des modèles de fidélité et d'amour conjugal. On cite une comtesse de Foix qui, après la mort de son mari, se couvrit d'un tel deuil, renonça si bien à toutes parures, qu'elle fit ôter tous les miroirs du château et cessa de se regarder.

Plus de trente ans après, elle fut obligée d'aller à la cour pour un de ses petits-enfants qui s'était mis dans la disgrâce royale; elle marchait dans une galerie du Louvre et aperçut de loin une vieille dame qui venait vers elle. En approchant, comme elle lui trouvait un fort grand air, elle lui fit la révérence, pensant que c'était sans doute une princesse du sang, qu'elle ne connaissait pas.

La révérence lui fut rendue et la dame avançait toujours. Elles arrivèrent nez à nez. La comtesse trouva peu polie cette manière de rester en face d'elle et de lui boucher le chemin. Elle avança la main pour l'écarter, impatientée de cette impertinence, et rencontra une surface unie et froide, ce qui la fit reculer. Elle crut d'abord au sortilège, mais en regardant mieux, elle découvrit que c'était une glace et qu'elle voyait sa propre image. Elle ne s'était pas reconnue, ridée et avec des cheveux blancs, elle qui s'était laissée jeune et belle.

L'ancien château était d'une grande ancienneté; on l'a rebâti presque en entier au temps de la Renaissance. Ses murs sont en briques arrangées en mosaïques blanches et rouges. C'est bizarre. Ses appartements du rez-de-chaussée, formant premier sur le jardin, étaient très simplement meublés en acajou du temps de l'Empire, avec des rideaux en coton. La terrasse domine une de ces magnifiques vues d'Auvergne qui se ressemblent toutes. La chapelle rappelle celle du Palais-Royal.

Les nouvelles salles à manger, construites par la princesse, sont élégantes et riches en même temps.

Nous avons passé la journée à Randan et nous y avons rencontré M. d'Argoult, ce qui nous a procuré une réception princière. On nous servit des fruits d'une telle beauté, que je n'ai jamais rien vu de semblable. Si nous fussions venus la veille cependant, nous eussions vu bien autre chose. Il s'était passé une chose assez comique dont on eût pu faire une pièce pour Arnal.

Mme Adélaïde avait annoncé à ses gens la visite du ministre, en leur recommandant de le recevoir comme elle-même et sans donner aucuns détails. Elle indiqua un jour et, dès le matin, les cuisiniers étaient à l'œuvre; on cueillait les plus belles fleurs et les plus beaux fruits.

Vers midi, un courrier en riche livrée entra dans la cour, précédant une voiture à quatre chevaux. Aussitôt, chacun se précipite, on court au-devant de l'Excellence, pour lui offrir l'hospitalité au nom de la princesse. Un homme de trente à trente-six ans sort de la calèche.

— Mon Dieu! pensent-ils, qu'il est jeune! Il faut que ce soit un grand génie pour être parvenu si vite.

Autre étonnement. Il donne la main à une belle et fraîche dame, éblouissante d'attraits et de parures.

— C'est Mme la Comtesse! qu'elle est aussi jeune, et qu'elle est jolie!

Et l'on s'empresse ; et on conduit dans les jardins, la magnifique forêt, avec des révérences, des courbettes, M. le Comte par-ci, Mme la Comtesse par-là. Ils acceptent tout, et daignent manger le splendide déjeuner d'abord, la friande collation ensuite; ils remontent enfin dans leur somptueux équipage et s'éloignent accompagnés de hurrahs comprimés par le respect.

C'étaient tout bonnement le comte et la comtesse de Saint-Cyran, très connus par leurs opinions légitimistes, n'allant pas à la cour et se trouvant dans la dernière surprise d'être accueillis ainsi dans une terre de la maison d'Orléans. Ils étaient loin de se douter de l'erreur dont ils profitaient.

Le lendemain, M. d'Argoult arriva dans une mauvaise carriole, sans tambours ni trompettes ; il fut reçu comme un malotru, et fut obligé de se nommer, sans quoi on ne lui aurait pas offert un verre d'eau. Vous jugez de la désolation des gens! Heureusement, il était homme d'esprit, et il prit la méprise en riant de tout son cœur.

Après Randan, nous avons vu Effiat, berceau de l'infortuné marquis de Cinq-Mars[1]. Ce château a été bâti par le maréchal son père, et c'est de là que partit l'aventureux jeune homme, plein d'illusions et d'espérances, pour se rendre à la cour de Louis XIII ; tout le monde sait qu'il y trouva les honneurs, la fortune, et une mort affreuse, à vingt-deux ans!

Le maréchal[2], en bâtissant ce superbe manoir, y

1. Henri Coiffier de Ruzé d'Effiat, marquis de Cinq-Mars, grand écuyer de France, fut décapité à Lyon avec de Thou, le 12 septembre 1642. Il était né en 1620.
2. Antoine Coiffier de Ruzé, marquis d'Effiat, de Chilly et de Longjumeau (1581-1632), remplaça M. de Marcillac à la surintendance générale des finances en 1626 ; il reçut le bâton de maréchal en 1631 et fut fait gouverneur du Bourbonnais, de l'Auvergne et de l'Anjou.

avait fondé une école militaire qui subsista jusqu'à la Révolution.

L'extérieur du monument était grandiose, et l'intérieur est rempli de magnificences. La chambre du maréchal était restée intacte avec le même lit, les mêmes tentures, les mêmes meubles, la même cheminée, les mêmes plafonds. Au premier, on nous montra une pièce tapissée de damas rouge, le lit et les fauteuils en bois doré; c'est de la fin de Louis XIV; sur un panneau était un portrait de la princesse de Vaudemont en Madeleine; elle n'avait d'autre vêtement que ses cheveux. Ils la couvraient tout entière. Il y avait aussi, au premier étage, une galerie unique dans son genre, et qu'on avait eu la barbarie de couper en deux. Elle était peinte du haut en bas et d'une façon magistrale. C'était tout l'Arioste; il en manquait la moitié, grâce au vandalisme. Le tout était orné d'arabesques et de médaillons, aux chiffres du maréchal, entremêlés de guirlandes et d'armoiries.

Les jardins avaient de belles eaux, mais on avait cultivé le parc. La cour était pleine d'ordures; l'avenue plantée d'arbres séculaires était coupée de cordes à faire sécher le linge.

Tout cela appartenait au marquis de Sampigny, possesseur de soixante mille livres de rentes et n'ayant qu'une fille unique.

Il y a près de Clermont une tour, reste d'un château ruiné, qu'on appelle Montrognon. De quelque côté qu'on aille, ce pain de sucre surmonté de son tuyau apparaît. Il semble qu'il se multiplie. Ainsi, en nous mettant en route pour le château de Cordès où nous devions passer deux ou trois jours, Montrognon nous suivit encore longtemps. Ce château de Cordès est un bijou. Je l'ai souvent décrit dans mes livres, sous le nom de château de Mareuil. Il appartenait au baron de Cordès, fils ou petit-fils d'un célèbre avocat de Clermont, dont le nom m'échappe.

Il plaida une affaire de la plus haute importance

pour le duc d'Uzès, avant la Révolution, bien entendu. Il la gagna, et le grand seigneur en fut si content qu'il voulut lui en donner une preuve magnifique. Il le conduisit déjeuner au château de Cordès, qui lui appartenait, et l'avocat trouva dans sa serviette les titres de propriété de cette terre seigneuriale qui lui donnaient le droit d'en porter le nom, de prendre les actes de la baronnie et de devenir haut justicier de tout le pays.

Le château date de saint Louis; il n'y manque pas une pierre. Elles sont taillées en pointes de diamant, comme les verres de cristal. Les tours, les créneaux, tout est intact. Il est situé sur un mamelon entouré d'arbres. Le parc a été dessiné par Le Nôtre, que le duc d'Uzès avait fait venir. C'est un petit Versailles, avec ses tapis verts, ses charmilles et ses jets d'eau. La végétation est admirable; il s'y trouve, entre autres, un chêne qui a vingt pieds de circonférence.

L'intérieur était rempli de trésors. Des chinoiseries, des Saxe, des Sèvres. Je ne sais si cela y est encore. On en avait échangé une partie contre un meuble de salon, en damas à bois doré, accompagné de rideaux de calicot.

Tout avait été remeublé sous Louis XV, dans toutes les chambres; les instruments les plus communs, les plus usuels, étaient en Japon et en Saxe. On ne voyait que verreries de Venise, filigranes de Gênes, pendules superbes, dont une, unique, valait cinquante mille francs.

La chapelle était un boudoir; le bénitier une tulipe de Saxe avec ses rocailles et ses boutons. La Vierge, crêpée et poudrée comme M*m*e de Pompadour, l'Enfant-Jésus tenant un petit moulin.

Je ne saurais compter tout ce que renfermait cette maison.

Nous allâmes à la messe à Notre-Dame d'Orcival, et c'était là une autre originalité. Nous étions dans une vieille voiture traînée par quatre bœufs; les chemins ne permettaient pas les chevaux. Cette église date du viie siècle. Elle est pleine de style, et son éloignement l'a sauvée des restaurations.

C'est pendant mon séjour en Auvergne qu'eut lieu l'épouvantable catastrophe de Fieschi; nous l'apprîmes par le télégraphe, mais, ce qui arrivait souvent alors, la dépêche fut interrompue par la pluie; ensuite, la nuit vint, et nous n'en sûmes que la moitié.

Je ne pourrais vous rendre notre inquiétude pour nos parents, pour nos amis de Paris. Le reste n'arriva que le lendemain, dans la matinée. Le préfet nous fit communiquer les nouvelles. Nous le voyions beaucoup.

C'était M. Dejean, homme d'esprit, de bonne compagnie, très gracieux, très affable.

Grâce à Dieu, nous ne perdîmes personne dans cet épouvantable malheur, et nos inquiétudes se dissipèrent.

TABLE DES MATIÈRES

CHAPITRE PREMIER

Elle le détache tout à fait d'elle. — Elle l'abandonne. — Il se marie. — Elle meurt. — La marquise ne montre pas sa lettre. — Son fils apprend tout après elle. — Il ne leur pardonne ni à l'une ni à l'autre. — Autre dévouement. — Une honnête femme. — Elle aime — Différence d'argent. — Elle marie son amant et reste son ange gardien. — Deux mariages que j'ai faits. — M. de Montbrison. — Sa grand'mère, la baronne d'Oberkirch. — Ses mémoires. — Comment il rencontre sa femme. — Ils s'unissent. — Ils m'en remercient. — Autre union due au hasard. — Les malles faites, on les défait. — On se voit, on s'épouse. — M. de Foy et Mme de Saint-Marc 1

CHAPITRE II

Une petite histoire drôlette. — Quatre filles délaissées. — Les quatre chats-huants. — Deux soupirants. — Leurs portraits. — Un billet doux. — L'oiseau de Minerve et l'oiseau de Vénus. — Leçon du cornac. — Langage à la Vert-Vert. — Etat de la France. — *La Tour de Nesle.* — Georges. — L'enterrement du général Lamarque. — La prison aux finances. — Conduite par un planton. — Révolte. — Différents bruits. — La troupe et la garde nationale. — Saint-Méry. — Deux frères. — Un officier d'artillerie. — Une Théroigne de Méricourt. — Une se-

conde en 48. — Visite des républicains. — Ce qu'il dit.
— Ce qu'ils sont. — L'artilleur disparaît. — Présomptions sur ce qu'il est devenu 11

CHAPITRE III

On n'en sait pas davantage sur Paul. — Un fiancé très connu est tué. — Idée poétique et spirituelle d'un autre fiancé. — Paris dans les journées de Juin. — *La Tour de Nesle*. — Le sujet est à tous. — *L'Écolier de Cluny*, de Roger de Beauvoir. — Le manuscrit de M. Gaillardet. — *Ce sont de grandes dames!* — Débarquement de Mme la duchesse de Berry. — Son voyage. — Pourquoi elle ne réussit pas. — Sa déception et sa douleur. — Elle est deux fois reconnue, mais non trahie. — Son courage, sa volonté, son admirable caractère. — Ses partisans. — Sa visite dans les deux Vendées. — La Pénissière. — La duchesse cachée se décide à aller à Nantes. — Mlle Stylite de Kersabiec. — On sait le reste. — La conspiration de la rue des Prouvaires. — Arrestations. — Le vicomte de la Trésorière. — La bonne. — Le petit garçon. — Un bienfaiteur. — Une lettre mystérieuse. — Le chameau. — La mission. — Elle est accomplie. — Comment. 23

CHAPITRE IV

Les deux torts de Mme la duchesse de Berry. — Marie-Amélie la fait avertir. — Un aveu déplorable. — La fille honnête et respectable. — Exemple à suivre. — Mme et M. de Châteaubriand. — Duels. — Un mot à mot qu'on ne peut répéter. — La vicomtesse de la B... — Ses sœurs. — Le baron de Jouvenel. — Un inconnu. — Son histoire. — Ses violences. — La fuite en Égypte. — Le marchand de modes. — Le magistrat battu. — Le charretier. — La femme séduite et abandonnée. — A Paris. — Les créanciers. — L'association. — Les suites. — Catastrophe. — Une autre troupe. — Voyage en Amérique. — Il s'est tué. 33

CHAPITRE V

Les saint-simoniens. — M. Enfantin. — M. Olinde Rodrigues. — Saint-Simon. — Mme de Bawr. — Le ménage d'un dieu. — Mᵐᵉ de Staël. — Sa philosophie et celle de Voltaire. — Le protecteur. — Les incompris. — Ce qu'ils étaient. — La rue Monsigny. — Premières conférences. — Le communisme et l'affranchissement des femmes. — M. Bazard. — Dissidence. — Séances de la rue Taitbout. — Schisme. — Magnificences. — Les ateliers. — La maison de Ménilmontant. — Le dîner. — Le père. — Costumes de beaux hommes. — Chants. — Promenades. — Puissance du regard. — Procès. — Condamnation. — Exil. — Voyage en Orient. — Mort de M. Enfantin. — Son fils. — Le journal. — Le crédit. — Liberté absolue d'opinions. — Singulière formule d'un traité 45

CHAPITRE VI

Clotilde, de Frédéric Soulié. — Les grands écrivains classés. — Ligier. — Mˡˡᵉ Mars. — *Thérésa*. — Mˡˡᵉ Ida. — Mᵐᵉ Damoreau-Cinti. — Son mari. — Lemonnier. — *Le Roi s'amuse*. — Encore Ligier. — Citations. — Effet que produit la pièce. — Louis-Philippe de Valois. — Réflexions. — Une histoire oubliée ou méconnue. — Deux jeunes filles. — Extravagance romanesque. — Un beau valet de chambre. — Intrigues. — Aveu spontané. — Dissimulation 57

CHAPITRE VII

On s'absente. — Mˡˡᵉ de *** et son maître de musique. — Elle l'aime. — Une confession à Saint-Roch. — Projet de mariage. — Grande résolution. — Un honnête homme. — Désillusions. — Une autre union. — Une personne sage. — Mˡˡᵉ X... — Ses vingt et un ans. — Aveu. — Fureur paternelle. — Un amant chassé. — Histoire de M. de B... — Réclusion. — Les lettres rendues. — Magnifique confiance. — Un infidèle. — Il est puni. — Une vieille sainte fille. — Différence du début à la fin. — Les mésalliances 67

CHAPITRE VIII

Autre anecdote. — Une femme à la mode. — Un ami entêté. — Un mari vaniteux. — Éducation des soupirants. — Conversation où l'on va plus loin qu'on ne veut. —

Craintes. — On espère l'oubli. — Une journée à la campagne. — La voiture de poste. — Ville-d'Avray. — Reflet de Louis XV. — Balzac et la baronne de Maucourt. — Des fleurs, des oiseaux, des gazons. — Palais de *la Belle au Bois dormant*. — Féerie. — Déjeuner. — Tout ce qu'elle désire. — La soirée. — La nuit. — Explication. — Les suites. — On n'oublie pas. — Imitation maladroite. — Différence. 77

CHAPITRE IX

La politique de 1833. — Les duels. — Armand Carrel et M. Laborie. — Les emprisonnés. — Procès de presse. Visites domiciliaires. — Ce qui se passe dans une famille. — Un faux royaliste. — Le magistrat. — Déshonneur. — Une maîtresse dépouillée. — Un père. — Douleur jusqu'à la mort. — Une mémoire réhabilitée. — Vengeance terrible. — Comment le monde juge. . . . 89

CHAPITRE X

Lucrèce Borgia. — Georges. — Frédérick-Lemaître. — Mlle Juliette. — Mlle Ida. — *De profundis !* — Les salons tristes. — Procès de Châteaubriand. — Berryer. — Procès de presse. — La mode. — Alfred Dufougerais. — *Mais c'est autre chose*. — Mariage de M. Thiers. — Un mot sur lui. — M. Antoine de la Tour. — Mort d'Hérold. — Ses œuvres. — Cholet. — Mme Casimir. — Mme Dorus. — Le bal de l'Opéra. — *La fosse aux lions*. — Une aventure de Gavarni. — Intrigue et indiscrétion. — Vers de Gavarni. — Les albums. — Vers de Dumas. — Les anges. — Vers d'Henri IV. — Vers de Jules de Saint-Félix. 97

CHAPITRE XI

Ils se revoient. — Ce ne sont pas des anges. — *Dos para dos*. — Originalité de cette aventure. — Correspondance. — Les plus jolies lettres qu'on puisse lire 109

CHAPITRE XII

Une dernière lettre. — Tout s'use. — Dénouement prosaïque. — Autre bizarrerie. — Un sauvage. — Une tête exaltée. — Sentiment et extravagance. — Départ. — Promesse imprudente. — Voyage insensé. — Déception. — Scène. — Un mot du vicomte de la Tour du Pin-Chambly. — La raison revient. — Il faut plaindre tout en blâmant. — Combien l'on paye un égarement. — Ce qu'il fallait faire. — Surprise. — Dernière entrevue. — Inquiétudes. — Un mari. — Coup de théâtre. — Péripéties. — Ce que peut faire un cheval. — Ils ne se revoient plus. — Combien cela arrive souvent 121

CHAPITRE XIII

Retour vers 1833. — *Les Enfants d'Édouard*. — Ligier. — Joanny. — M. et Mme Menjaud. — Mlle Mars. — Commencement de la désertion de Paris. — Je change de maison. — Le camp de Compiègne. — Anet. — La comtesse de Graville. — Ses beaux-frères et ses belles-sœurs. — Mme Talien. — M. de Fontenay. — Le président Devins. — M. et Mme de la Garde. — Leurs enfants. — M. Croissant. — Vie de château. — M. le duc d'Orléans, M. le duc de Nemours, M. de Morny. — Mme de Souza. Anecdote de cœur. — Le château de Pierrefonds. — Le château de Mouchy. — Légende du marquis d'Humières. — La comtesse Curial. — Ses enfants. — Le comte Beugnot. — Une vieille duchesse de la bonne roche. — Maîtresse de maison modèle 133

CHAPITRE XIV

Bal pour la reine des Belges. — Les gardes nationaux. — La dame au garde-vue vert. — *Bertrand et Raton*. — Samson et les acteurs. — Le contraire du *Mariage de Figaro*. — Angèle. — Ce qu'est la pièce. — Mlle Ida, Mlle Mélanie. — Une autre pièce de Scribe. — *Une Gageure*. — Ce que l'on y voyait. — Litz. — Pozzi. — Le père Hermann. — Les cadences et le *Dies iræ*. — Une grande dame. — Son portrait. — Ses soupirants. — Un empoisonné. — Il voit un rêve blond. — Réflexions. — Un vilain mot d'un homme célèbre. — Bals. — Celui de la comtesse de Château-Villards. — Mme de la Brunetière en bergère. — Les courses. — La comtesse Lehon. — Mme de Loynes. — L'impertinence. — Une leçon . . . 145

CHAPITRE XV

Quatre femmes incontestablement belles. — La baronne F... — La comtesse A. de V... — Mme de S. C... — La duchesse d'I... — Plusieurs autres jolies femmes. — L'Opéra et le bal de Gustave. — Les gens du monde sur la scène. — Une femme y reconquiert son mari. — Mme Alexis Dupont et Mazillier. — Cornélie Falcon. — Son début. — Succès immense. — Une mauvaise fée lui fait perdre sa voix. — Essais infructueux dans *les Huguenots*. — Mon voisin de loge. — Ce qu'il était. — Suzanne Brohan. — Début de Mlle Plessis. — Conseils et excuses. — Martin Bouffé. — *Michel Perrin*. — La troupe et les pièces du Gymnase. — Appréciations de *Jacques*, de Mme George Sand. — Auguste Kernok et *le Mousse*. — Romieu. — Vers de Mlle Ondine Valmore à 12 ans. 155

CHAPITRE XVI

Vers de Gavarni. — *Les Paroles d'un croyant*. — Le Jockey-Club. — Les autres cercles. — Lord Seymour. — Mort de M. de la Fayette. — Voyage à Vendôme. — M. Scudo. — *Le Fil de la Vierge*. — Maurice Saint-Aguet. — *Catherine ou la Croix d'or*. — Mlle Soye. — Où peut conduire l'erreur d'un bureau de diligence. — Mme de Ch... — Le duc et la duchesse d'A... — Le prince Elim Massalsky. 167

CHAPITRE XVII

Histoire d'un seigneur espagnol. — Deux âmes jumelles. — Jusqu'à la mort. — Un nouvel amour. — Un an d'épreuve. — Il y résiste. — Mariage. — Il se trompe. — Une femme sans cœur. — Deux aventures. — Une effrontée. — Pauvre mari. — Respect et pitié. — Dévouement. — Admirable scène à un lit de mort. — Elle y résiste. — Le miroir et le rouge. — Les Russes. — Les mœurs changent. — Un grand scandale et sa punition. 175

CHAPITRE XVIII

La princesse Catherine Massalsky. — Le prince Czernicheff. — Mme Oleskewich. — Une maison charmante. — Sèvres. — Alexandre Soumet. — Mme d'Altenheim. — Le chaticide. — Un drame improvisé. — Jules de Saint-Félix. — Le comte Horace de Vieil-Castel. — M. de Courchamps. — Escarmouches 183

CHAPITRE XIX

Emile Deschamps. — Mme Emile Deschamps. — *Roméo et Juliette*. — Le poète à cheval sur les nuages. — Mme de J... — Sa voix. — Les couvertures de salon. — La comtesse de Sparre. — La comtesse Merlin. — La comtesse de la Riboissière. — M. Roy. — La marquise de Talhouët. — Les trois plus grandes fortunes de France. — Les bals de M. Roy. — Cendrillon. — Mme de ***. — Mme de R... — Les chœurs. — Le prince de Belgiojoso. — Les comtes d'Appony. — Le colonel Caradoc, lord Howden. — La princesse B... — Les tireuses de cartes. — Singulière façon de payer ses dettes. — Les sorcières. — Mlle Lenormand. — Moreau. — C. D. V. — Prophétie réalisée. — Mort de la pythonisse. — Mme Lacombe. — Une troisième prophétie réalisée. — Promesse d'un trône 193

CHAPITRE XX

Histoire singulière. — Un divorce. — Un mari repoussé devenu un amant chéri. — Les jeux de la destinée. — Mme A. R... et ses romans. — Les Elssler et Taglioni. — *La Tempête*. — Splendeurs de l'Opéra. — Les usages du temps. — Les impertinences. — Les partis d'alors. — Ce qu'ils sont devenus. — Commencement de décadence. — Mort de Boïeldieu. — Encore les partis. — La rue Transnonain. — La démolition du monument de M. le duc de Berry. — Bals de la liste civile. — *Les puritains*. — Grisi. — Tamburini, Rubini, Lablache. — Malibran. — Ce qu'elle était. — Duos qu'on n'oublie pas. — *La Juive*. — Falcon. — Nourrit. — Duprez. —

Mlles Georges et Agrippine. — *La Nonne sanglante.* — *La Famille Moronval.* — Georges, Ida, Lockroy, Falcon. — Les bals des Tuileries. — Différentes physionomies des princes. — Espiègleries de jeunes gens. — Je ne voudrais pas être princesse. 205

CHAPITRE XXI

Salon de la princesse Massalski. — Le comte Jules de Rességuier. — Ses poésies. — Ses fils. — Le baron de Mortemart-Boisse. — Ses fils. — M. Léon de Vailly. — Un sonnet. — Le comte et la comtesse Grégoire Schouwaloff. — Vers de Saint-Félix. — Vers du comte Grégoire. — Le comte Alfred de Vigny. — Eugène Sue. — Ses visites au duc de Fitz-James. — Laquais! — Barbier. — Henri Blaze. — Hans Werne. — La baronne Blaze de Bury. — Castel Blaze. — Elzear Blaze. — Le marquis de Ferrières Le Vayer. — Entrée dans la vie littéraire. 215

CHAPITRE XXII

L'hiver est gai. — Les vendredis de la comtesse de Sully. — Ce qu'était la comtesse. — La duchesse d'Abrantès. — Son talent de comédienne. — Son caractère. — L'opium. — Travail enragé. — Une dernière illusion envolée. — Un mariage manqué. — La reine Amélie. — Le salon de la duchesse. — Ses enfants. — Son talent. — Ses mémoires. — Le baron et Mlle d'Ivry. — Curiosités et tableaux. — Les vases Céladon craquelés et la jambe de bois d'un invalide. — Le comte Alexis de Pomereu. — Le comte Emilien de Nieuwerkerke. — Le baron Pasquier, chancelier de France. — Ses oncles. — Mme et Mlle Pasquier. — La dame à la paille et à la robe de velours. — Un ami de M. de Lamartine, M. de Champeaux. — Delphine Gay. — La marquise de Portes. — La baronne des Etards. — Première représentation des *Puritains*. — Grisi, Rubini, Tamburini, Lablache. — *La Famille Glenaron.* — Félicien Malleselle. — Mme Darcey. — Guyon. 225

CHAPITRE XXIII

Histoire d'une étrangère. — Une infidélité. — Difficultés d'un amour derrière la rampe. — Le langage des doigts.

— Découverte. — Colère. — Séparation. — Différence entre le Paris de 1834 et celui de 1865. — Un pays perdu. — Les trois billets doux en papier à sucre. — Erreur d'une plume de cuisinière. — La vicomtesse de la Guérivière et son fils. — Soirées du comte Jules de Rességuier et du baron de Jouvenel. — Départ pour Poitiers. — La dernière des Petrucci, comtesse de la B... et son mari. — Une aventure dans le royaume de Naples. — Les prisonniers. — Les sbires. — Une compagnie de grenadiers pour sage-femme et pour berceuse. — La bague. — Insouciance 237

CHAPITRE XXIV

Mon couvent. — Dieu ! — Réflexions. — Curzay, Lusignan. — Château de Champigny. — Légende. — Asiles des protestants. — Les Dunes, la grotte de Coligny. — Une cave. — Rouffon. — Bangé. — Noelli. — Savigny. — L'énigme de ses tombeaux. — La bataille de Poitiers. — Le bac du roi. — Châtellerault. — Anne de Pisseleu. — Souvenirs de la Vendée de 1832. — M. d'A... — Une nuit de guerre. — Une princesse gardée par le respect. — Persac. — La vicomtesse de L... — Sa mort. — Limoges. — Le voiturier. — Saint-Léonard. — J. Sandeau. — Joli pays. — Bourganeuf. — Emile de Girardin. — Un château sans nom. — Aubusson. — Saint-Avit. — Pontgibaud. — La chaîne des pays. — Le Puy-de-Dôme. — Clermont. — Gergovia. — La baronne de R... — Cathédrale de Clermont. — La fontaine de Saint-Alyre. 249

CHAPITRE XXV

Le Mont-Dore. — Les deux routes. — La Bourboule. — Sources de la Dordogne. — La Roche-Vandeix ; son château est détruit. — La cascade de Lavernière. — La Scierie. — Le Capucin, la grande cascade. — Les Burons. — Le pic de Sancy. — Les chevaux de montagnes. — La vue du Pic. — Le lac Pavin. — N.-D. de Valcivières. — La cascade de Quescuil. — Le lac Chambon. — Le château de Murol. — Les d'Estaing. — Saint-Nectaire. — Sa fontaine. — La Limagne. — Mon cousin de Cisternes de Vinzelles. — Le Maréchal de Marcillac. — Machal. — Saint-Bonnet. — Les Martres, les d'Espinchal. — Mirefleur. — Tournoel. — Volvic. — Crousol. — Les Chabrol. — M. et Mme de Barante. — Aigueperses. — Saint-Louis. — Le château de Randan. — Un peu d'histoire. — M. d'Argoult. — Erreur. — Effiat. — Cinq-Mars. — Le maréchal. — L'école militaire. — Le château. — Il n'existe plus rien. — Montrognon. — Cordès. — N.-D. d'Orcival. — L'attentat de Fieschi. — M. Dejean 261

A LA MÊME LIBRAIRIE
ET CHEZ TOUS LES LIBRAIRES DE FRANCE ET DE L'ÉTRANGER

Bibliothèque de volumes à 3 fr. 50

Mémoires des Autres
Par la comtesse DASH

★ Souvenirs anecdotiques sur le premier Empire et les Cent-Jours...... 1 vol.
★★ Souvenirs anecdotiques sur la Restauration............ 1 vol.
★★★ Souvenirs anecdotiques sur Charles X et la Révolution de Juillet...... 1 vol.

Ouvrages de Joseph TURQUAN

SOUVERAINES ET GRANDES DAMES

La Générale Bonaparte
D'APRÈS LES TÉMOIGNAGES DES CONTEMPORAINS
Un volume in-18 orné d'un portrait frontispice.

L'Impératrice Joséphine
D'APRÈS LES TÉMOIGNAGES DES CONTEMPORAINS
Un volume in-18 orné d'un portrait frontispice.

Les Sœurs de Napoléon
Princesses Élisa, Pauline et Caroline
D'APRÈS LES TÉMOIGNAGES DES CONTEMPORAINS
Un volume in-18 orné d'un portrait frontispice.

La Reine Hortense
D'APRÈS LES TÉMOIGNAGES DES CONTEMPORAINS
Un volume in-18 orné d'un portrait frontispice.

Napoléon Amoureux
D'APRÈS LES TÉMOIGNAGES DES CONTEMPORAINS
Un volume in-18

EN PRÉPARATION :

Le Monde et le Demi-Monde
Sous le premier Empire

6888-97. — CORBEIL. Imprimerie ÉD. CRÉTÉ.

www.ingramcontent.com/pod-product-compliance
Lightning Source LLC
Chambersburg PA
CBHW070751170426
43200CB00007B/735